成长也是一种美好

胜诉 99 分

邓海虹 ——————— 著

人民邮电出版社
北京

图书在版编目（CIP）数据

胜诉99分 / 邓海虹著. -- 北京 : 人民邮电出版社, 2023.4
 ISBN 978-7-115-61309-7

Ⅰ. ①胜… Ⅱ. ①邓… Ⅲ. ①商法－民事诉讼－研究－中国 Ⅳ. ①D923.99

中国国家版本馆CIP数据核字(2023)第035865号

◆ 著　　　邓海虹
　责任编辑　黄琳佳
　责任印制　周昇亮

◆ 人民邮电出版社出版发行　北京市丰台区成寿寺路11号
　邮编 100164　电子邮件 315@ptpress.com.cn
　网址 https://www.ptpress.com.cn
　三河市中晟雅豪印务有限公司印刷

◆ 开本：720×960　1/16
　印张：23.5　　　　　　　　　2023年4月第1版
　字数：300千字　　　　　　　2023年4月河北第1次印刷

定　价：98.00元

读者服务热线：（010）81055522　印装质量热线：（010）81055316
反盗版热线：（010）81055315
广告经营许可证：京东市监广登字20170147号

缘起
——代为序

从事法律行业近三十年，一直在商事诉讼领域深耕，有审理案件的经验，有被最高法院收录为指导案例的代理案件，亦有败诉的经历。每每回顾这些案件，总会有些新的想法和思路，我喜欢分享，希望将书本中无法学习到的办案实务技能传递给初入行的律师，帮助他们少走弯路。

我用三年多的时间研发课件，与"法小白"实战营的年轻律师一同试课打磨，最终有了《虹色宝典》和《庭审攻略》两个视频课程。从建立律师特质到增强客户体验，从建立委托到每一步的工作，从撰写基础法律文书到法庭上收放自如，从庭前准备到庭审中的博弈，交流实现胜诉的技能和诉讼策略。

视频课程得到很多法律人的认可，有律师，有法务，有学生，还有法律爱好者，听课的小伙伴们建立了多个交流群，他们在群里分享听课后的心得感悟，也经常在群里探讨代理案件中遇到的实务问题。

朋友们一直表示希望看到课程同内容的书，2022年上半年因疫情的原因，有了难得的完整时间，我和小伙伴着手课程内容的文字整理。原以为课程体系很完整了，转化应该不难，但实际工作量远超预期，对章节体例、精选案例，图片优化做了大量调整，几易其稿。本书文字延续授课时的轻松风格，如同我在你身边念念叨叨。

本书和视频课程的共同点是，引用的案例都来源于我或伙伴们的真实案件，为编写需要，本书对引用案例的主体和内容均作了删减调整，如与其他案件情节相同实属巧合。

书中多个章节直接引用年轻律师的真实文书做示例，告诉大家如何避坑，别人的成功未必可复制，但他人犯过的错可避免。

"胜诉99分"，为何不是100分？一是我认为没有完美的案件，只有不断努力的律师，即便是全胜的案件也未必满分，不能自满，一直要有进步的目标；二是即便付出100分的努力，仍有不可控因素，如能得到99分的结果，已然难能可贵。

每章正文之后，都附有课程的书面弹幕——小伙伴们对同话题的实战分享和心得感悟。在此，对他们致以谢意！

邓海虹写于上海
2023年2月

目 录

第一部分　起步之路　　1

第一章｜成为被认可的律师　　3

第二章｜成功拿到代理权　　16

第三章｜证据收集与整理　　31

第四章｜练好质证基本功　　45

第五章｜先声夺人的起诉状　　57

第六章｜让证据目录会"说话"　　81

第七章｜攻防有道的答辩状　　94

第八章｜被采纳的代理意见　　114

第九章｜写好上诉状及再审申请书　　135

第二部分　进阶之路　　161

第十章｜如何讲好案件"故事"　　163

第十一章｜你不知道的"证据之外"　　176

第十二章｜有效检索弯道超车　　189

第十三章｜案件大事记　　201

第十四章｜立案的战术　　216

第十五章｜应诉对策"五步法"　　228

第十六章｜利用好举证责任分配　　240

第十七章｜避坑的流程管理　　253

第三部分　攀登之路	281
第十八章｜了解法官思维	283
第十九章｜全局诉讼策略	295
第二十章｜庭前备战料敌制胜	311
第二十一章｜法庭调查张本继末	319
第二十二章｜法庭辩论有的放矢	330
第二十三章｜增强客户体验感	342
第二十四章｜"24 字"逆风翻盘——实战案例剖析	354

后序	369

第一部分
起步之路

第一章
成为被认可的律师

邓律金句

专业化不是一天养成的

提到成功的诉讼律师,大家的脑海中就会浮现出影视剧中的精英律师、律政俏佳人的形象。精明能干、自信出色是外在表现,而决定诉讼律师段位和标签的是专业能力、综合能力和责任担当,以及坚定的信念和情怀。

诉讼律师必须具备深挖案件事实、制定全局诉讼策略及灵活应变的能力。在书本中学习的仅是入门的基础法律知识,要成为诉讼律师,需要实践锤炼和好的引路人。

本章从经典案件入手,展现如何巧妙使用诉讼策略,实现"逆风翻盘"。希望可以激发大家对商事诉讼的兴趣,转变既有思路,见微知著,举一反三,少走弯路和错路,成为诉讼领域的精英律师。

案例重现——"逆风翻盘"

本案是当事人认为必败无疑而打算放弃的案件,但在梳理案情后,我认为转变诉讼思路即可能反败为胜,故说服当事人坚持诉讼,最终逆风翻盘赢得胜诉。

【案例1-1】

2011年1月,大山在北京购买了一台价值10万元的二手车,原车主为该车在黑土保险公司投保车损险,保险期限还有2个月。

购车 20 天后，大山驾驶该车辆行至辽宁省某市时发生交通事故，大山向黑土保险公司报案。黑土保险公司委托某市分公司进行现场查勘定损。由于案涉车辆损害严重，某市分公司确认该车辆全损，出具了保险金 5 万元的定损单，并告知大山可回到北京持定损单向黑土保险公司申请赔偿款。大山在定损单上签字，某市分公司业务员签署了定损单并盖章。车辆残值由大山自行处置，大山将残车卖了 3.2 万元。

回到北京后，大山申请理赔，黑土保险公司在审核材料时发现案涉车辆在发生保险事故时年检过期 7 天。按照保险合同约定：<u>发生意外事故时，保险车辆未在规定检验期限内进行机动车安全技术检验或检验未通过的，保险人不负赔偿责任</u>。

黑土保险公司经审核认定案涉车辆未在规定期限内进行机动车安全技术检验，且残值已经处置，无法证明车辆符合上路状况，按照保险合同约定，保险公司不承担赔偿责任。因此，黑土保险公司出具了拒赔通知书。

我与大山协商后，建议大山起诉。大山询问了多位律师和保险经理的意见，得到的回答均是"大山会败诉"。大山心里打起退堂鼓，通知我不起诉了，而我认为本案胜诉概率较大，遂向大山表示可以全风险代理，大山才将案子委托于我。

该案主体的法律关系见图 1-1。

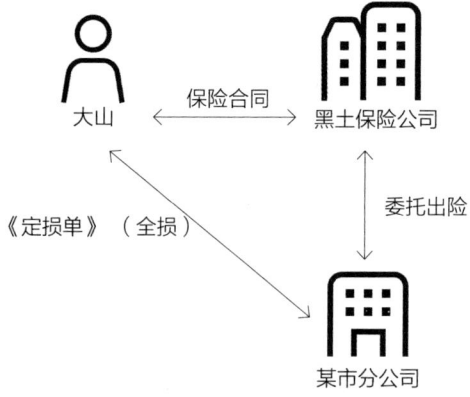

图 1-1 案例 1-1 主体的法律关系图

讲到本案时，大家知道最后的结果一定是胜诉。我问学员如何胜诉的，很多学员的第一反应是："格式条款无效。"事实上，这是典型的思维固化。

我的代理思路是什么呢？请跟随我梳理案件要点，分析诉讼思路。

（1）定损单的性质如何？

（2）某市分公司出具定损单的行为能否约束黑土保险公司？

读到这里，大家能否受到启发呢？

实际上，本案的重点不在于保险合同，而在于某市分公司出具的定损单。定损单呈现了双方真实的意思表示，约定了详细的金额和保险责任，并由大山与某市分公司共同确认。因此，定损单的本质可以认定为双方重新签署的新合同。

某市分公司作为黑土保险公司的受托人，出具并签署定损单，黑土保险公司作为委托人需要承担该后果并履行协议内容。某市分公司未在定损单中使用免责条款，确认了车辆全损、保险责任以及 5 万元赔偿款，该后果理应由黑土保险公司承担。

本案还有一个小"彩蛋"，开庭前，法官刚坐到审判席就和我说："车辆未年检，你作为律师不知道这类案件赢不了吗？"

我语气非常不好地回答："还没开庭，你怎么就知道赢不了？"

法官笑了笑："脾气还挺大，那就开庭吧。"

我带着不服气的情绪发表观点，当我讲出定损单的本质是一个新合同，我们要求对方履行该定损单时，法官立刻知晓了我的意图，说："代理律师讲得很精彩，被告方要不要重新考虑一下？"

黑土保险公司感受到了庭审风向的转变，同意向大山支付赔偿款并要求我方撤诉，我方最终取得了胜利。

可见，若诉讼思路正确，便能杀出血路逆风翻盘；若思路偏差，再多努力也只会付诸东流。具备构建诉讼思路的能力是成为精英律师的关键。

一、建立有条不紊的工作方式

刚踏入律师行业的"法小白"们，往往会凭借初生牛犊不怕虎的勇气，对所有代理案件都回答"可以做"。

但"可以做"和"做得好"之间有着巨大的鸿沟,想踏入"做得好"的精英律师行列,首先需要建立有条不紊的工作方式。

(一)熟悉基本案情

律师对案情熟稔于心是最基本的要求,对案情不熟悉就无法制定诉讼策略,无法在法庭上脱稿陈述,更无法灵活应对突发状况。

我虽然"脸盲",记不住别人的样貌和名字。但时隔多年,我能清晰地回忆起所代理案件的细节,甚至会记住案涉标的小数点后的数字。若律师在法庭上自信满满地阐述观点,脱稿陈述并全程与法官对视,不仅能有效吸引法官的注意力,而且能通过专业的表现快速取得法官的认可。

(二)细读涉案材料

律师既要对己方的证据材料了然于心,也要仔细阅读对方的证据材料。我总是向自己的助理强调,阅读材料不可以一段一段地"扫",而要一字一句地"抠"。

案例1-1的定损单细节以及后续章节介绍的"四合院一房二卖"案件中的24个字,都说明律师不但要看懂案件材料的字面含义,更要细"抠"条款由谁草拟、为何目的以及对法律事实和法律关系有何影响等。

一字一句地"抠"对方提交的证据材料,有时会有意外之喜。比如可能由于对方代理人大意,提交的证据材料存在漏洞或构成对不利事实的自认等。倘若律师能够"抠"出这些问题,"以子之矛,攻子之盾",就可达到代理工作的最高境界。我在办理案件时经常会在对方的证据材料中找到有利于我方的事实,或者证明对方观点自相矛盾之处。每一次逆风翻盘,都离不开律师对案件材料的深抠细挖。

(三)谨慎得出结论

很多律师在吃"经验饭",但世上没有一模一样的树叶,也没有一模一样的案件。商事诉讼中,双方围绕利益冲突点的举证极为复杂,律师不可对任何一个事实"想当然"地下结论。

倘若律师希望通过巧妙代理,使案件获得逆风翻盘的机会,就不能凭直觉判断案件走向，而应多看多想，分析筹划己方诉讼策略的同时，也要运用反向思维，预判对方的做法和策略。

（四）坚持复盘总结

"学而不思则罔，思而不学则殆。"我与大家分享代理案件的过程，其实也是总结得失的过程。败诉案件要复盘分析败诉原因，胜诉案件同样也要总结胜诉的点，是文书的清晰表达还是代理律师在庭审中的精彩表现起了作用。同时，还需关注判决书中"本院认为"部分是否采纳了律师的代理意见等。

及时对代理案件进行总结与复盘，分析胜诉与败诉的关键点，将个案精髓上升至共性经验，能够有效助力律师行稳致远。

二、找准清晰明确的标签定位

"酒香也怕巷子深。"律师练就了一身代理功夫，但若无人知晓、无人委托也是枉然。做好自我品牌宣传、增加曝光率、给客户留下良好的第一印象，这些与提升代理能力同样重要。

律师需要知晓客户喜欢什么样的律师，才能让客户在众多律师之中选择自己。自我品牌宣传工作也是优秀律师的基本功。接下来，我将以自身经历教授大家如何给自己"贴标签"，明确自己的执业定位。

（一）注重职业形象

我现在的出庭形象基本符合大众对精英律师的想象，也比较符合客户对律政佳人的要求，这是多年自律与沉淀的结果。

很多人认为我是一个"颜控"，但事实上，客户更是"颜控"。如果你是律师，我希望你思考一个问题：客户会不会选择一个外在形象和你一样的律师去代理他的重大疑难案件？

有人说，三十岁前的形象是父母给的，三十岁后的形象是自己给的。律师并非一定要有明星般的五官和高挑的身材，但必须有干练的气质和专业的形象。只有兼具外在美与内在美，才能让客户对律师"始于形象，信于专业，敬于人品"。

（二）深耕商事诉讼领域

我们去医院看病的时候，会根据自己的症状寻找合适的科室和医生，同样，客户遇到法律问题时，也会根据纠纷类型和需要去寻找合适的律师团队。律师行业从大方向分为诉讼律师和非诉律师。而诉讼律师又分为刑辩、行政、商事、婚姻、劳动争议等多个专业方向。律师可以对各领域均有涉猎，但必须要有自己独特、专一的专业标签与执业定位。若长期执着于循规蹈矩地开展工作，缺乏清晰准确的个人标签和定位，则永远不会踏入精英律师行列。

当客户问及律师的专业领域时，很多律师为了接下案子会回答"我什么案件都会"。在我看来，"什么都会"基本等于"什么都不会"。律师行业早已不是诉讼或非诉的简单划分，仅狭义民商诉讼领域就细分为婚姻家事、劳动争议、交通赔偿、民间借贷、医疗纠纷、股权纠纷等。某些冷门专业领域虽然竞争小，但案源过少会影响到律师的执业收入。因此，我建议青年律师做好职业规划：执业前3年，可以接触任何类型案件，为今后专业化发展奠定基础；执业3～5年，则需选择并深耕于某专业领域；执业5年以上的律师，需确立1～2个专业方向。

以我为例，我在客户心中是一名深耕商事诉讼领域的专业律师，而不是"万金油"律师。当客户问及我是否可以做境外上市、刑事案件时，我会诚实地告知客户，我对该领域未有深入了解。告知客户你对某业务领域不熟悉，并不会影响客户对你的认可。

选择商事领域，并不意味着完全拒绝其他领域的案件。我曾在客户的请求下代理一起刑事案件。这是一起由高利贷引发并涉嫌敲诈勒索和寻衅滋事的案件。

开庭前，我详细计算高利贷利息及抵账车库的金额，并制成表格呈交给合议庭，"可视化"地表明被告人不赚反亏，不构成敲诈勒索罪。最终，法院采信我的观点，敲诈勒索罪名不成立，仅认定寻衅滋事罪名成立，量刑期限也从公诉机关建议的21年判决为6年。

休庭时，检察官问我："邓律师，您是主要代理民商案件的？"

我笑着说："是的，您怎么知道？"

检察官说："因为几乎没有刑辩律师会详细计算高利贷利息、成本和违法所得。"

从上述对话可以看出，即便我也代理刑事案件诉讼，但我擅长和深耕的领域仍是商事诉讼，我能因为承办一起特别漂亮的刑事案件就自称为刑辩律师吗？显然不能。

总之，希望各位律师在实现自给自足之后能够"术业有专攻"，在实践积累中形成竞争力、提升执业水平，成为行业认可的专业化律师。

（三）破解疑难诉讼、仲裁

因为我在商事诉讼领域深耕多年，多次对疑难复杂的案件抽丝剥茧直指"案眼"，最终化险为夷，为当事人力挽狂澜，我的助理曾开玩笑说，如果律师有段位，我是"商事九段"的专业律师。

唯有不断提高处理复杂案件的能力，成功破解疑难诉讼、仲裁案件，并辅之以水滴石穿的恒心与永不言弃的意志，方能为自己打造"金字招牌"，成为"九段"高手。

三、做好充足、全面的案件准备

我带过几十个助理，也见过很多初入行的年轻律师。丢三落四、准备不足等是很多"法小白"存在的共同问题。然而，机会是留给有准备的人的，只有成为一个时刻做好准备的有心人，方能成为大众欣赏的精英律师。关于诉讼代理的细化工作，本处先做简要提炼，在后续章节中再进行详细分析讲解。

（一）上庭准备

要在法庭上游刃有余，需要做好充足的上庭准备，具体包括庭审策略和证据准备两部分。

1. 庭审策略

（1）制定和选择诉讼策略

庭审诉讼策略绝非一成不变，而要根据案件实际情况灵活调整。诉讼策略的制定,建立在熟稔案情的基础上,并以委托人的利益最大化为目标筹划整体与局部策略。

如案例 1-1,我从定损单的性质出发,用"不走寻常路"的诉讼思路一举扭转不利局面。

(2)梳理复杂的法律关系

部分案件主体多、法律关系复杂,故而需分"三步走":首先,厘清请求权基础,明确支撑诉求的法律依据和核心证据;其次,模拟对方的抗辩,有针对性地做好应诉;最后,归纳争议焦点,围绕争议焦点拟好辩论发言。

(3)判断庭审走向

庭审时应根据法官的发问来预判合议庭的倾向,并及时做出调整。

(4)有的放矢地辩论发言

我经常碰到律师在辩论环节只是简单重复起诉状或答辩状内容,此举不仅毫无意义,而且错失了与法官又一次有效交流。

优秀的辩论发言应当提纲挈领,对庭审全局内容查漏补缺,补充我方希望讲明而被法官打断的内容,着重强调对我方有利而对方反复回避的内容,不重复叙述也不被法官打断,方可说服合议庭。

法庭辩论阶段的要点在于"立"与"驳",即坚定维护我方观点,否定对方观点。在厘清请求权基础与争议要点后,需要归纳案情与综合分析,有时还需"动之以情、晓之以理",直视法官,脱稿陈述,取得更好的辩论效果。

2. 证据准备

(1)收集、整理、挑选证据

商事诉讼中,需要根据我方主张的法律事实选定证据,围绕案件法律关系整理、提供证据,对于双方无争议的事实笼统说明即可,对于争议焦点,则需要选取证据进行充分证明。

对于影响案件走向但委托人未提供的潜在证据,一次性列明清单,要求客户重新寻找。必要时,律师需亲自前往客户公司或交易地点,自行完成证据补强。

(2)编排证据目录

为实现证据材料的快速查找,需要编排一份清晰、详细的证据目录。证据目录的编排应以法律事实为核心，全面描述案件事实，同时对证据进行合理分组，不同分组间的证据无重叠交叉，从而保证举证的完整性与严密性。

（3）组织质证语言

在法庭质证环节需要注意发言的策略与技巧，围绕证据的"三性"、证明目的和证明力进行质证，针对证据的基本情况和推定事实发表综合意见，保证观点鲜明，切忌含糊其辞。

（4）建立证据与证明目的之间的联系

证据与证明目的要相互对应，一份证据可以证明多个事实时，需要在保证证明目的准确的前提下，高度概括和提炼证明目的。

（二）庭前准备

庭前准备阶段的工作重心在于准备证据、撰写文书与有效沟通。

我会在本书中展示"法小白"的法律文书与我们团队撰写的法律文书，让大家感受不同律师的写作风格带来的阅读差异，帮助大家取其精华去其糟粕，全方位提升文书写作能力。

1. 文书写作

文书主要包括起诉状、答辩状、代理意见、上诉状、再审申请书等。

（1）起诉状

起诉状要能够清楚且准确地表达诉求和阐述事实理由。律师通过与客户有效沟通，了解了客户欲达到的诉求，方能顺利完成起诉状的撰写。

（2）答辩状

答辩状是对原告起诉状的回应，有些"法小白"会严格按照原告的诉讼请求顺序进行回应，而将对我方最有利的观点放在答辩状末尾。实际上，答辩状应当以事实为基础，将最有利于我方的内容置于最突出的位置，扭转原告给人留下的"冤屈"的第一印象。

（3）代理意见

围绕争议焦点展开论述。注意区分代理意见与答辩状，二者在定义、内容等方面均不同，切忌混淆。

（4）上诉状及再审申请书

上诉状及再审申请书不同于其他文书，需要律师不卑不亢、有理有据地点明一审或二审的实体或程序错误。

2. 有效沟通

（1）如何与法官有效沟通

代理律师与法官的沟通贯穿诉讼全程，包括庭前庭后与法官的电话沟通，以及在法庭上与法官的当面沟通。有的律师在法庭上不敢与法官对视，甚至看到法官就紧张到结巴，无法清晰地表达观点，这些律师需要加强模拟法庭训练，逐渐克服紧张情绪。

我曾担任法官，因此很多人认为我肯定能与法官流畅地沟通，其实恰恰相反。律师执业之初，我总是试图主导庭审节奏，也出现过触怒法官的情形，显然这是不恰当的。我们应在坚持自己的原则和底线的基础上尊重法官，用礼貌的方式询问法官，让法官做决定。

发现法官审判方向有误时，律师应如何处理？我的建议是避免与法官直接对抗，而是选择一个合适时机表达出自己的观点。如果法庭调查环节已结束才发现遗漏了重要事项，此时可先举手示意，征得法官同意后，可以这样向法官请求："法官您好，我还有一个问题，能否让我询问对方或麻烦您问对方，您看可以吗？"一般情况下，法官会同意。

我们询问的问题可能会令法官意识到庭审遗漏了对重要事实的核实，进而恢复法庭调查环节。

（2）如何与客户有效沟通

与客户的有效沟通包括规避风险、降低预期、取得信任三部分。

如何让客户把案子交给你？如何在办案工作中留痕且规避风险？如何在代理工作完成后向客户呈报工作？以上种种，都需要青年律师不断学习和打磨与客户沟通的技巧。

诉讼代理的各项工作需要耐心地进行学习与沉淀积累。只有兼具扎实的专业知识与高效的沟通技能，才能成为被认可的律师。

"宝剑锋从磨砺出,梅花香自苦寒来。"相信各位青年律师经过不断磨炼与进阶,也能成为理想中的精英律师。

| 青出于蓝 |

一个小律师的成长心得

武香玉　执业律师　山西方立律师事务所

我是山西省运城市的律师,和很多律师一样,我始终认为,打造优秀的自己,远比生活在繁华的城市重要,我相信只要努力,小城市也会走出"大律师"。已经执业5年的我,十分荣幸能够分享自己的成长经历,浅谈以下几点感触。

1. 明确目标,追求实效,确保效率和胜率

在我代理的一起离婚案件中,男方当事人在婚姻关系存续期间负债数万元,为了证明债务确系用于日常生活消费,他提供了一份近4小时的"运城话"录音,内容是双方家人商量离婚事宜的谈话。

在没有其他证据的情况下,我听取录音重点段落后,通宵达旦地将这份录音内容制作成文字记录。但在法庭调查阶段,对方当事人不认可此份录音的合法性、真实性,法院最终也未采信该录音证据。

这份被我寄予厚望并且为之付出辛劳的证据,对整个案件的判决没有发挥任何作用。我在事后反思,在录音中,对于债务是否确系用于日常生活消费,女方的态度模棱两可,且录音时间长、方言难辨、录音参与人多、有效信息少,很难成为有效的证据去证明委托人的诉求。

我确实为该案花了不少力气,看似非常努力,但效果并不好。现在看来是当时办案的目标出现了偏差,精力用错了方向,实无必要去做那么多"无用功"。如果换成现在的我,不会那么轻信言词证据,而会更多地去挖掘债务的形成脉络,确定其是否用于共同生活消费,准备证据材料;如确无有利证据,会告知当事人起诉后可能的不利后果。

作为一名律师,我的目标就是胜诉。要发挥律师的作用,应该更多地从风险、逻辑、证据上进行重点分析和梳理,确定诉讼策略,而不应在单一、无效的方向上低效率地"努力",自我感动式办案。

2. 敬畏职业，增强技能，用心办案

执业之初，生存是每一位新手律师要面对的重要问题，但不能为了生存而放弃作为一名律师应有的"格调"。我在代理很多机动车道路交通事故责任纠纷案中见识过各种代理律师，有的代理律师虽然长期办理道路交通事故责任纠纷案件，但在面对法官的询问时不能明确回答，证据破绽频出，对委托人合法权益主张不当；而有的代理律师则在回答时证据得当，几乎可以做到判如所请。两类诉讼代理律师相比，用心负责与否，一目了然。

作为一名律师，经常办理同类案件，容易在知识储备和技能提升上原地踏步，形成思维定式，看不见案件的不同。

我们不能仅仅考虑自己的收入，更要有对律师职业的敬畏之心。只有深刻意识到我们如何行事关乎委托人的切身权益，才能将认真负责的态度根植心底，才能激励自己不断学习提升。以责任心对待委托人，以敬畏心对待律师职业，以进取心对待自己的律师生涯，时刻警醒自己"没有小案子，只有小律师"。

3. 庭上的自信源于庭前扎实的准备工作

以我代理的一个名为房屋买卖合同实为担保"流质"合同的案件为例。那时我刚执业不久，面对委托人有些信心不足，一是因为我没有代理过此类案件，二是对方具有丰富的"诉讼"经验，于是我请求另一名律师与我合办该案件。

因为没有代理过此类案件，我进行了大量的类案检索，包括法条、事实、案例方面的检索，可以说在庭前做了充分的准备，所以开庭时我能够从容应对法庭中的各个环节，代理意见也获得到了法官的高度认可，最终顺利胜诉。我邀请合办此案的律师鼓励我说，这次她完全就是给我"站台""撑场面"的，这个案子的胜诉都是我自己努力的成果。

要想蜕变成一名合格的律师，成为别人眼中独当一面的优秀律师，拥有能够在法庭上从容应对和处变不惊的气度，都源于对案件的扎实工作和对案情的精准分析。工作越是认真细致，越有可能对案件了然于胸，才能在法庭上摆脱紧张，拥有自信和从容。

执业路上，学无止境，很高兴有机会把自己的一些感悟和案例分享给大家。漫漫征途，唯有奋斗，不忘初心，砥砺前行。

| 课后感悟 |

刘 野

邓老师的课程，引发了我的思考。

如果我是企业家或投资人，在有法律业务需求时我会找一位什么样的律师呢？我会找一位有同理心，能理解我的处境，尊重我，为我着想，不会随意打断我说话的律师，我需要他是专业性强、用心办案、没有不良记录的律师（有口皆碑就更好了），我希望他是一位能尊重我的核心诉求，并积极帮我争取，办案有恒心的律师。

如果以上都符合，那就是我心目中的优秀律师！

本节试听

500元专属课程优惠券

第二章
成功拿到代理权

| 邓律金句 |

成为客户心中的"C位"

只有获得案件代理权,律师方有用武之地。对于如何才能取得客户认可,成功拿到案件代理权,仁者见仁,智者见智。

洞察客户标准,贴近客户需求;做好前期准备,展现专业能力;掌握沟通技巧,建立信任关系;尽职负责态度,严守职业底线。

深刻领悟并付诸实践,律师会得到来自业界和客户的肯定,建立信赖的客户关系,树立良好的执业口碑,在执业道路上行稳致远。

一、明确客户标准

《孙子兵法》中说"知己知彼,百战不殆"。虽然客户选择律师的标准各有不同,但都希望选择优秀的、性价比高的律师。练好"内外功",明确执业定位与目标,获得案件代理权的概率就会大大增加。

(一)外在标准

以下三类外在标准,是客户选择律师的重要考虑因素。

1. 知名度

一般而言,客户倾向于选择在行业有一定影响力的著名、资深律师。尤其是重大案件，诉讼结果关系到客户的重大利益，委托资深精英律师是必然选择。

要想成为"大咖"律师，青年律师需要不断地学习与积累，切忌"三天打鱼，两天晒网"。

2. 成功案例

世界上没有完全相同的案件，但相似的案件数不胜数。手握成功案例，可以增加客户的信任度。实战经验不可或缺，否则一切策略都是纸上谈兵，毫无意义可言。

3. 专业团队

"好风凭借力，送我上青云。"寻求借力合作是"法小白"提升竞争力的最优选。我代理的第一个最高人民法院再审案件就是合作办案。当时，我缺乏代理此类案件的经验，于是选择与经验丰富的律师合作。在此过程中，我"沉浸式"地学习了资深律师的办案经验，收获颇多，这也为我后续代理最高人民法院再审案件打下了良好的基础。

我建议，初入行且没有成功案例的律师，可以组建案件合作团队，寻求借力合作，以分工明确、专业、高效的团队共同为客户提供法律服务。

团队合作模式还有助于全面分析和理解案情，"三个臭皮匠，赛过诸葛亮"，有时一个人绞尽脑汁都无法解决的难题，"众人拾柴"的智慧就可能解决。

当然，这三类外在标准并非完全割裂，而是进阶式的关系。具体进阶路径可参见图2-1。

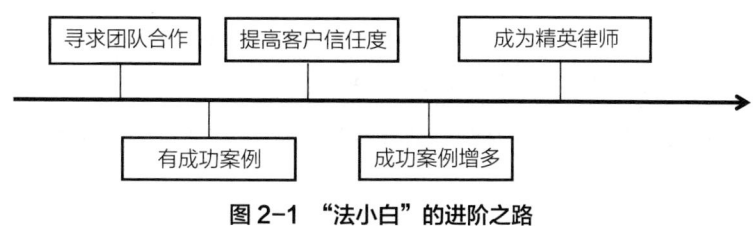

图2-1 "法小白"的进阶之路

（二）内在标准

符合客户选择律师的外在标准后，还需要达到内在标准，真正做到内外兼修。

1. 执业形象

相信有人会有疑问，执业形象不是外在标准吗，为何是内在标准呢？因为律师向客户展示的形象看似外在的着装和容貌，实则是律师内在专业自信的外化综合表现。我曾和助理说，一件普通的白衬衫穿在不同的人身上会有不同的效果。有的人穿起来像两百元的，有的人穿上就像几千元的高端定制服装。只是衣服品质好，没有内在支撑，是不能展现出专业的律师形象的。

影视剧中的律师都是身着精致得体的西装，面容神采飞扬，虽然我们没有明星的容貌，但是我们可以从中学习着装、仪态和表达。"像不像，三分样儿"，通过内外兼修，提升律师的能力、自信和外在形象。

客户期望委托专业、干练、气场强大的律师，他们对刚刚认识的律师，有时会凭第一印象判断其专业度，所以律师的执业形象非常重要。

2. 专业实力

相比执业形象，决定律师能否取得成功更重要的是专业硬实力。随着我国法治进程的加速，新的法律法规层出不穷。律师是需要一生学习的职业，需要持续扩充知识储备，提升专业实力。

专业实力决定自信，自信又会提升执业形象，相辅相成。

3. 职业操守

《律师执业行为规范》第六条规定：律师应当诚实守信、勤勉尽责，依据事实和法律，维护当事人合法权益，维护法律正确实施，维护社会公平和正义。

律师需具备正确的价值观。不可"三观"不正，做事情无底线，比如违反职业道德或做假证据、虚假陈述，甚至涉及违法犯罪。

客户十分在意律师的品行，律师一定要建立良好的执业口碑，爱惜自己的羽毛，不越雷池半步。

二、做好接待准备

俗话说："台上一分钟，台下十年功。"律师要想在与客户几十分钟的短暂交流中充分展现自己的专业实力，赢得客户的认可，需要认真做好接待客户的准备。

（一）提前整理案件资料

正式会见客户前，需要研判案件的基础资料，提前了解案件的核心争议，对案件细节了如指掌。对于客户的提问，律师对案情一无所知时的回答与深入梳理分析案情后的回答效果会相同吗？答案不言而喻。

我代理过一起股权纠纷案件，客户是几位小股东，其诉求是退股。会见客户前几天，客户仅提供了从工商局复印的案涉公司近20年的内档档案，没有提供其他资料。面对40厘米高的档案资料，该如何梳理和提炼有效信息呢？我们团队的一位实习生用了几天时间，将股东入股后该公司股东变更、股东股权增减持、注册资本变更等所有备案信息均做了详细梳理，并制作了多个统计表和公司股东关系图等。会见客户时，我将上述工作成果一一展示给客户，客户十分惊喜和满意，表示自己对公司注册资本变更和自己股权的增减持情况原本不是很清楚，从我们制作的统计表中才知晓变更过程。我们顺理成章地拿到了这个案件的代理权，我也对那位实习生的优异工作提出了表扬并给了他物质奖励。

假若你是案件当事人，在未付费的情况下初次会见律师时，律师就已对你的案件进行了细致分析，相信你一定也会对律师的认真严谨予以好评。

身着名牌西装、佩戴奢侈服饰这些都是外在形象，真正决定律师品质的是对具体工作的态度、专业度和责任心，绝不能"金玉其外，败絮其中"。

（二）做好约定和提示

接待客户前，需通知客户会见的时间与地点，将各种交通工具抵达的路径、接待联系人等细节做温馨提示，切忌只给客户发送名片照片或只发文字信息。

图2-2是我们团队自用的会谈通知书模板，供大家参考。[1]

---

[1] 本书中"模板""示例"及示例性图、表仅作为文书格式参考，其中的标点用法、行文措辞等均采用作者提供的真实文书。——编者注

> 尊敬的×××先生/女士：
> 　　诚邀您3月3日（本周四）下午14:00到我律师事务所3楼2号会议室会谈。
> 　　律师事务所地址：××区××路××号××大厦×楼
> 　　【温馨提示】本大厦共有三处入口，请从××路×号门乘坐底层电梯至本所。
> 　　如您需乘坐地铁，从×号线××号出口出站，出站后右转第一个大厦即是。
> 　　地下停车场从××路驶入，停车费××元/小时。
> 　　联系人：××律师，电话：××××××××××
> 　　恭候您的光临，本所将竭诚为您服务。

图2-2　会谈通知书模板

给客户发送会谈通知书的同时，通过微信发送会谈地址的位置定位，方便客户直接用手机导航。相信客户会从这类小事中直观地感受到律师的细致。

（三）选择适宜的会谈环境

与客户会谈的地点尽量选择律师事务所的会议室。一方面，这样可以充分表明专业律师身份，而且在主场优势下，也有助于律师掌握主动权，提高律师对案件的把控度和对谈话的信任度；另一方面，这样能让客户感受律师事务所的实力，如办公环境、律师事务所的规模等，有助于取得客户的初步信任。

外界环境会影响人的情绪和认知，律师与客户的会谈地点必然会影响会谈效果。在正式、安静的环境中与客户沟通交流，获得案件代理权的概率会大大增加。

我不习惯在私人办公室与客户会谈，都是预约在会议室正式交谈。有的律师喜欢在茶室、咖啡馆与客户会谈，不同的选择各有利弊。

（四）用心观察客户需求

律师应以客户类型、客户需求为导向做好接待工作，比如不应选用过于"高大上"的会议室接待小标的案件客户，以免让客户猜度律师代理费会比较高昂。而针对大公司客户，则须选用高规格的会议室。

接待细节需注意。以我的客户为例，助理会根据客户的喜好准备咖啡或茶水。有的客户只喝"龙井"，第二次我们就会准备"龙井"，看似微不足道的细节，却能让客户感受到细致的关怀。此外，部分客户的喜好和特殊要求也要考虑，如杯具选择、位置朝向等，这些均是不容忽视的细节。细节决定成败，希望青年律师予以重视。

（五）准确把握商谈界限

谈话的艺术——把握说与不说、说多与说少的界限。

有一个上市公司找到我咨询，大致案情是财务报表中某个数据的列项不严谨，融资方就此认定该公司数据虚假，遂起诉该公司索赔。我向客户分析本案可能胜诉的理由：双方已约定金额的统计方式，只是会计科目的归类不同，故而不能认定贵公司为虚假陈述。我本应分析到此即可，但我看到了该案件的另一种可能，便又对客户说："如果我是对方律师，本案败诉后，会换个角度另行起诉，贵方则可能面临败诉的风险。"

客户问："邓律师，您有信心打赢本案吗？"

我直接回答："这个案件我们是有道理的，但如果对方按照我的思路再提起起诉，贵公司未必能赢。"话音刚落，我突然意识到说多了。实际上，对方律师未必会如此复杂地思考，也未必会设计出第二个连环案。

最终，虽然客户对我有很高的评价，我却未能获得该案的代理权。准确把握商谈界限，既要给客户信心，又不能随意承诺，是律师需要慢慢学习和揣摩的重点。

（六）恰当表述案件思路

接待客户时，如果客户询问案件的解决思路，律师是否应详细说明呢？若明确表述解决思路，可能存在以下后果：第一，部分客户"醉翁之意不在酒"，并非诚心诚意地寻找代理律师，而是为了获得免费的法律咨询，俗称"薅羊毛"；第二，部分客户往往"货比三家"，会再次寻找其他律师验证，用比较低的价格请其他律师而用你的诉讼思路。

于是，有的律师对此极为困惑：若闭口不谈，则无法体现自己的专业性；若全盘托出，则言多必失。应如何解决该矛盾呢？

我举个例子，我们都看过美食博主制作的视频，但看完视频你就会烹饪佳肴了吗？很多情况是"一看就会，一做就废"。不必担心客户有了诉讼思路就能自己出庭，要相信自身的专业实力无法被替代。

在对客户表述案件诉讼思路时，要根据客户、案件的不同有所区别。对于小案件，表述大致思路即可；对于争议较大的疑难案件，则需要进行细致全面的分析。

一般而言，大客户不会选择仅会见一位律师，他在会见我们之前可能已接触了一些律师，或是之后会继续接触其他律师。我们要想在众多备选律师中脱颖而出，就需要让客户感受到我们的专业能力，专业能力要通过我们对案件的分析和预判去展现。

（七）拒绝承诺诉讼结果

律师都会遇到客户提出有多大把握胜诉的问题。

我曾经问某位客户："如果你遇到三位律师，第一位律师认为胜诉可能性为100%，收费100万元；第二位律师认为胜诉可能性为50%，败诉可能性也为50%，收费50万元；第三位律师认为胜诉可能性几乎为0，但会尽量争取，收费10万元。你会选择哪一位？"

我以为客户会选择第一位或第三位律师，让我意外的是客户选择第二位。我问他为什么，他说第一位律师随意打包票，收费又高，让人觉得不靠谱；第三位律师缺乏自信，我不能将案件交给他；第二位律师分析得对，性价比最高。

可是作为专业律师，我认为第二位律师的回答属于真理性废话，任何案件的胜诉可能性都可如此表述。虽然我认为第二位律师的说法最不可取，客户反而倾向于选择第二位律师。

我分享这些并非建议大家说真理性废话，而是想提醒大家：律师协会、司法局不允许律师对案件结果做出预判，我的建议是不直接回答胜诉概率，而是告知客户××事实对客户有利，在××处可以实现××目标。

若客户执意要求律师给出正面回答，我们可以心平气和地说："行业规定不允许我们对案件结果做出预判和承诺，如果我不遵守行业规定，您会放心地将案件交给我吗？如果您不信任我，即使我向您承诺有100%把握，您也不会选择我，对吧？"大部分客户听了都会表示理解，不再追问。

完善的前期准备工作是拿到案件代理权的基础。希望各位青年律师"不打无准备之仗",做好充足准备,提高客户信任度,树立良好口碑。

三、掌握沟通技巧

沟通是一门艺术。对于如何与客户有效沟通,我在这里分享部分技巧供大家参考。

(一)专心倾听

倾听是沟通的基本要求之一,律师行业属于服务业,即使对案件情况了如指掌,也应耐心倾听客户的陈述和想法。

在会见客户时,为彰显自己由内而外的自信,应与客户目光对视,让客户感受到真诚。与客户交谈时,手机调至静音模式,切忌以频繁接听电话表现自身业务"繁忙"。这样会让客户觉得你对他不尊重,好比去商店购物,如果导购人员在接待客户时总在接听电话,客户体验感差、满意度低是必然结果。

律师应学会转换思维,站在客户的角度考虑问题,注重客户的感受。客户选择代理律师不仅仅在意案件的最终结果,也在意过程的服务品质。

(二)做好记录

律师会见客户时,不仅要倾听,还要对主要事实做好记录。一般应选择用电脑或笔记本作记录。

为何强调这一细节呢?这是有惨痛教训的。有一次,某企业招标,客户要求我去现场述标,我因开庭出现时间冲突,就邀请王律师替我述标,当时他带着他的助理和我的助理一同前去。

结果是我们未中标。对方法务很委婉地提示我,在我们述标的 10 分钟内,我们团队中有一个人全程在"玩"手机,因此 7 位参与评标的评委,有 6 位给我们打了最低分,并表示以后不会再邀请我们投标了。

我听后非常气愤,不仅未中标,我们的律师事务所还被客户列入黑名单,脸面全无。我去找我的助理问责，她告诉我她一直在用电脑记录，但是，王律师的助理一直在摆弄手机。我气势汹汹地找王律师的助理训话，她很无辜地解释说并没有玩手机，当时是在用手机做会议记录和检索，还给我出示了手机中的记录内容。

在如此正式、重要的场合，居然用手机作为记录工具显然极不可取，应该要么使用电脑或笔记本记录，要么就专心听。她的无心之错，让我流失了一个大客户。希望大家引以为戒。

（三）团队协力

接待客户前我会问清客户人数，安排的接待人员数量一般不少于客户人数，避免一人会见多个客户，要保证重要客户都有律师与其目光对视。这样做不仅能体现对客户极其重视，而且重大客户需要的是律师团队作战，不是单枪匹马、势单力薄。

（四）提升性价比

当客户认为案件费用超出其经济能力承受范围时，律师可以通过为客户提供性价比更高的服务，让客户接受报价。例如，有个案件收费较高，但案件办得比预期轻松，工作量不大，因此我主动提出为客户免费提供一年法律服务。这超出了客户的心理预期，让客户非常满意。

曾经有一位因最高人民法院指导案例慕名而来的客户，在接待客户前，我向其告知该类案件的最低收费标准，客户误认为是本案的收费标准，起初只愿意按此前我说的最低标准支付代理费，但是我不同意。虽然在代理费金额上没有达成一致，但客户对我的专业性非常认可。我很想争取这个客户，但不想降低收费标准，双方就代理费金额沟通了一个月时间，我每隔一周电话和他联系一次，客户说"考虑一下，还要和其他股东商量，下周再联系"。第二周时，我主动联系客户，顺便把案情分析一下。到第五周时，客户最终按照我的报价将案件委托给我。后来我们成了朋友，客户和我说，在谈代理费的事情上，他感受到我做事的韧劲儿和坚持，我既不同意降价又不放弃这个案件的劲头儿，让他印象深刻。

增量服务的本质是替客户着想，为客户节约开支。律师需要从多维度评价案件，通过提供增量服务提升性价比，增加客户满意度。

（五）诉讼可视化

诉讼可视化是指通过图表等形式恰到好处地分析法律事实、厘清法律关系、预测案件走向。例如上文提及的股权纠纷案中，把客户所在公司近20年的章程转换成几张图表，清晰、直观地展示股权结构变化、资本变化等。简而言之，就是化繁为简的过程。与客户会见的时间往往十分短暂，如何利用这个黄金时间充分展示专业实力，诉讼可视化就成了增加谈案成功率的"好帮手"。

四、处理问题的方式

（一）客户自身问题

1. 表述不清

客户作为非专业人士，可能无法逻辑清晰地表述案情，律师在倾听客户的想法时，需要对客户进行适时的引导。

2. 提出与法官相关的问题

如果客户询问案件是否与法官有关，律师一定不能违规回答，而应严格遵守执业规范要求。

3. 要求不合法、不合规

若客户提出的要求不合法、不合规，违背律师的基本价值评判标准，则应立即拒绝，并给予合理解释。若律师为了得到代理费而答应客户的违法要求，则会面临断送律师执业生涯的风险。希望大家对此保持高度警觉。

4. 货比三家

本质上，货比三家不属于"问题"范畴，相反，这是常见且可理解的现象。比如我们去商场购物，往往货比三家后再决定购买哪件商品。律师的专业水平可能会直接影响案件结果，所以应理解客户寻找代理律师时的挑选、比较。我们能做的，就是努力成为客户心中性价比最高的律师。

有很多客户与我谈话后就离开了，我并没有因此陷入自我怀疑的沮丧境地。我相信客户离开后，若认为我是他们的目标律师，必然会再与我主动联系。操之过急往往事与愿违，好的心态才是长期坚持的不竭动力。

5. 虚假陈述

有的客户即使将案件代理权交于律师，也可能会故意隐瞒重要案情事实或做虚假陈述。此时，律师需要与客户建立信赖关系。

建立信赖关系，一方面是为引导客户做真实陈述，有助于律师了解案情；另一方面是为谨防虚假诉讼，规避律师执业风险。

6. 拒不配合

客户不配合律师工作的情况时有发生，针对此类情况，律师需要在会见客户时讲明配合的重要性，强调保密条款，阐明律师的保密意识和专业素养，不会泄露客户的商业秘密和个人隐私。

7. 持续问输赢

如果客户持续询问律师对案件输赢的预判，可以使用这套"话术"："我不是案件审理法官，无法评判案件的最终输赢结果。即使我是法官，也不能保证你会胜诉，因为案件可能还需要经过合议庭或审判委员会，我作为您的代理律师，能做到的就是全力以赴争取最好的结果。"通常情况下，客户听后会予以理解。

总之，律师对客户也要有所选择，"法小白"在执业初期可以接办不同种类的案件，掌握选择主动权后，建议适当舍弃。客户是我们的合作伙伴，若合作不愉快，案件最终结果往往也会不尽如人意。适当地舍弃，看似客户资源流失，实则是为后续积累优质客户奠定基础。

（二）正确处理客户自身问题

1. 建立信赖关系

律师与客户是命运共同体，为取得共同利好的结果，需要建立信赖关系。

每次会见客户时，我都会耐心地说："我希望您向我讲述的案件情况均是真实客观的，这样我才能真正帮助到您。我不会录音，也不会把您给我说的不利内容呈现给合议庭，律师执业要求也规定，作为代理律师，对客户不利的事实不允许主动说明。"这样说完后，客户会卸下心理防御，把所有有利或不利的事实向律师说清楚，双方也会互相信赖。

2. 恰当引导客户阐述

客户表述不清时,律师要注意引导客户阐述或适当打断。

有一位客户说,他同我交流时能感受到被尊重。因为与我会见前,他曾约见过一位"大咖"律师,该律师总是说一句口头禅"你不明白吗?"这让客户有种被训斥的感觉。客户说:"我当然不明白,明白了还找律师干吗!"可见,有时律师的无心之失可能会让客户十分不快。律师需要改变本位思维,切忌从专业角度要求客户,这不公平也不合理。

律师引导客户阐述也有技巧可言。比如听完客户阐述后感觉客户没有表达清楚真实意思,这时可以转换角度委婉地问客户:"您想表达的是不是××意思,我理解的正确吗?"

谈话的艺术,是让客户感受到你的真诚与充分的尊重。

3. 做好会谈笔录的文字确认

做详细的谈话笔录看似烦琐枯燥,实则有助于降低执业风险。即使客户未在会谈笔录上签字,律师也需在接手案件后,及时将会谈笔录整理成微信文字形式让客户确认,由此避免出现纰漏。

4. 有效提示案件风险

律师成功拿到案件代理权后,需要根据客户的承受能力做好风险提示,相当于"股市有风险,投资需谨慎",律师不是法官,对案件的输赢没有决定权。

律师需向客户阐明启动诉讼程序后可能存在以下后果:其一,产生各类成本,如诉讼费、律师费等,另外还有时间、精力的消耗;其二,引发各类副作用或连锁反应,如对方反诉、客户流失、业务收入降低、商誉受损等。

5. 约定不实后果

为防止因客户陈述不实导致律师对案件的错误预判,特别是风险代理类案件,律师应明确告知客户,如果因客户提供的基础事实不真实导致案件败诉,需要客户自行承担后果,并按照约定支付律师代理费等。这个要求看似有些不近人情,对律师来说却非常必要。

6. 强调客户需支付的费用

虽然代理协议中已明确约定客户的费用分担及支付责任，但大部分客户没有逐字细看协议的习惯。为防止客户不清楚代理费的计算方式以及费用明细，建议律师将代理协议中涉及客户需承担的诉讼费、保全费、交通费、住宿费、公证费、保全险保费等的条款单独予以告知，并在协议中加黑加粗显示，避免纠纷。

| 青出于蓝 |

卖方企业无法开具发票如何拿回货款

杨彦伟　执业律师　北京市京师（呼和浩特）律师事务所

从 2019 年开始，我就在"法小白"课堂上听邓老师讲课，深深被吸引。再次听邓老师的课程，"如何让客户把案子交给你"这节课使我受益颇多。我分享的这个案件正是在运用邓老师教授的"借用团队力量、做好前期准备"的基础上，成功拿到了代理权。

在煤炭贸易中，往往涉及多方主体，本案就是一起涉及五家公司的煤炭贸易纠纷。这笔交易发生在 2017 年，此后几年，煤场业务负责人魏某已咨询过多家律所，均无解决之道。2021 年，我们团队取得该案件材料后，对其进行了全面的前期分析和方案设计，最终拿到代理权。

本案的委托人和其他涉案各方均无直接的合同关系，但都存在事实上的贸易行为。经过分析，我们认为该案的难点是，在涉税涉款、合同主体不具备收款条件的情况下，如何让案涉煤场收回煤款。

为获得该案代理权，我们采取了以下做法。

1. 由于案件存在涉税问题，我们对此特别谨慎，先后走访了当地县、区税务机关，得知案涉煤场因无法开具发票，所以无法结算货款。于是，我们为此吸纳了专业代理涉税案件的律师加入团队。

2. 我们用一个月的时间进行了走访、尽职调查、论证。第一次会见委托人时，我们即向魏某和煤场出具了法律意见书，其中包括大量条理清晰的图表，直观地阐明了案件主体的法律关系（见图 2-3）。

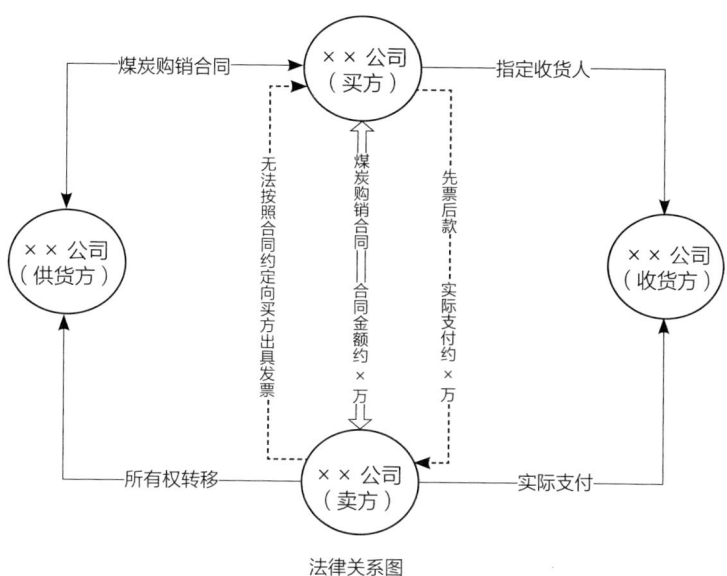

图 2-3 案件主体的法律关系

3. 设计诉讼方案，分别是非诉阶段煤贸公司与煤场进行债权转让协议的签订和通知送达；诉讼阶段由煤场作为债权受让人提起民事诉讼。

最终，我们得到了客户的认可，并签订了代理协议。在这个案件中，我们坚持邓老师所说的"前期准备没有最充足，只有更充足"，用我们的专业提升了客户的信任度，征服了客户。感谢邓老师的传授，机会真的是留给有准备的人的，加油！

| **课后感悟** |

刘天一

　　以往我在分析案情时会把没有发生的可能性也说出来，以为这样可以更好地展示自己专业、富有经验、思虑周全的一面。读完本章才明白，其实客户更需要我们根据案件的实际走向给出最佳方案，过多的分析反而会让客户疑虑，甚至对我们产生不信任感。邓老师毫无保留地以切身经历启发我们，让我知道了我们应以实力和诚信铸造律师在业界和客户中的口碑，为每一次拿到更高含金量的代理权打下坚实的基础。

本节试听

500元专属课程优惠券

第三章
证据收集与整理

| 邓律金句 |

不能只跟感觉走　紧紧抓住证据的手

证据是指依照诉讼规则查明并据以认定案件事实的依据,是诉讼的核心所在。我们常说"打官司就是打证据",也道破了证据在诉讼中的重要性。

"巧妇难为无米之炊",如果证据匮乏,无法构建自述的法律事实,即便律师专业功底扎实,也很难将案件引向胜诉的结局。

商事诉讼中的相对方往往各有短板,不存在绝对的对与错,这就意味着案涉证据也存在双面性。同一证据,既可为原告方所用证实利好事项,也可能暴露潜在缺陷,被对方反将一军,相互掣肘。

因此律师必须对已有证据进行梳理、筛选,对欠缺证据进行补强。此外,我经常在对方提交的证据中找到有利于我方的线索,对其反向利用。

一、何以为证

(一)法律事实的认定

诉讼中的原、被告双方往往会构建出完全不同的法律事实。找到法律事实认定的方法,不但对法官来说至关重要,对律师制定诉讼策略也非常关键。

我曾经的上司是一个法院的庭长,他说:"审理案件忌先入为主,要依据证据构建内心确认。不能仅依据当事人的说辞认定案件事实,当事人的嘴巴不能订入卷宗,必须要有佐证入卷。当事人会避重就轻甚至虚假陈述,法官也无法回到案件发生的时刻看到客观事实,要让证据说话。"

这番话一直影响着我,我对委托人的陈述时刻保持疑问,如果仅有我方当事人的陈述而无佐证,对方亦不认可,就无法变成影响案件结果的法律事实。如果确信委托人的陈述,就应收集证据线索证明其陈述内容的真实性。

以我亲身经历的一个案件为例。

【案件 3-1】

被告人大山被拘捕,涉嫌用自制土枪故意杀害债务人大河,但其喊冤,坚称没有杀害大河的想法,只是因大河欠钱不还,朋友找他帮忙用土枪吓唬大河让其还钱。当天,他本人已将自制土枪中的子弹全部取出,在与大河厮打时他用空枪恐吓,土枪走火导致大河胸部中弹死亡。大山十分疑惑,自己明明已将枪中子弹取出,可能是两个同行的朋友将子弹装回枪中而他不知情。

对于他的辩解,我问他有什么证据能证明在讨债前已将枪中子弹取出。大山称当时有人在屋内,应该看到了他取出子弹的过程。但所有证人均称没有看到他取出子弹。

如果你是法官,你会相信他在讨债前取出了子弹吗?

虽然大山信誓旦旦,眼神也很真诚,但我无法认可他所陈述的事实。也许客观事实是他取出的子弹又被他人装入枪中而他不知情,但仅有被告人的陈述而没有其他证据佐证,法院认定的事实只能是大山知晓枪中有子弹。

(二)证据概述

"证据是人们从未知到达已知的认识过程中,用来推导和了解未知事项的材料,不断运用于日常生活或是诉讼事项中等,成为人人早已习惯的认识活动。但诉讼中的证据和证明,并不仅仅具有认识论的性质,同时还涉及'法的程序',被赋予法律上的意义。"[1]法律意义上的证据，是与案件事实相关的信息，用于证明所主张事实存在的可能性。

被法官采纳的证据应具有以下三种属性。

第一，真实性。指证据应当具有物质性的外观，即从未被加工、变造。证据分为原始证据与传来证据（又称派生证据）。传来证据因经过复制、转述等环节，原始内容可能被扭曲或改变，因此法庭对传来证据往往持谨慎态度。律师在提交证据时，应尽量提交原始证据。

第二，关联性。指证据与案件有关，即证据资料反映的事实与待证事实之间存在逻辑联系。例如，原告起诉要求解约，理由是被告丧失土地开发的履约能力，证据是裁判文书网上被告欠款50万元的判决书。看似另案判决与本案合同解除之间没有必然联系，但是存在逻辑联系，即被告连50万元都没有能力支付，就更不可能有能力履约3亿元的土地开发项目，这会在很大程度上影响法官的心证。

第三，合法性。指证据的取得方式应当符合法律规定。虽然《民事诉讼法》并未规定非法收集证据的排除程序规则，但也应注意证据取得的合法途径。实践中，如果出现不应由某方保管的证据原件，需要说明当事人取得该证据的方式。

司法实践中，经常会有案件当事人在未告知另一方的情况下进行录音或录像，并将其作为证据提交给法庭，另一方往往会以该证据的取得方式为偷录偷拍，否定其合法性。事实上，"偷录"这个词听起来不正当，但并不必然不具备合法性。

根据《民诉法解释》第一百零六条的规定，对以严重侵害他人合法权益、违反法律禁止性规定或者严重违背公序良俗的方法形成或获取的证据，不得作为认定案件事实的根据。例如在他人家中安装窃听器，属严重侵害他人隐私权；通过诱骗、欺诈等手段取得的录音录像属违背公序良俗；等等。法院对这类证据均不会认可。反之，若当事人取得音频和视频的方式方法未违反上述规定，则可以成为认定案件事实的证据。

---

[1] 王亚新.民事诉讼中的证据与证明[J].证据科学，2013,21(06):760-769.

(三)法律事实与裁判结果

谈及证据及待证事实,避不开的法律概念就是法律事实与客观事实。"摆事实讲道理",此处的事实非指客观事实,而是法律事实。

法律事实与客观事实的一般关系是:客观事实是法律事实的基础,法律事实是客观事实的再现或反映,法律事实必须以客观事实为追求目标[1]。客观事实发生时不可能做到完整记录,因此律师构建的法律事实就非常重要。

法律事实并不必然等于裁判结果本身。法官在制作裁判文书时,对事实的认定、证据的取舍均有自由裁量权和综合判断力。法庭上,并非所有争议事实都需要证据支持才能认定,有时双方当事人陈述的事实相悖,在均无证据证明的情况下,法官会根据案情、生活常识和社会地位等,运用推理和价值评判,判断哪一方的陈述更符合常理。

即便如此,代理律师完成举证责任,收集、提交证据,最大程度构筑有利于己方的法律事实,仍是非常重要的工作。

二、证据收集

法律事实是裁判的基础,证据则是构成法律事实的骨架。高效、全面地收集证据,形成完整、闭合的证据链条,才能为案件胜诉奠定基础。

(一)引导当事人重现案件事实

初次对接委托人时,律师需对案情基本了解,运用"最初""现在""期间"等时间线索,询问当事人"最初情况如何""现在是什么情况""这期间发生了什么"等,引导当事人重现事情经过,了解纠纷发生的主要原因。

也许有人好奇,为何在证据章节谈及委托人的接待工作?由于专业的局限性,

---

[1] 孔祥俊.论法律事实与客观事实[J].政法论坛,2002(05):87-100.

当事人对证据的认识和判断可能是模糊的，甚至是存在巨大偏差的，律师需要通过与当事人交谈，敏锐地捕捉到关键证据，有时甚至因此扭转案件走向，这也是律师应发挥的作用。

例如借贷纠纷，通过交谈落实证据的逻辑方法如图3-1所示。

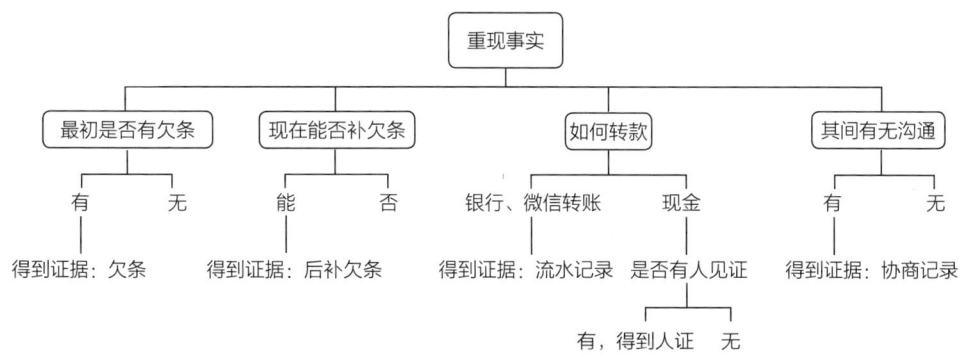

图3-1　通过交谈落实证据的逻辑方法

（二）现场收集

由于当事人缺少证据意识或困于证据收集的途径、方法等，可能导致证据链存在空白，此时如果代理律师能多渠道有效收集证据，不仅能赢得当事人的认可，还能拓宽代理思路。

以我受白云公司委托代理的一起土地开发纠纷为例。

【案例3-2】

某市完成案涉地块拆迁后向我方委托人白云公司交付拍卖的地块，但委托人拒绝接受，原因是在受让土地红线外仍有一排破旧老厂房和家属楼未拆除，而该厂房挡住了案涉地块的唯一出入口，我方委托人即使接收了也仍然无法进行土地开发。

我接受委托后，发现只看红线图无法知晓案涉地块周边是否可以通行。为了解决疑惑，我带上相机和航拍器去了现场，围绕案涉地块行走一圈取证后才将实地与图纸真正对应起来。案涉地块北侧即是未拆除的厂房和家属楼,其间无任何通道;南侧和西侧是接连成片的居民小区;东侧紧邻一条河。北侧的厂房和家属楼虽在红线范围外,但属于拍卖前公示的改造范围,只有北侧的家属楼拆迁后,案涉地块才有可能施工开发。而一旦接收,70年产权期限即开始计算,我方受让人将受到的损失显而易见。

"纸上得来终觉浅,绝知此事要躬行。"亲历之事往往印象更深刻、理解更透彻,这是浅显的日常生活经验,也是我多年律师执业生涯坚持和推荐的工作理念。因为实地调查的工作习惯,我像个侦探一样在现场调查,总能出人意料地获得"破案"证据,被小伙伴冠以"邓福尔摩斯"称号。

我深知优秀的律师绝非仅靠嘴上功夫、旁征博引各项法条,而是要在不断夯实法律理论的同时,勤于动脑、勤于动腿,永远对探寻"第一现场"充满热情,甚至收获委托人都不曾掌握的重大证据。

(三)确立收集方向

收集证据时,首先要明确意图构筑的法律事实主要脉络是什么,重点是什么,现有什么材料,做到有的放矢。针对无争议的事实,比如双方对合同交付货物的数量并无争议,仅对交付货物的质量存在争议,则无须大量梳理、举证双方何时签订合同、何时付款以及其他交货细节等,而应将重点放在对产品的技术要求上,交货时产品是否已检测,交货后产品使用期间是否存在投诉、维修记录等。

如果证据收集方向有误,对双方不存在争议或不关乎案件核心法律关系的事项进行大量举证,不但浪费自己的时间,也浪费法官的时间,损耗法官的耐心。

陈先生诉某银行借记卡服务合同纠纷一案,是转换证据收集方向影响案件结果的典型案例。

【案例3-3】

陈先生在某商业银行办理了一张储蓄卡,存入现金5万元。数月后,陈先生收到该银行发来的短信,告知其5万元存款已被取走。陈先生十分疑惑,自己正在乘坐高铁,银行卡中的存款怎么会被取走呢?

通过与银行沟通得知，陈先生开卡后，银行推出了"无卡取现"业务，统一为网上银行客户开通了该特色业务。持卡人仅需用注册手机号码拨打银行电话，说出办卡人的身份信息及密码，银行即可为其提供无卡取款服务。本案中，取款人掌握了陈先生的取款密码、姓名、身份证号码等个人信息，通过技术手段将呼出电话显示的号码篡改为陈先生的注册手机号码，骗过银行，成功取款5万元。

陈先生将该银行诉至法院，要求偿还被盗取的5万元存款。开始的举证材料有：注册号码的通话记录显示无拨打给银行的记录、取款时间本人乘坐高铁的车票及相关信息等。一审法院判定，该银行未能准确鉴别取款人身份，没有尽到足够的审查义务；同时，陈先生未对银行卡密码尽到妥善保管的义务，有一定过错，应承担相应责任。判决该银行返还陈先生50%的存款，即2.5万元。陈先生不服一审判决，准备上诉。

【举证方向】

陈先生寻求我的帮助，我认为本案收集证据的方向需要调整，主要发力点应转变为对开通"无卡取现"业务的流程是否合法合规进行取证。

1. 取款非本人，银行未尽到对客户身份审查的义务。一审中，陈先生已证明取款主体非本人，但无法证明自身已尽到妥善保管银行卡密码的义务。

2. 银行为其办理"无卡取现"业务时，仅发送了一条告知短信。银行未经本人同意就为陈先生开通了高风险业务才导致陈先生的存款被盗取，因此银行应承担全部过错。

【取证建议】

建议陈先生给多家国有银行致电，对"无卡取现"业务的办理流程进行录音取证。经过确认，"无卡取现"业务的操作要求是必须经过持卡人本人确认方可开通，案涉银行擅自给陈先生开通"无卡取现"业务违规。

陈先生在二审中改变了举证方向，从证明自己已对银行卡密码尽到足够的保管义务转换至证明银行违规操作、未尽到风险提示义务。与多家国有银行的通话记录证明,银行无权单方为客户开通"无卡取现"业务。最终,二审法院改判,支持陈先生的全部诉讼请求。

三、证据梳理

证据收集完成后,是证据梳理工作。

(一)初步梳理

证据的初步梳理不等于粗略浏览。有的律师初看材料时,凭借经验草草翻阅,总想着之后再仔细阅读,这是不恰当的做法。第一次接触证据时,如果没有细致而全面地梳理证据,在第二次翻阅材料时,会在先入为主的潜意识支配下自动屏蔽某些信息,而左右案件的关键信息或许就隐藏在这些被忽略的信息中。

好比写文章,自己检查几遍也发现不了的问题,他人一眼便可发现。因此,第一步梳理证据时就应符合精细化要求。

(二)梳理方法

1. 时间梳理法

按照事件发生的时间梳理证据,是最易于操作,也是最易于理解的方法,可全盘直观了解案情的来龙去脉。实务中,可用鱼骨图(见图3-2)梳理证据。

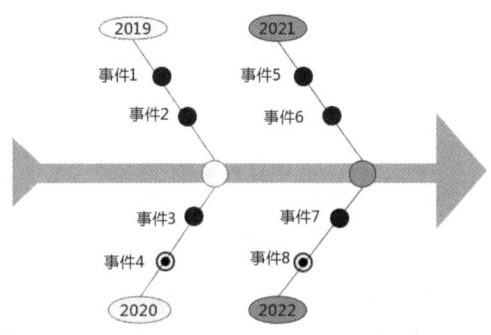

图 3-2 鱼骨图

2. 要件梳理法

对于时间跨度较大、证据纷繁复杂的案件，可使用要件梳理法梳理证据。

如某土地开发纠纷，时间跨度 15 年，期间签订了大量合同、补充协议，存在诸多账款交易及函件往来，涉及多个主体及多种权利义务关系。如果按时间梳理法梳理证据，仍显得十分杂乱。此时，可在时间要素的基础上加入事件要素，结合二者进行梳理后，案件的脉络便清晰展现。

关于如何梳理证据，没有绝对标准，可根据案件的特点、争议确定。

（三）整理有利与不利证据

证据梳理的过程，其实也是研判证据利弊的过程。哪些证据对己方有利，哪些证据相对不利。提交证据时，也应对对方的质证意见有初步的预判。

第一步，核查。是否有原件、证据来源是否合法、是否已确认等。

第二步，比对。证明事项与当事人的陈述是否存在差异，如何合理解释。

第三步，反向思维。反向思维的内核是，站在对方视角预判对方会如何质证，发现证据漏洞。

（四）证据呈现方式

律师在证据提交环节，就像电影导演在众多的拍摄素材中寻找合适的部分进行组合、剪辑，最终将符合法律事实的故事呈现给法官。因此，证据本身也应具有一定的"节奏感"。

核心证据先声夺人。勿将"王牌证据"藏着、掖着，不搞证据突袭。

有利证据强化利用。在庭审的短短数小时内，律师需要集中展现数月甚至数年发生的大量证据，这就需要运用强化记忆法，强调有利证据，加强证据的冲击力。

间接证据组合出击。单独提交的间接证据会被对方质证，法官也不会轻易采信。因此间接证据需要形成有说服力的逻辑闭环。

同样的证据，呈现方式不同，产生的结果或将大不相同。

四、证据的补强

(一) 查漏补缺

初步梳理证据后,律师应对心存疑惑的事项整理成问题清单交给委托人。对于律师,最忌讳的是凭借经验,对未知事项想当然。

如果有存疑事项,应及时和委托人沟通。如果缺少证据,应提示委托人再次收集;如果无相应证据,律师应及时告知委托人证据缺失的后果,并制成谈话笔录。

若确认对方持有对我方有利的证据且对方拒绝提交,应及时行使合法权利,申请调查令调取证据。对于可能存在毁损、灭失风险的证据,及时申请证据保全措施。

(二) 证据补强规则

在民商事诉讼中,瑕疵证据普遍存在,但我国法律并未明确界定其含义。我对瑕疵证据的理解是,取证不当的证据、外观上存在缺陷的证据等,分为轻微瑕疵证据、一般瑕疵证据以及严重瑕疵证据。若瑕疵证据对认定事实的影响较大,则需考虑对其予以补正和补强。

某种证据不能单独用于认定案件事实,必须借其他证据佐证补强方可作为定案根据的规则被称为"补强证据规则"[1]。补强证据规则包含了对事实真相、诉讼经济原则的追求,即以最小的成本投入诉讼活动中,以获取最大的诉讼效益。律师遇到瑕疵证据时,应尽可能对证据本身进行"修复",并深度挖掘与之配合的其他证据,进行合理说明。

五、自检与自纠

完成证据梳理后,律师应恢复到接触案件之前的"无知"状态,对证据进行自检,判断证据是否重点突出、脉络清晰。对尚存瑕疵的证据,需要寻找间接证据,

---

[1] 吴英姿.论民事诉讼"瑕疵证据"及其证明力——兼及民事诉讼证据合法与非法的界线 [J].法学家,2003(05).

从现有的边缘证据中查漏补缺，结合其他证据建立完整的证明体系。

（一）是否重点突出

证据梳理应围绕核心诉求进行，如果不分重点地"眉毛胡子一把抓"，将与案情有关的证据不加选择地全部提交，会降低证明效果。例如在继承纠纷中，若反复谈及案涉房屋的水电费交付情况等，则偏离了核心诉求。

（二）是否自相矛盾

证据数量较多时，需要自查证据之间是否存在逻辑矛盾。

（三）是否变造、伪造证据

坚守不提交伪造证据的底线。可以不提交证据，但绝不可突破"红线"变造、伪造证据。

（四）证据补救

代理人若发现必须提交的证据存在被攻击的漏洞，需要与客户沟通，为漏洞找到合理解释。我曾代理一起合同纠纷，通过对证据的合理解释实现了案件转机。

【案例3-4】

我方委托人白云公司是被告，认为与第三人蓝天公司仅为货物买卖关系，但原告黑土公司认为白云公司与蓝天公司不仅是货物买卖关系，还存在控制关系。因为在记录白云公司与蓝天公司收付款往来的银行凭证上，每次交易的银行交易员代码均相同，白云公司款项转入与蓝天公司款项转出时间仅相隔一分钟，黑土公司以此证明白云公司与蓝天公司为同一财务人员在控制。

实际上，在代理之初我就发现了该问题。如何解释才能让法官采信白云公司与蓝天公司之间仅仅是买卖关系呢？首先，我主动说明白云公司在该银行账户为白云公司与蓝天公司专款专用的监管账户，每次付款时，两个公司的财务人员共同到银行同一柜台完成付款，监督专款支付到上游客户；其次，我选择在对方攻击之前先行做合理解释，避免给人狡辩之感。

青出于蓝

亲力亲为，取证获得意外效果

张孟月　执业律师　上海博拓律师事务所

有些当事人委托律师时只有想法，没有证据，律师凭自己的直觉与执着，往往能发现影响案件结果的关键证据。我代理的这个案件就是在听邓老师的课之后进行了证据补强，取得了很好的效果。

本案是一起委托人张某诉某酒店侵权案件，因酒店房间通往阳台设有两级台阶，张某入住酒店当晚从台阶上摔到阳台，脚踝受伤。受伤后入院治疗，共花费5万元。案涉酒店不同意就此赔偿，双方因赔偿问题无法达成一致。张某委托我代理此案时，只提供了一张其在房间拍摄的照片。由于只凭这张照片并不能了解全部情况，于是我亲力亲为，去现场收集证据。

1. 委托人提供的证据不能完全反映现场环境

张某受伤后的第二天早上拍摄了台阶照片，从照片上看确实很难发现台阶，用于提示"小心台阶"的标识也不明显。我根据类案裁判结果分析，该类型案件中，酒店的责任一般在20%左右，除非能证明台阶本身设计不合理、警示标识不明显等。但从张某仅能提供的一张照片中，看不出台阶设计、警示标识规格、摆放位置等是否存在问题。

2. 律师亲力亲为，去现场收集证据

在证据缺失需要补充的情况下，如果让委托人自己去现场拍照，可能达不到效果。我想起邓老师课程中讲到的她亲自收集证据发现关键证据的案例，我决定自己去事发酒店房间取证。

我让张某约了该酒店负责此事的经理，以谈赔偿方案为由去了酒店现场。

去酒店之前，我先查阅了《民用建筑设计统一标准》《安全标志及其使用导则》等相关规范，想好了取证注意事项、取证思路，准备了测量需要的钢卷尺，下载了"水印相机"手机应用软件，方便显示拍摄时间和地点等信息，甚至想好如果酒店不配合取证就报警协助处理。

到酒店后，我表明代理人身份，表示想去事发房间看看。酒店经理向前台核实了该房间目前无人入住，就带我过去。在去房间的路上，我向酒店经理了解是否每个房间都有台阶，还是只有事发房间有台阶。经理称，当初设计酒店时，每层的07号房间比较特殊，有台阶，其他房间均没有台阶；07号房间一般作为和婚庆公司合作的赠送婚房。看似闲聊，实际上这是我提前设计好的问题，以求证是否仅事发房间内有台阶。听说同房型的其他房间也有台阶，我想到要去做对比拍照，为后面发现关键证据打下基础。

一打开事发房间的门，我就先拍摄房间的整体环境，包括插卡后默认的灯光设置条件下，在进门位置能否及时发现案涉台阶，走近阳台能否发现该台阶，以及警示标识的具体尺寸、摆放位置等。然后，我拿出钢卷尺测量了两级台阶的长、宽、高，并相应拍照。拍照时，我发现每级台阶均有白色塑料盒，方向不一致，还能移动，经询问，经理回答"是地灯"，当时我还没反应过来：两个地灯处于不亮的状态。然后我又拍摄了"小心台阶"警告牌的尺寸、颜色、放置位置、可移动性等。

拍摄完该房间，我进一步向经理提出想看一下其他楼层07号房间的环境，经理带我去了其他楼层的07号房间，一打开门，未插卡之前我就看到该房间阳台的台阶发出暖黄色的灯光，原来之前经理所说的地灯是用于辅助识别台阶存在的。我不由得惊呼："刚才那个房间台阶的地灯是坏的！"有了这一重大发现，我对提高酒店赔偿比例的可能性增强了信心。虽然激动，但我还是按照自己设计好的流程继续耐心完成拍摄取证。

3. 梳理证据，开庭时重点描述台阶及警告标志存在的问题

取证完毕后，我就房间内设台阶的设计不符合相关规定、台阶铺设地毯颜色与房间地毯颜色一致、辅助识别台阶的地灯损坏、"小心台阶"警示牌不符合相关规范的形制及使用要求的证据进行了整理并提交法院。开庭时，我重点就台阶及警示牌存在的问题进行了举证。

4. 裁判结果

最终，法院认定该酒店房间内设台阶视觉不明显，警示牌不足以起到明显警示提醒作用，酒店未全面尽到经营者的安全保障义务，判决该酒店承担50%的赔偿责任。

5. 个人总结

委托人往往没有相关法律知识，也不知道怎样收集、固定、呈现证据，更不知道需要什么样的证据来达到证明目的。但证据的收集经常是"过期不候"，或者同样的取证方式只能操作一次，没有抓住时机取得关键证据，可能就错失了。如上述案例中，如果让委托人自己去酒店房间拍照，一方面是其拍摄的照片可能反映不出整体情况的问题，例如没有对比同房型的环境差异；另一方面，即便对比了同房型，也可能不会发现地灯存在问题。等律师再想去现场取证，可能酒店方早已把地灯维修好了，或者现场环境已经改变了。

| 课后感悟 |

周晓颖

  本章的课，我听了好几遍，感受颇多。我帮助过一个信访人，看过她的信访件后感觉她很有理，很值得同情与帮助，但她提供不了证明她有理的证据材料。这时我想到了邓老师在课上讲过"我们不能光听当事人说了什么"，于是我帮助她对事实进行分析，告诉她哪些证据对她的诉求有用、有利。通过对该信访人所遇问题的处理，我再一次感受到邓老师的课对我的工作帮助真的挺大的。同时，把学到的技巧用来帮助他人，自己也很有成就感。

本节试听

500元专属课程优惠券

第四章
练好质证基本功

邓律金句

借你一双慧眼　把 bug 看得清清楚楚

庭审调查通过举证、质证查明案情，厘清事实和法律适用分歧，为法庭辩论指明方向。同时，质证为证据的采信及案件事实认定打下坚实基础。

如果举证是精心布阵的进攻战，质证则是置身迷雾中的防御战，能否拨开层层屏障实现精准打击，将胜利的旗帜插在对方的阵地上，不仅考验代理律师对全案的掌控程度，也对代理律师的细节捕捉能力与反向思维能力提出要求。

质证并非简单粗暴地否定对方的举证，而是配合己方举证情况，有理有据地防御和攻击。

质证是律师必须掌握的基本功，本章对质证要领进行深入拆解分析，助力修炼"以子之矛，攻子之盾"的质证境界。

一、质证之本

（一）法律依据

民事庭审中的质证，是指在审判人员的主持下，由诉讼当事人通过听取、审阅、核对、辨认等方法，对提交法庭的证明材料的真实性、关联性和合法性做出判断，无异议的予以认可，有异议的当面提出质疑和询问的程序。

《中华人民共和国民事诉讼法》第七十一条：证据应当在法庭上出示，并由当事人互相质证。对涉及国家秘密、商业秘密和个人隐私的证据应当保密，需要在法庭出示的，不得在公开开庭时出示。

（二）质证的意义

证据未经质证，不得作为定案依据。

如前文所述，案件的审理过程是查明法律事实的过程，案件事实的查明依托于双方提供的证据。

合议庭对证据的采信度及证明力的认定，很大程度上取决于质证的质量与结果。质证过程能够体现律师对案件的熟悉、细致程度，是语言组织、逻辑推理和专业功底的综合要求。

二、如何对质证保持高度敏感

（一）核对原件，严谨认真

核对证据原件。如举证方仅提供复印件，在无其他证据佐证的情况下，质证方原则上不应认可该证据的真实性。不过，对于关乎案件走向的核心证据，多数法院并不会因原件缺失而直接否定所证明的事实，比如企业间会议记录的复印件等。

或许有人认为，核对原件仅是走流程，不会对庭审产生实质性影响。这种想法不仅是轻敌的表现，也是对案件缺乏足够的责任感的表现。

在此，我想和大家分享我一次败诉经历，望大家以此为戒。

【案例 4-1】

白云公司是一家经营中俄物资流通的小物流公司，大河是居住在俄罗斯的中国人，常年在中国订购货物运送至俄罗斯，承担其运送业务的正是白云公司。

对案涉运单，白云公司已将货物运抵俄罗斯并交付货物，但因白云公司员工疏忽，忘记要求大河在签收单上签字。之后，物流费用正常结算，白云公司认为该笔物流运单已经结束。

孰料半年后,大河突然起诉白云公司,表示未收到该批货物,要求白云公司赔付设备货款及运费。

由于公司地址变更,白云公司没有收到起诉状和传票。一审法院采取公告送达的方式缺席判决,认为白云公司没有将货物按照约定运送,应赔偿全部货款并返还运费,共计16万元。后白云公司收到一审判决书,表示与客观事实不符,委托我代理二审。

本案主体法律关系如图4-1所示。

图 4-1 案例 4-1 主体法律关系

白云公司坚称,货物已被大河签收,否则对方不可能在半年内从未索赔,而且在此运单后还运送了另一批货物,第二次运送的货物有大河的签字确认。白云公司认为对方虚假诉讼,但是苦于无法证明。

对于白云公司已收到案涉货物,但未将案涉货物交付给大河的证据,大河提供了一张签收单,由于一审卷宗留存的是复印件,再次复印后单据颜色很浅,只能看到印章的轮廓,无法辨认印章上的字迹。白云公司表示,公司管理不规范,是否加盖公司印章也记不清了。

由于签收单上有公章的印迹,我就认为这是白云公司加盖的印章,确认白云公司收到了需运送的案涉货物。

因此,我按照白云公司的陈述梳理答辩思路:白云公司已收到案涉货物,并将该货物送抵大河指定的收货地点,白云公司已完成合同约定的运送义务。按照该思路,我准备了上诉状。

直到二审开庭时我看到对方手中的签收单原件,才意识到签收单上的公章并非白云公司加盖,而是出售该批货物的厂家加盖,该签收单是生产厂家委托国内物流公司运到白云公司的签收单。

最终，白云公司败诉，二审法院判决白云公司赔付大河全部案涉货款及运费。每每想起该案件，我都非常遗憾。因为在开庭结束时，对方代理人说如果我方不认可收到了货物，他们也没有办法证明货物已经交付给了白云公司。

如果起初我在复印件不清晰的情况下，不想当然地认为公章是白云公司的公章，我就不会认可白云公司收到该批货物的事实，从而在根本上否决该批货物的灭失赔偿问题。倘若对方律师没有其他证据证明货物已移交白云公司，案件或许会有转机。

(二) 警惕自认，避免反言

自认并非仅限于庭审中的表达，而是存在于民事诉讼全过程，在起诉状、答辩状、质证意见等各种书面表达中均可能构成自认。当事人是自认的主体，但代理律师对事实的陈述也会构成自认，因此律师在代理工作中必须时刻保持严谨。

如发现自认事实对己方不利，也不能反言，禁止反言规则意在防止一方当事人以及其他诉讼参与人出现前后相互矛盾的诉讼行为，损害对方当事人的利益，破坏民事诉讼的整体进展。

(三) 突袭证据，谨慎表态

原则上，证据应在举证期限内提交，举证期限内不提交证据的，视为放弃举证权利。但经常遇到直到庭审时才提交大量证据，搞证据突袭的情况。

对突袭的证据，我的建议是慎重质证，如涉及核心事件则需告知合议庭，需要向当事人核实后再质证。

此时，如果当事人在场，合议庭会直接向当事人询问，且当事人必须如实回答。但当事人的非专业回答可能带来负面效果，甚至是对不利事实的自认。因此，除非当事人要求，有的案件应避免当事人出庭。

(四) 明确证明目的，避免盲目质证

很多情况下，对方只提交了一份无证明目的的证据清单，合议庭要求质证。对此，我建议即便已预判到对方大概的证明目的，在对方未将证明目的明晰之前，亦不可盲目质证，应当先向合议庭申请，要求对方明确该证据的证明目的。只有如此，

才能在有的放矢的同时,避免质证后对方以"我方根本没有此证明目的"为由,进行无理抗辩。

(五)证据与证明目的,审慎推敲匹配

证据与证明目的一定匹配吗?答案是不一定。比如甲向乙转账 1000 元,甲将银行流水作为证据提交,证明目的是说明甲向乙出借了 1000 元,此时证据与证明目的就不匹配。因为款项性质不明,可能是货款,可能是投资款,也可能是股权转让款等。

这种不明确的映射关系,需要律师多加关注。

(六)对方证据,为己所用

实践中经常出现证据存在对对方有利的一部分,但也记录着对我方有利的事实。

比如一份合同,甲可以据此要求乙履行合同义务,但也约定了甲需完成的某项义务,由于甲没有履行,该证据也存在对甲不利的事实。

在证据数量较多的商事诉讼中,一些律师工作不够认真细致,未对证据进行梳理和筛选,便将委托人提供的全部材料作为证据提交。这些证据之间往往相互矛盾,或是存在逻辑漏洞。代理律师的这种偷懒做法显然不可原谅。

因此,建议对对方的证据仔仔细细、一字一句地认真分析比对。我经常能在对方提交的证据中找到漏洞,侧面印证我方陈述属实。这样做会有出其不意的好效果。

关注证据本身及其与本案其他证据之间的逻辑关系,反向利用对方的证据,用敌人的矛刺穿敌人的盾,是质证的最高境界。

三、质证的内容

民商事庭审质证的内容,应当界定为证据能够据以证明案件事实的内在属性[1]。

---

[1] 杜国栋.论证据的完整性[M].北京:中国政法大学出版社,2012.

证据种类繁多，包括当事人的陈述、书证、物证、视听资料、电子数据、证人证言、鉴定意见和勘验笔录等[1]。对于不同的证据形式，律师应掌握不同的质证侧重点和质证方式。

（一）证人证言

首先，律师应询问证人的身份及其与对方当事人的关系。如存在利害关系或亲属关系，会在一定程度上降低证人证言的采信度。

其次，律师应当关注证言的真实性。证人证言往往是个人的主观感受，如"他和我这么说，我就这么认为了"。部分证人证言中使用了猜测、推断或是评论性语言，而非仅对事实的客观陈述。律师应当及时捕捉此类语言，并反馈给合议庭，要求拒绝采信。

再次，律师可以对证人的智力状况、品德、学识、经验、法律意识和专业技能等进行综合质证。例如，该证人有过刑事犯罪记录、有负面的新闻报道、社会风评差等，这些因素会降低证言的采信度。当证人说出了明显超出其可能了解到的专业知识时，律师也应当指出，说明其中的不合理性。

最后，如果对方有多位证人，应当仔细比对多份证人证言中的矛盾之处，及时总结分析，争取为己所用。

（二）公证书

有律师曾询问，能否质证公证书的真实性。我回答：理论上可行，实际上很困难。

如果确实对公证书的真实性有疑问，应先到公证处核实。即便公证书存在问题，在未被依法撤销前，一般会认可公证书的真实性。

---

[1] 何家弘. 新编证据法学 [M]. 北京：法律出版社，2000.

（三）电子数据

较为常见的电子数据证据有微信或 QQ 聊天记录、视频、图片、录音等，分别具有不同的质证重点。

对于微信聊天记录，要先与我方当事人逐条核对，避免对方删除、剪辑聊天记录或图片等。如果对方仅在众多的聊天记录中挑选了部分对话，断章取义地误导合议庭，律师应当及时提示审判人员，告知合议庭该聊天记录的前因后果等。

对于图片、视频等证据，律师应当先确保此类证据为原始证据，没有经过 PS 或剪辑等。律师可寻求专业机构检测，判断是否存在人为修改，如存在修改的痕迹，则不应当认可证据的真实性。

对于录音证据，如录音中发言的人未出庭做证，律师可以不认可该录音的真实性。即便录音中的人出庭做证，也完全可以否认录音的真实性。事实上，现有技术很难认定音频中的声音归属，对方亦很难单方面从声音上举证证明录音中人声的具体归属。

（四）鉴定意见

鉴定意见，指的是法定证据类型之一的"鉴定意见"，由人民法院根据当事人的申请或依职权启动。当事人自行寻找鉴定机构得出的意见，应当认定为书证。

证据规则更改之后，鉴定意见从判案依据变为判案参考。即便是法院委托的鉴定，当事人也可以对鉴定意见进行质证。

《最高人民法院关于知识产权民事诉讼证据的若干规定》第二十三条：人民法院应当结合下列因素对鉴定意见进行审查：

（一）鉴定人是否具备相应资格；

（二）鉴定人是否具备解决相关专门性问题应有的知识、经验及技能；

（三）鉴定方法和鉴定程序是否规范，技术手段是否可靠；

（四）送检材料是否经过当事人质证且符合鉴定条件；

（五）鉴定意见的依据是否充分；

（六）鉴定人有无应当回避的法定事由；

（七）鉴定人在鉴定过程中有无徇私舞弊或者其他影响公正鉴定的情形。

对鉴定意见的质证可分为程序质证与实体质证。

程序上，对鉴定机构和人员是否具备资质、鉴定过程是否合法、检材保管是否合法、鉴定材料是否经过质证、鉴定人员有无回避情形、鉴定技术是否规范可靠、鉴定意见的论据是否充分、鉴定意见是否明确、推理是否合理等进行质证。

实体上，比对鉴定意见和其他证据的共通与矛盾之处。对于不了解的事项，可请专家证人出庭做证，对鉴定意见中不符合行业规定的表述进行说明。

我代理的一个产品质量案件，案涉货物是定制的电子产品，对方收货使用3年后，以质量不合格为由提起诉讼，申请司法鉴定。但这批货物是定制研发产品，无通用检测标准。鉴定机构查找不到国家和行业标准，自行制定了检测标准。我方对该检测标准提出异议：鉴定机构应遵循国家标准进行鉴定，无权自行制定检测标准。最终，鉴定机构向法院复函，无法完成鉴定工作。

我想告诉青年律师，即便是法院委托的司法鉴定机构，得出的鉴定意见也并非必须采信，代理人仍可有勇有谋地向其"挑战"。

四、质证的语言艺术

能否针对质证对象有层次、有条理地适当质证，发表"不认可"意见，是衡量律师语言能力和专业水平的标尺。

（一）先对证据"三性"发表明确意见

许多律师在法庭上激情洋溢、洋洋洒洒地质证，却被合议庭多次打断，要求先对证据"三性"发表意见，即是否认可证据的真实性、合法性和关联性。

有的律师朋友对此有疑问：我对证据"三性"的意见就蕴含在质证话语中，合议庭没有理解我的意思吗？或者我想最后总结陈述是否认可证据"三性"，不可以吗？

我一再强调，无论是文书撰写还是口头表达，一定要开宗明义、开门见山地表态，法官和对方才能了解你对该证据的核心意见，提升庭审效率。

（二）逻辑有层次，说话有条理

律师应开门见山地表态"不认可该证据的真实性"，然后具体说明它的逻辑错误所在，以及己方哪份证据可以证明相反事实。

为便于理解，可以举例证明其荒谬性。例如，张三在法院判决书原件上签名，能说明该判决书是张三签发的吗？当然不能。同理，王某仅在白云公司与蓝天公司的合同首页右上方签字，自然不能证明该合同是王某在履行。

（三）先看形式，再看内容

实务中，证据形式与证明内容可能存在矛盾。例如某公司经理为了证明自己完成了公司的业绩要求，在签署合同的授权书上自行加了一行文字：兹证明，如某员工完成了本业务，算作业务销售业绩，予以 10% 的提成奖励。

这是证据形式与证明内容相互矛盾的典型情形。该证据的外在形式是提交给贸易对手的对外授权书，不可能把公司内部的绩效提成标准告诉对方公司。

证据形式与证明内容不符，是证据深层的不合理性，需具有较强的逻辑能力，才能发现端倪。

（四）忌含糊其辞、无理取闹

我曾见过一些律师，质证时铿锵有力地说：不认可原告所有证据，对其真实性、关联性和证明目的等均不认可，当合议庭询问其不认可的原因时，却无法予以正面回答。

或许对当事人来说，铿锵有力地对对方所有证据全面不认可能够充分表达愤怒，但对庭审中的律师来说，却是一次失败的质证表现。如果律师对于质证的内容未能有的放矢、精准打击，也会在审判人员心中留下不专业、情绪化的印象，不可取。

正确地质证，应当明确坚定、抓住细节、晓之以理。就像写作中要塑造一个"帅哥"形象，不能直接、强行地告诉读者"大山是帅哥"，而要通过细节描写，刻画出主人公的五官体态、言行举止等，由读者自己得出"大山是帅哥"的结论。

质证亦是如此，如欲证明证据造假，应从细节进行质证。比如，朱墨时序的鉴定，为何先盖章后打印字？违反先打印字后盖章的正常操作，反常原因是在空白纸上偷盖公章，私自打印形成。再如，横跨十余年的几十页对账单，为何公章角度和位置完全相同？因为是倒签后补的，同一时间加盖的。

如果一味强调对方为了诉讼而伪造证据，却未在细节上证明何处有假，无法说服合议庭。

（五）质证灵感，来源于生活

对质证事项灵光一现的功力不在庭上，而在平时。

我的委托人曾疑惑地问我，他们知道一份合同是倒签的，但是苦于无法证明，三年内十几个人都看过，找到专业鉴定机构都没办法证明，且均未找出造假的端倪，为何到了我这里，几分钟就能看出异样。我是通过合同中账户余额的线索，通过比对银行流水，证明了合同倒签10天的事实的。10天的倒签将查封后形成的文件伪造成查封前形成的文件，性质发生改变。

我认为，对案件的认真与执着显然必不可少，生活中对事物的细致观察，会让我在翻看对方的证据时第一时间察觉到有问题。

我常和助理开玩笑说"事出反常必有妖"，这也是质证的直觉所在。唯有通过长年累月的生活积累，保持对事物的好奇与观察，才能捉到"妖"。

| 青出于蓝 |

面对 200 页的证据材料，怎么质证

伍溢　执业律师　上海中联（成都）律师事务所

客户被行业知名品牌起诉侵权，要求赔偿数十万元。收到客户的邮件，沉甸甸的200页证据材料。面对一个我不熟悉的行业、不熟悉的纠纷类型，我随即展开检索工作。检索报告显示，原告起诉侵权的案件，胜诉率高达93%，7%是庭外调解后撤诉，原告均获得不错的赔偿数额。看了客户寄来的诉状和证据目录，发现证据类型和形式复杂多样，要怎么进行质证呢？

1. 用眼和心"扫描"200页证据

受邓老师课程的启发，我首先认真阅读证据目录，对证据目录中的证据进行识别、分类。所有的证据我都一字一句地看，遇到不懂或有疑问的地方就用笔画出来，对200页的证据，包括网络平台截图都认认真真地看，生怕遗漏信息。

2. 对证据真假进行验证

将证据"扫描"后，我将一些能够通过国家平台查询验证真假的证据进行查验，在查验过程中，意外得到了原告同类商标申请失败的信息，同时又在中国裁判文书网上检索到了该诉讼的裁判文书。在该裁判文书中，原告自认其申请的商标与被告正在使用的商标既不相同也不近似，这正是我方需要证明的。

3. 对形式真实的证据进行内容和实质查验

邓老师的课中讲过对公证书如何进行质证。我看着手中的7份公证书，决定对其进行内容和实质查验。其中一份作为原告主张赔偿数额依据的证据是《经销代理合同》复印件及相关公证书，公证书中载明的公证事项是证据保全，保全的目的是防止证据原件丢失，对原件进行复印并保全。简单地说就是，公证书项下的复印件是由原件复印而来，而并非对原件真假进行确认，同时，公证书中还有一句"本公证书未对上述文件内容进行实质性审查与判断"。这句话非常重要，什么意思呢？我理解的是原件内容是否真实合法，公证书并不审查。如果原告不当庭出示《经销代理合同》等原件，仅仅出示公证书原件，其主张的赔偿数额就没有确实充分的证据证明。

4. 找出证据自相矛盾的地方

证据材料中有一份原告提供的代理授权名单，名单中有原告在全国授权经销的企业名称，而前述公证书项下的经销代理合同中的企业并不在授权企业名单中。既然与原告签订经销代理合同的企业不在代理授权名单中，就能够确定经销代理合同不真实，原告未证明其主张赔偿数额的依据和合理性，应承担举证不能的不利后果。

5. 到现场核实

原告提供了其在全国范围内的授权门店情况，我找到并前往了距离被告经营地最近的门店，对其门店的商标使用、装修装饰及标识情况进行拍照，并将其与被告门店的装修装饰及标识使用情况进行了对比，发现双方门店标识的颜色、字体、装潢风格完全不一样。这种对比，在一定程度上能够反映出双方既不相同也不相似。

虽然这是个败诉概率极高的案件，但我还是要尽全力去争取。该案一审判决认定侵权，但在赔偿金额上，是可查询的最低赔偿金额。目前，该案正在二审中[1]，期待出现好的结果。

课后感悟

全 鑫

刚进入律师行业就接触到邓老师的课程，按照邓老师所教授的关于质证的"世界观"和"方法论"，我逐渐养成发表质证意见的正确思维习惯，并形成具备独一无二的"邓老师"风格的质证意见。

扎实的质证基本功的练就离不开对生活的细致观察。我现在会下意识地对很多生活、案件细节投入更多注意力，确实得到了意想不到的收获。感谢邓老师，让我离精英律师更近了一步！

本节试听

500元专属课程优惠券

---

[1] 指本书出版时该案正在二审中。——编者注

第五章
先声夺人的起诉状

邓律金句

起诉状是门面 也是脸面

经常有人说律师是"靠嘴皮子吃饭的职业",但只靠"说"是打不赢官司的,律师的文字表达能力同样重要。起诉状、证据目录及代理意见,是律师必须要掌握的三大文书,起诉状则是三者之首。律师需要在短短数页之中,将繁杂的案件事实斟酌筛选,列对诉讼主体,明晰诉讼请求,这无一不是对律师功底的考验。

写起诉状看似不难,但写好非常难。律师要在尽量简短的篇幅内讲好法律故事,铺垫合理诉求基础,将代理智慧融入其中。本章,我将以"法小白"的真实起诉状为例,指出并纠正常见错误,帮助大家写出优秀的起诉状。

一、从他人的起诉状中发现问题

为了让大家直观感受写起诉状的痛点,我让"法小白"实战营的青年律师提供了他们以往的真实起诉状,我逐一评析。在"法小白"实战营的课堂中,讲解、分析起诉状时经常引起哄堂大笑。有的律师看他人花样翻新的问题笑得特别灿烂,没想到自己被指出更多的问题。但他们都不约而同地表示,这是收获最多的课程之一。

先一同看看他们的起诉状。

【示例 5-1】

民事起诉状

原告：×××，女，汉族，××××年××月××日出生，住××××××××，身份证号码：×××××××××××××

被告：×××，男，汉族，××××年×月×日出生，住××××××××××，身份证号码：×××××××××××××，联系方式：1245612345

诉讼请求：

1. 请求依法判令被告向原告支付借款本金400,000元（大写：肆拾万元）；
2. 请求依法判令本案全部诉讼费用由被告承担。

事实和理由：

被告因资金周转需要于2019年2月22日向原告借款200,000元（大写：贰拾万元），当日原告通过手机银行向被告指定的银行账户"××××××"转账200,000元（大写：贰拾万元）完成借款出借。后被告因资金周转需要于2019年11月5日再次向原告借款200,000元（大写：贰拾万元），原告当日通过手机银行向被告指定的银行账户转账200,000元（大写：贰拾万元）完成借款出借。原告向被告出借共计金额为400,000元（大写：肆拾万元）的借款。被告与原告于2020年7月22日协商后决定，由被告对400,000元（大写：肆拾万元）借款补写借条。借条中明确载明被告借款金额为400,000元（大写：肆拾万元），并已拿到全部借款，借条由被告签字、捺印并确认后，拍摄视频发送给原告。经原告多次催要借条及借款均未果，直至起诉之日，被告仍未向原告归还借款本金。

原告认为，合法的借贷关系应受法律保护，债务应当清偿。被告拒不偿还借款的行为违背诚实信用原则，已构成违约，使原告遭受经济损失。故原告为维护自身的合法权益，依据《中华人民共和国民法典》之相关规定，特向贵院提起诉讼。望贵院依法查清事实，判如所请。

此致

人民法院

具状人：

年　月　日

初看一遍，你是不是认为这份起诉状还不错？如果仅从能够立案的标准出发，该起诉状可以"过关"，但这不符合邓老师对优秀起诉状的要求，那么示例5-1起诉状的差距在哪里呢？

1. 段落不清晰

该起诉状的主要案件事实部分未做分段处理，逻辑不清晰，重点不突出。

优秀的起诉状应具备清晰的脉络，每段围绕一个主要事实或观点展开。我们在动笔写之前，应先构想欲呈现的法律故事的主要情节，列出大纲要点，每个小要点一个段落，几个段落组成一个大要点，提高写作的逻辑性。然后将每个大要点的核心提炼成一级标题，对于复杂案情一定要加二级标题，以便阅读者快速了解核心案情和主要观点。

2. 金额表述烦冗

该起诉状的主文中多处夹杂着复杂且不正确的写法"200,000元（大写：贰拾万元）"，看似严谨，实则徒增阅读障碍。

首先，起诉状中"200,000"如果采用严格的会计记账方法，应表述为"200,000.00元"，细化到角分，不要写成四不像。

其次，金额如果是以万元为单位的整数，可直接表述为20万元；如果非整数，则以元为单位，用阿拉伯数字直接表述即可，可不再标注大写金额，判决书中也很少出现大写金额。

该起诉状在主文部分一遍遍重复出现"200,000元（大写：贰拾万元）"让人眼花缭乱。

在保证精准表达的前提下，应尽量避免啰唆，不断优化版面，追求简明扼要的清爽表述。

3. 诉讼请求啰唆

该起诉状存在多数律师的共性问题，即每条诉求均以"请求法院依法判令"开头。

我和"法小白"们开玩笑说，这种"请求法院依法判令"的开头，就好比说快板，好像开头不加"当哩个当"，后面的话就无从开口，其实完全可以去掉这类无关痛痒的开头。

文艺作品可增加烘托气氛的词缀，但起诉状应简洁高效。"请求法院依法判令"的铺垫并无意义，即便你不写，法院也是依法判令。

直接写明"被告向原告支付借款本金40万元"即可。

4. 无用细节过多

该起诉状多处描述无意义的转款细节。就本案而言，通过手机银行还是柜台转账对金额和定性并无影响，属非核心细节且无争议，没必要多次强调。核心事实为"原告已向被告转账40万元，被告已在借条中认可"，直接叙述即可。

5. 文意表达不规范

该起诉状的主文中"借条中明确载明被告借款金额为40万元，并已拿到全部借款"，乍一看"并已拿到全部借款"，会产生理解歧义。是借款人已收到40万元，还是出借人已拿回40万元？应规范表达为"借条中明确载明借款金额为40万元，被告已收到全部借款"。即便当事人在借条中表述为拿到，在起诉状中也应规范地表述为"收到"。法言法语、避免理解歧义，是法律文书的最基本要求。

【示例5-2】

民事起诉状

原告：××有限公司，公司地址：××××

法定代表人：××

被告：××××有限公司，公司地址：××××

法定代表人：××

诉讼请求：

1. 请求法院判令被告立即支付工程款人民币261 300元。

2. 清求法院判令被告自2018年2月9日起按照银行同档同期贷款罚息利率计算至实际清偿之日止的欠款利息，银行同档同期的贷款利率为4.35%，罚息利率在贷款利率的基础上增加30%，暂算至2018年6月6日止，其中工程款人民币163 200元的利息共计人民币2983.61元；剩余工程款人民币98 100元的利息共计人民币547.16元人民币，即利息总和共计人民币3530.77元。

3. 本案的诉讼费用由被告承担。

事实与理由：

被告与原告于2017年分别签订了4份施工合同，《施工合同一》《施工合同二》《施工合同三》《施工合同四》。其中《施工合同一》第三条约定：工程合同总价为人民币103 000元；第八条约定："1. 本合同签后5日内，甲方支付合同总价的40%的预付款时，不再付款。待该工程全部竣工验收后 30 天内支付 30% 的价款，计人民币 30 900 元。2. 待该工程全部竣工验收后 6 个月内支付 20% 的价款，计人民币 20 600 元。3. 剩余 10% 价款，计人民币 10 300 元作为质保金，甲方在验收合格后一年内支付乙方。4. 如甲方无故拖欠工程进度款或尾款，应按银行有关逾期付款办法或"工程价款结算办法"的有关规定处理。"现原告只收到被告给付的人民币 41 200 元的预付款，且全部工程已经验收合格满一年，剩余款项仍未支付。其余三个施工合同的工程总价款也都未支付。

由于原告多次向被告催收欠款，被告于××月××日向原告出具了《付款承诺函》，该承诺函承诺工程款 163 200 元于××日××日前支付，剩余款项于××月××日前支付。至今，原告仍未收到被告所欠工程款，为维护自身的合法权益，根据相关法律规定，特向贵院提起诉请，请贵院依法支持原告的诉讼请求。

此呈

××区人民法院

具状人：××

××年××月××日

示例 5-2 存在哪些问题呢？

1. 排版格式不规范

该起诉状的字间距过宽，占用页面较大。我推荐字体采用"宋体"，主文字号设置为"四号"或"小三"，行间距控制在 25～26 磅。

起诉状的结束语为"此呈"，规范写法应为"此致"。虽然该表述对案情或审理无实质影响，但为了规范和严谨，应使用标准表述。

2. 诉讼请求不清晰

"请求法院依法判令"的开场同示例 5-1，不再赘述。

诉讼请求第 2 项，工程款、利息以及利息标准的顺序混乱，使阅读者无法快速明晰诉求内容。

对于主张利息的诉求表述方式，建议参考法院经典案例判决书中的表述。例如：被告向原告支付利息××元（以×元为基数，按全国银行间同业拆借中心公布的贷款市场报价利率，自×年×月×日起至付清之日止，暂计至×年×月×日）。让法官对利息总数一目了然，至于括号内的基数、利率、起算及截止期限等信息，法官可以选择性阅读，避免视觉混乱。

另，该起诉状也存在主文段落不清及金额写法不规范等问题，不再赘述。

【示例5-3】

民事起诉状

原告：××有限公司，地址：××××，法定代表人：××，送达地址：××××，联系电话：××××

被告一：××有限公司，地址：××××，法定代表人：××，送达地址：××××，电话：××××

被告二：××，　　　生，身份证号：××××，户籍地址：××××，送达地址：××××，电话：××××

诉讼请求：

1. 请求确认原告与被告一于2019年1月　日签订的《××合作协议》于2019年5月××日解除；
2. 请求判令被告一向原告退还未使用的备用金120 000元；
3. 请求判令被告一向原告支付自2019年5月××日起至实际返还之日止，以120 000元为基数，按同期银行贷款利率（年化4.35%）计算的利息损失（暂算至2019年8月5日，暂计972元）；
4. 请求判令被告一向原告返还未出售的袜子共计××件；
5. 请求判令被告二对被告一上述第2、3项债务承担连带责任；
6. 请求判令本案的诉讼费由被告一、被告二承担。

以上暂总计120 972元。

事实和理由：

原告与被告一于2019年1月××日签订《××合作协议》（以下简称"协议"），协议约定，被告一向原告提供××品牌线上设计、营销、推广服务，原告向被告一支付基础服务费和备用金等。协议签订前及签订后，原告向被告一总计支付150 000元。然而，原告付款后，被告一迟迟未开展相应的推广营销工作，亦未按照协议约定提出营销活动方案，经原告多次催促，直至数月后，被告一才开始开展协议相关服务，但被告一所提供的推广服务并未达到预期的推广效果，自2019年1月××日起至2019年5月××日，原告　天猫店的总销售额仅为××元，销售数量仅为××双。

原告认为，被告一作为营销推广服务的提供方，未尽职尽责地提供营销推广的专业服务，未按时尽到合同约定的义务，也没有达到预期的销售指标，无法实现合同目的。根据协议第一条第6款约定，原告有权要求解除合同，并要求被告一返还未实际使用的备用金。同时，根据《公司法》第63条约定，被告二作为被告一的唯一股东，在其不能证明公司财产独立于自己财产时，应当对被告一的债务承担连带责任。鉴于上述情况，为维护原告的合法利益，向贵院提起诉讼，望贵院判如所请。

此呈

××人民法院

原告：××有限公司

我们来分析一下示例5-3的问题。

1. 字号过小，行间距过密

看到该起诉状的第一眼，相信很多人都会皱起眉头。字号过小，行间距过密，阅读者需要眯起眼睛才能看清，极易视觉疲劳，降低阅读欲望。

2. 暴露委托人的联系方式

法官或书记员大多习惯用起诉状中的电话进行联系，如果在起诉状中留下当事人的联系方式，当事人大概率会接到书记员打来的电话，被当作案件对接人之一，沟通案件相关事宜。

我的助理也曾在起诉状中留了委托人的电话，法官就直接联系了本人，客户非常生气地问我："案件已经委托给你们，为什么法官还和我联系？"

一方面，很多委托人通常不太希望法院直接联系自己，资金雄厚、有一定社会地位的客户更是如此；另一方面，当事人往往缺乏相关专业知识，无法正确应对法官在电话中的询问，易产生担忧等负面情绪，降低法律服务的体验感，若其无意中表述了不利言论，甚至可能构成对不利事实的自认，后果十分严重。

基于上述考虑，我建议在提交给法院的材料或文书中不要暴露委托人的联系方式，如果立案庭坚持要求起诉状中必须留有联系电话，可在原告一栏后列明代理律师的联系方式。

3. 连带责任承担无事实依据

针对"被告二作为被告一的唯一股东，在其不能证明公司财产独立于自己财产时，应当对被告一的债务承担连带责任"这一表述，在无任何相关事实铺垫的情况下，试图直接援引《公司法》第六十三条说明被告一和被告二存在混同，让人难以认同。无事实支撑直接要求被告二承担连带责任，可能会让法官认为原告强词夺理，存在对被告二立案失败的风险。

【示例 5-4】

民事起诉状

原告： ，男，汉族， 日出生

身份证号码：

住址：

委托代理人：

联系电话号码：

被告一：

统一社会信用代码：

法定代表人：

企业地址：

被告二： ，男，汉族， 日出生

身份证号码：

住址：

诉讼请求：

1. 请求判令被告一向原告支付人民币 元投资款及投资收益款人民币 元；

2. 请求判令被告一向原告支付延期退出补偿款暂计人民币 元（以人民币 元为基数，利率按年利率10%计算，自2019年9月3日起计算，暂计至2020年 月 日，应计至实际支付之日止）；

3. 请求判令被告一向原告赔偿为本次诉讼承担的律师代理费人民币 元；

4. 请求判令被告承担本案的全部诉讼费、保全费等全部费用；

5. 请求判令被告二对原告被告一应支付的前三项全部诉讼请求承担连带责任。

以上原告主张的全部金额暂计为人民币 元。

事实与理由：

原告与被告一于2018年3月　日签订《私募投资之　（有限合伙）合伙协议书》（编号：　　　　　）（以下简称"主协议"）。原告按照主协议约定出资　元认购　（有限合伙）（以下简称"有限合伙企业"）成为其有限合伙人，并于2018年3月　日通过手机银行转账向　有限合伙企业完成支付认购款项　元，投资期限为18个月，期限届满即转让退出。被告一出资　元认缴　有限合伙企业成为其普通合伙人，同时系　有限合伙企业的执行事务合伙人与基金管理人。

在主协议履行过程中，因被告一未在承诺期限2019年9月　日内完成合伙企业份额转让退出并向原告支付投资款及其投资收益，经原告与二被告共同协商，于2020年4月30日签订《　（有限合伙）合伙协议之补充协议》（以下简称"补充协议"）。根据补充协议约定，被告确认原告已向　　　　　　　　实际支付人民币　元的份额认购款项，投资期限为1年，退出时间半年，原告应于2019年9月　日完成转让退出，但届至该补充协议签订之日实际已超过退出期。另，被告一在补充协议中再次承诺于2020年5月　日完成原告的合伙企业份额转让退出，并完成支付原告　元投资款及投资收益　元，但截至本诉状递交之日，被告一仍未按照协议约定向原告支付任何投资款及其投资收益，因此被告一应承担延期退出补偿款　元（自2019年9月　日起暂至2020年10月　日之日）。二被告为确保其在承诺期限内及时向原告支付投资款及其投资收益，被告一承诺以其在　　　　　　　　　　中对应的投资本金及基金管理人收益　　　　作为优先清偿原告的全部担保，被告一的实际控制人被告二则承诺并保证，对被告一向原告清偿承担不可撤销的连带保证责任。

经原告多次催促被告按照协议约定及承诺支付投资款、投资收益及其延期补偿金额，被告分别于2019年9月　日、2019年10月　日以及2019年12月　日出具了收益分配公告，其公告中分别承诺在2019年10月　日、2019年11月　日以及2020年1月　日前向原告完成收益分配等，但截至本诉状递交之日，被告仍未向原告履行任何付款义务，显然已构成违约。

以上事实，均有证据在卷佐证。原告为维护其合法权益，现依法向贵院提起诉讼，恳请贵院依法查明事实，判令支持原告的全部诉讼请求。

此致

人民法院

起诉人（签字）：

2020 年__月__日

示例 5-4 起诉状的问题有哪些呢？

1. 诉讼请求表述不规范

该起诉状中的诉讼请求第 1 项"请求判令被告一向原告支付人民币 ×× 元投资款及投资收益款人民币 ×× 元"，其中包含投资款和投资收益款两种性质的款项，前者表述为"金额＋投资款"，后者却变成"投资收益款＋金额"，句式不统一，造成阅读者理解混乱。

诉讼请求包含不同性质的款项时，应尽量将诉求分开列明。如果列入同一个诉求中，应尽量使用相同句式，减少跳脱性。

人民币为中国法定货币，如案件无涉外因素，也非外币结算，无须为追求严谨而刻意强调币种为人民币。

存在多项诉求时，应根据对原告利益的重要程度排列顺序。本案中，要求共同被告承担连带责任的重要性远大于承担律师费，因此第 5 项诉求应列在第 2 项诉求之后。

2. 法律术语使用不规范

"支付"与"返还"的含义不同，适用语境亦不同。"支付"适用于某种法律关系下应给付而未给付的款项。"返还"适用于已给付而应返回的款项。

具体到本案，原告已向被告支付投资款，现要求收回投资款，使用"返还"更为适宜。对于投资收益款，则应使用"支付"。

3. 过度阐述，画蛇添足

诉求第 3 项"请求判令被告一向原告赔偿为本次诉讼承担的律师代理费人民币××元"，这是新入行律师存在的典型问题，担心法官不明白，过度阐述和解释没必要解释的内容。

请各位相信，法官比你想象的更专业、更有阅历，不必解释 1+1=2，可直接表述为"被告向原告支付本案律师费 ××元"。

4. 对当事人的表述产生混淆

该起诉状全文使用"被告一"和"被告二"作为主语，阅读时还要去对应被告一是哪个主体，什么身份，造成理解困难。

开庭时，法官极少使用"原告一""被告二"等称呼，一般直呼其名，便于各方理解和记录。倘若案件存在反诉，互为原、被告，起诉状表述为被告二，更会造成审理混乱。

存在多个诉讼主体时，可在第一次出现原、被告时写全称，括号内写明简称，后续的事实理由部分均使用简称。在陈述事实理由时亮明各被告之间的关系，加入"被告二系被告一的大股东"以便法官更直观地了解案情。

另，该起诉状最后一段"以上事实，均有证据在卷佐证"，系典型的刑事公诉书中常见用语，民事起诉状一般不如此表述。

【示例 5-5】

民事起诉状

原告一：贾1，男，汉族，　　年　月　日出生
住址：
原告二：金2，女，汉族，　　年　月　日出生
住址：　　　　　联系方式：
被告一：贾2，女，汉族　　年　月　日出生
住址：　　　　　联系方式：
被告二：贾3 ，男，汉族　　年　月　日出生
住址：　　　　　联系方式：
被告三：贾4 ，男，汉族，　　年　月　日出生
住址：　　　　　联系方式：

诉讼请求：

1. 请求判决位于上海市　　　　　　的房屋所有权归原告贾1、金1共同所有；
2. 请求判决本案诉讼费用由被告承担。

事实和理由：

原告一、二系夫妻。原告一贾1的母亲潘某某（与本案无涉）于2015年 月 日去世，父亲贾某于2020年5月 日去世。祖父贾某某（与本案无涉）于1993年 月 日去世，祖母刘某某于2020年5月 日去世。祖父、母共生育子女五人，分别为被告一贾2、被告二贾3 、被告三贾4 、贾某与贾5 （与本案无涉）；贾5 已于2018年5月 日去世，生前无配偶、未生育子女。

2016年8月，两原告计划使用二人的婚内共同资金购买房屋一套，后通过中介购买了上海市　　　　　室房屋（下称系争房屋），购房款以现金全款形式分批支付。购买系争房屋时，由于面积仅为 ㎡，两原告考虑将短期内另行购置一套面积较大的改善性住房，为保留购房资格、避免贷款限额过高之目的，故与父亲贾某协商暂由其名义签约并代持系争房屋，待改善性住房购得后，再将系争房屋权属变更回两原告名下。2016年11月 日，系争房屋产权证办理完毕，登记在贾某名下。

2020年5月 日，贾某因突发呼吸衰竭死亡，致使客观上无法办理原本约定的房屋产权变更过户手续，两原告至今未能办理系争房屋变更登记。两原告认为：系争房屋为二人全款出资购买，所有权归二人所有，而非父亲贾某所有。

综上，原告为维护自身合法权益，根据《物权法》、《最高院关于适用物权法若干问题解释（一）》等法律规定，特向贵院提起上述诉请，望判如所请。

此　致

　　　　人民法院

具状人：

年　月　日

示例5-5又存在哪些问题呢？

1. 格式不统一

该起诉状的"事实和理由"部分的第一段明显与后续段落的字体和排版不一致，说明文字内容极有可能是从其他文件中复制粘贴而来，却没有重新排版。这和出现错别字一样，属于低级错误，易给法官留下代理律师做事不细致的第一印象。

同时，该起诉状的字体过小，间距过密，阅读体验不佳，应适当调整。

2. 诉讼请求不精炼

该起诉状中诉讼请求第 1 项的表述为"请求判决……的房屋所有权归原告贾 1、金 1 共同所有"。我们一般表述为房屋归谁所有，或者谁享有某房屋的所有权，很少表述为房屋所有权归谁所有。

该起诉状所涉案件为代持引发的确权纠纷案，需要在诉讼请求中写明争议所在，突出登记与实际权属的差异。诉讼请求第 1 项可改为"确认登记在贾某名下的房屋系二原告所有"。

3. 表述方向偏差

由于该起诉状在"事实与理由"部分的开篇详细介绍已故的祖父，我以为此案是一起遗产继承纠纷，读到最后方知晓此案是房屋代持纠纷。第一段中提及贾 1 母亲、祖父等，并做提示"与本案无涉"，既然与本案无涉，可直接省略。叙述原告与被告等人的关系时，表述混乱，使阅读的人即便经过思考也未必明了各方之间的亲属关系。

以上五份起诉状各有特点，问题各异，下面我们总结一下优秀的起诉状应该是什么样的。

二、起诉状的"形象管理"

一个人的形象和着装，会影响别人对他的第一印象。起诉状亦是如此，格式是否正确、段落编排是否合理、行间距是否适当等，都会直接影响法官对案件的第一印象。

一份"好看"的起诉状应具备规范的样式，符合主流审美与阅读习惯。就规范性而言，最高人民法院的起诉状参考模板（见示例 5-6）无疑最具有说服力。

如果仅参考模板来撰写起诉状，只能形似；而真正影响案件诉讼结果的核心内容，需要结合案件进行总结提炼。同样的案情，一千个律师对起诉状有一千种写法。起诉状要如何写才能让人眼前一亮呢？

【示例 5-6】最高人民法院的起诉状参考模板

> **民事起诉状**
>
> 原告：×××，男/女，××××年××月××日生，×族，……（写明工作单位和职务或职业），住……。联系方式：……。
>
> 法定代理人/指定代理人：×××，……。
>
> 委托诉讼代理人：×××，……。
>
> 被告：×××，……。
>
> ……
>
> （以上写明当事人和其他诉讼参加人的姓名或者名称等基本信息）
>
> 诉讼请求：
>
> ……
>
> 事实和理由：
>
> ……
>
> 此致
>
> ××××人民法院
>
> 　　附：本起诉状副本×份
>
> 起诉人（签名）
××××年××月××日

（一）标题

起诉状的规范标题应是"民事起诉状"，以区别于行政起诉状和刑事自诉状等。

同时，切忌将标题错写为"起诉书"，起诉书是指检察机关对刑事被告人提起公诉的法律文书。一字之差，谬以千里。

（二）案由

同一案件，律师和立案法官对案由的判断可能存在差异，甚至截然相反。例如，律师认为案由为买卖合同纠纷，法官认为是承揽合同纠纷，立案时会受影响。建议大家写起诉状时对照《民事案件案由规定》确定准确案由。

对案由把握不准时，可不写案由。未写明案由的，立案法官也可根据诉求进行立案。如果法官坚持要求写明案由，律师对案由把握不准的，可虚心向立案法官请教。实际上，立案时的案由并不会影响后期的实质审理和结案案由。

（三）字体字号

2016年最高人民法院印发施行《人民法院民事裁判文书制作规范》，对民事裁判文书的写作标准进一步做了规范和统一，以提高文书质量。我们可将法院制作判决书的要求移植于起诉状，最为稳妥也最为规范，符合法官的阅读习惯和要求。

《人民法院民事裁判文书制作规范》第八条做了以下规定。

（一）纸张标准，A4型纸，成品幅面尺寸为：210mm×297mm。

（二）版心尺寸为：156mm×225mm，一般每面排22行，每行排28个字。

（三）采用双面印刷；单页页码居右，双页页码居左；印品要字迹清楚、均匀。

（四）标题位于版心下空两行，居中排布。标题中的法院名称和文书名称一般用二号小标宋体字；标题中的法院名称与文书名称分两行排列。

（五）案号之后空二个汉字空格至行末端。

（六）案号、主文等用三号仿宋体字。

（七）落款与正文同处一面。排版后所剩空白处不能容下印章时，可以适当调整行距、字距，不用"此页无正文"的方法解决。审判长、审判员每个字之间空二个汉字空格。审判长、审判员与姓名之间空三个汉字空格，姓名之后空二个汉字空格至行末端。

（八）院印加盖在日期居中位置。院印上不压审判员，下不压书记员，下弧骑年压月在成文时间上。印章国徽底边缘及上下弧以不覆盖文字为限。公章不应歪斜、模糊。

（九）凡裁判文书中出现误写、误算，诉讼费用漏写、误算和其他笔误的，未送达的应重新制作，已送达的应以裁定补正，避免使用校对章。

（十）确需加装封面的应印制封面。封面可参照以下规格制作：

1. 国徽图案高55mm，宽50mm。

2. 上页边距为65mm，国徽下沿与标题文字上沿之间距离为75mm。

3. 标题文字为"××××人民法院××判决书（或裁定书等）"，位于国徽图案下方，字体为小标宋体字；标题分两行或三行排列，法院名称字体大小为30磅，裁判文书名称字体大小为36磅。

4. 封面应庄重、美观，页边距、字体大小及行距可适当进行调整。

起诉状亦可参照判决书撰写，采用仿宋字体，标题使用二号字，正文使用三号字，内容较多时可使用四号字，但不推荐更小的字号。

（四）字间距、行间距

字间距有加宽、标准、紧缩三种，建议使用标准字间距。行间距一般设置为"固定值 25 ~ 26 磅"。

（五）辅助标记与数字

针对需在起诉状中强调的重点，如事实论述、金额、小标题或援引的法条等，可以通过加粗、下画线等辅助标记提示。

出现数字的，应尽量使用阿拉伯数字。整数可以用千、万、亿为单位，以减轻阅读压力，如 500,000,000.00 元，可直接写作 5 亿元。

（六）标点符号

逗号、句号、书名号以及省略号等写法必须规范，具体可参考《标点符号用法》（GB/T 15834—2011）。

（七）序号

序号可以厘清起诉状主文层级，便于法官快速了解案情，梳理案件焦点。

建议一级标题为加粗的大写数字"一，"；二级标题可以为"（一）"，如没有下级标题，可以直接使用"1."；再下一级标题为"（1）"。具体可参考《出版物上数字用法的规定》（GB/T 15835—2011）。

为了防止文章删减导致标号错位，我的习惯是关闭文档自带的自动编号功能，选择手动编号。

（八）页码

很多律师经常忽略给起诉状添加页码。不仅是起诉状，所有法律文书或给客户的材料等，只要文件页数超过一页，均应标明页码。

我有位助理总是忘记标页码，我故意将厚厚一沓文件散落打乱顺序，要求他在一分钟内整理好，由于缺少页码，他无法完成，从此之后这个助理深深牢记标明页码的重要性，再也未忘记给文件标页码。

（九）落款

最新的起诉状模板落款处将"具状人"改为"起诉人"，二者含义一致，但应尽量追求严谨与规范，使用"起诉人"。

三、起诉状的"内在修炼"

（一）藏露之争

原告作为诉讼的发起方，起诉状应写到什么尺度？实务中有两大观点不断碰撞。

【观点一】

我方有理有据，为展现专业素养、得到同情，要充分叙述，尽量多写。

【观点二】

多写多错，为避免对方看穿我方观点，能成功立案即可，绝不多言。

在观点一指导思想下的起诉状，通常是洋洋洒洒的长篇大论，属于客户喜欢但法官反感的类型。客户更容易被长篇幅的起诉状吸引，认为律师足够敬业，没有"缺斤少两"，自己支付的代理费得到了应有回报。但法官每天要看无数案件材料，面对长篇大论的起诉状会很烦闷，阅读时易走神，错失了原告先入为主的机会。

对于观点二，我也不认同。我曾见到惜字如金的起诉状，事实与理由只有简单的一句"签订合同后被告违约，原告要求被告赔偿损失"。

我不认为写出该文书的律师是在偷懒应付，他的想法可能是起诉状会送达给被告，关乎案情的"王牌"必须隐藏到位，开庭再"亮剑"，实现突袭的效果。但这种做法不仅迷惑了被告，也成功迷惑了法官。法官无法在看起诉状时了解案情，自然也感受不到原告诉求的正当性。

以上两种观点都存在一定问题，起诉状的藏、露尺度，我们可以从中庸之道中寻找答案。《论语》曰："过犹不及。"起诉状亦是如此，既要满足立案审查需要，也要有助于法官实体审理。

将起诉状篇幅写长，所有律师都可以做到；将起诉状写得既简短有力，又能把每件有利于原告的事实讲清楚，才能体现律师的代理功底。

（二）诉求要准确全面

1. 根据诉讼目的确定诉求

写诉讼请求之前，要先确定案件类型。不同的法律关系下，解决方式不尽相同。例如：违规土地开发转包，发包方欲收回开发权，合同解除或合同无效均能实现收回的目的，但不同诉求下的法律关系和举证责任均不同，若律师没有十足把握，最好的方式便是检索类案判决书，仔细阅读"法院认为"和"判决如下"部分，参照法官的判项，确定合理诉求。

我曾代理一起某高级人民法院一审的金融借款纠纷案，我方金融机构是原告，起诉10余位被告，有的贷款已偿还当期本金未还利息，有的贷款已偿还利息未还当期本金，还有本息均逾期的。此外，20多份从合同，分别约定违约金、复利、不动产抵押、采矿权抵押（未办理登记）、股权质押、债务人和第三人连带保证等，被告众多且诉求种类繁杂。

为写好诉讼请求，我检索了大量金融案件判决书，反复琢磨最高人民法院、高级人民法院指导案例中的判决主项，多次修改和完善诉讼请求事项。事实证明，该案得到支持的判项表述中，违约金、复利的起算时间、优先权与连带责任承担等，与我在起诉状中的诉求表述基本一致。

复杂案件的诉讼请求不能遗漏，多项诉求之间不能重复，更不能互相矛盾，比如第1项要求承担补充赔偿责任，第2项又要求承担连带责任，就是典型的自相矛盾，逻辑混乱。

2. 打磨规范而简洁的诉讼请求

（1）明确具体

明确的诉求包含两层含义：一是请求事项明确具体，二是表达清晰无歧义。

我曾见过这样的诉求，"判令被告偿还借款或以其名下某公司5%股权抵偿借款"。之所以出现这种奇怪的选择性诉求是因为双方的合同约定"只要借款人逾期,要么还钱加利息要么给股权"。代理律师认为诉讼请求就应严格遵照合同约定。这种不确定性诉讼请求通常无法立案,但该案罕见地立了案。庭审时,法官当庭向原告释明,要求其必须择一选择。

确定诉求的策略和路线是律师的工作,不能变相给法官出选择题。

关于要求解除合同的诉求,不能仅写确认合同解除,需写明"确认合同于×年×月×日解除",这是很多年轻律师未意识到的高阶问题。若诉求未明确解除日期,法院会以判决之日作为合同解除日期,直接影响资金占用和违约金的起算日期,或对后续连环案件产生不利影响。

诉求有多项金额支付请求的,应分别列明再计算总额。立案时,法院会根据案件总标的计算诉讼费。

(2)法言法语

专业术语能精简诉求,更能凸显律师的专业能力。

如前所述,"支付"与"返还""拿到"与"收到"。每一个词都需要反复斟酌,尽量避免白话描述。曾有一位朋友邀请我参加商务会谈,特意叮嘱我不能暴露律师身份,我说不暴露的可能性为零,因为只要我一开口,对方就会感受到我讲话的逻辑和使用的词语有非常强烈的法律色彩,很快就会判断出我是律师。

人一旦习惯使用某种表达方式后,很难意识到自己使用的某些词汇和语言是特定的。律师亦是如此,法言法语应融入我们的骨血,要习惯并善于使用法言法语,这是职业特色,也是职业需求。

(3)顺序得当

应从最核心的诉讼请求开始列明。法官会对优先接收到的信息留下更深刻的印象。

如在前述"法小白"的真实文书中,有一位律师将连带责任这类重大诉讼请求放至末项,某种程度上暴露了其内心的不确信。

(4)诉讼费承担

诉讼费用的承担非判决主文的判项,这是法官都清楚但很多执业多年的律师却不清楚的事情。如果仅对诉讼费承担不服上诉,是不能得到支持的。

无论原告在起诉状中要求谁承担诉讼费用,法院都会根据《人民法院诉讼费用管理办法》确定原告或被告承担的金额。写或是不写诉讼费用的承担，都不会产生任何影响。

我写起诉状时，不写明诉讼费承担的诉讼请求，但我的客户十分不放心，担心我方在有理的情况下，也有承担诉讼费的风险。我只好遵从客户的意愿，最终将"要求被告承担诉讼费"添加进诉讼请求。

调解书与判决书不同，诉讼费用承担是调解事项中需要解决的问题之一，调解事项中对诉讼费用的承担应予列明。

（三）主文摆事实、讲道理

事实与理由部分是起诉状的核心，也最能考验律师的逻辑思维与书面表达能力。

1. 构建叙事逻辑

（1）发生了什么

为了更直观地展示叙事的方法，下面举例说明。

5年前原告结识被告，两人一起开办公司。原告出资10万元，被告出资40万元，持股比例各占50%。

当事人双方合作5年，期间出现各种情况，哪些要说，哪些不必说？要把主要事实说清楚、说明白，看似简单却未必能够做到。律师要判断争议事件或情节是否符合常理，如果符合常理，简单叙述即可；如不符合通常认知，则应叙述事件的背景和违反常理的原因，消除法官的疑惑。

此例中，原告出资较少，却与出资较多的被告持股比例相同，不符合常理。因此，律师需要交代相应背景，比如原告为业内知名专业人士，在业内有一定影响力，公司另一股东看中原告卓越的专业能力和业内资源，选择与原告共同成立公司，同意将其部分股权让渡给原告。这样才会让法官明了出资金额和持股比例的关系。

如双方各出资50万元，股权比例各占50%，律师则不宜解释事件发生的背景，避免无用篇幅混淆重点。

（2）为什么发生

"为什么发生"指纠纷发生的原因。

在上述案例中，公司营业一段时间后，原告负责业务推广，被告管理公司财务。

公司盈利，但公司财务不清，原告便向被告提出分红或退股的要求，均遭到被告拒绝。

原告的请求屡屡被拒，这是双方产生纠纷，导致原告只能通过诉讼维权的原因，律师需要详细描述此部分内容。

此部分可穿插在前一部分"发生了什么"中，也可单独写明。

（3）有什么影响

事件的影响属于事实与理由部分的展开，被告不诚信，原告利益受到侵害，要求被告赔偿损失。影响部分宜放至事实部分的末端。

论述损失和要求赔偿时，要尽量细化和说明理由，给法官留下原告诉求合理的第一印象。

2. 叙述语言直接

（1）开宗明义

我多次强调，写法律文书必须开宗明义。事实与理由的前半部分十分重要，切忌浪费在与案件争议焦点关联不大的事项上。必须将最关键、最有利的事项前置，并讲清、讲透，让法官在3分钟内对案件形成初步认知。

援引合同约定时，要斟酌合同约定是否关键、能否笼统概括。当具体条文对案件事实有重大影响必须援引时，要尽量避免机械性地全段摘抄，要精简概括或部分援引，并标明其具体的条款位置。

（2）针对性描述

与案件有关但不存在争议的内容，不应大段论述。例如，我方发函要求解除合同，对方同意解除，就无须论证为何我方通过发函行使解除权，而是应将论述的着力点放在解除后的损失赔偿上。

（3）客观性陈述

律师代理原告起草起诉状时，虽然原告冤屈，气愤，但起诉状是法律文书，律师应使用客观的法言法语撰写，避免无谓的情绪化表达。

婚姻家事类诉讼中，律师可以适当做情绪渲染，但商事诉讼中应尽量减少主观情绪，以客观描述为主。

（4）统一相关名称

务必保持名称的统一，对同一事项前后出现不同名称会极大影响阅读者的感受，造成不必要的混淆。比如案件依据同一份协议，前文写为《私募合同》，后文写为《投资协议》，会造成法官对事实的混淆。

（5）顺叙叙述案件

通常来说，顺叙是最好的叙事逻辑。起诉状不是小说，以最简要的文字将事实写清楚为要义。

为达到强调某一事实的效果，可少量使用倒叙、插叙，但仍需以顺叙为主。

3. 法理依据

（1）引什么

事实与理由部分应将请求权基础讲述清楚，以法律作为诉求、事实与理由的支撑，但这并不意味着必须援引法条原文。是否需要引用法条全文，应视情况而定。

在相对常见的离婚纠纷、合同欠款纠纷中，可以简写为"依据相关法律规定"。在专业性较强或案由较为少见的案件中，律师可以引用法律及相关司法解释原文。引用时注意法条的先后顺序，应先引基本法，再引其他法律；先引实体法，后引程序法。

应注意的是，判决书不可直接引用宪法、指导性案例、会议纪要、答复意见等作为判决依据，但律师可以在起诉状中引用，作为案件主张的参考依据。

《九民纪要》的全称为《全国法院民商事审判工作会议纪要》，是2019年民商事审判工作会议的重要成果。其针对民商事审判中的前沿疑难争议问题，统一了裁判思路，规范了法官自由裁量权，是民商事领域非常重要的司法文件。虽然《九民纪要》很重要，但它不是法律法规或司法解释，而是法官审理案件的参考。律师可在起诉状、法庭辩论和代理意见中引用，作为说服合议庭的参考。

（2）怎么引

① 引用法律应写全称并加书名号。

② 全称太长的可以使用简称。比如需引用《中华人民共和国民法典》时，可简写为《民法典》。

③ 序号写法应与法律法规及司法解释的文本一致。法律、法规、司法解释中有的使用汉字序号"第二条"，有的使用阿拉伯数字序号"第2条"，律师引用时应与原文一致，不可擅自更改。

④ 引用外文应注明中文译文。

事实理由部分的表述，往往出现两种极端，一种是语言啰唆，担心法官看不懂而多次重复；另一种则是自认为已将事实论述到位，实则逻辑不清、层次混乱，让阅读者不知所云。

为此，青年律师可以成立互助小组，写好起诉状后交由不了解案情的另一位律师阅读，如后者没有读懂其中的法律关系和事实，显然法官也难以理解。

律师应从判决书或其他人的优秀法律文书中学习，不断琢磨、修改已有的起诉状，提升撰写起诉状的能力。

| 青出于蓝 |

起诉状事实与理由，篇幅小但学问大

赵治宇　执业律师　北京市京师（上海）律师事务所

本章示例中有我撰写的起诉状，很荣幸邓老师能亲力亲为帮我指出问题，让我受益良多。我想借此机会向和我一样的青年律师分享我的切身经历与体会。

有些青年律师全凭个人感觉起草起诉状，却也能顺利立案，甚至获得了胜诉，故而对起诉状不重视。实际从个人执业失败案例看，起诉状的撰写大有学问，尤其是事实与理由部分。

1. 开宗明义很重要

事实与理由部分的表述应开门见山，用简明扼要的方式告知法院该案件是什么性质的纠纷，做到一目了然，实现让法官第一次读到时就能在两分钟内快速判明纠纷类型。切记不要铺陈太多，提纲挈领最重要，不要浪费法官宝贵的专注力去辛苦理解案情。

而在被邓老师点评的起诉状（示例 5-5）中，明明是个房屋确权案件，我却在事实与理由部分的开头大段介绍原、被告家庭的复杂人物关系、历史变迁，让人一头雾水，误以为是继承案件，也难怪网上立案后，立案法官专门打来电话询问，到底是房屋确权纠纷还是继承纠纷。

2. 摆事实要有章法

在能清楚地概述事实的前提下，对应所列诉讼请求，将案件事实按照"先讲重要、后讲次要"的顺序陈述，遵从逻辑关系写明案件争议、法律关系等核心要点。写事实与

理由时要抓主要矛盾,纲举目张,无须追求面面俱到,如果旁枝末节过多,不仅干扰法官的判断,还可能给对方"递刀子"。

3. 占理印象很必要

起诉状是法官对案件第一印象的来源。除了要清楚地交代案情,还要做好说理功夫。对有违常理、可能理亏的地方,要有选择地做必要的解释说明,实在理亏的,可以选择不说或一笔带过,尽力避免让法官觉得原告无理搅三分。法官在依法裁判的同时也看重合乎情理,对占理一方有好感,厌恶胡搅蛮缠。如能通过起诉状,就先树立起我方诉求合情合理的良好形象,对于争取诉讼主动大有裨益。

被邓老师点评的起诉状中未能注意这一点,导致庭审后,能明显感觉法官依旧持有两原告想独占遗产的不好印象,以为我方委托人为了不与父亲的兄弟姐妹分割房产,故意说房屋是父亲短期代持的,这给我方争取法院支持带来了不利影响。

总之,民事起诉状的撰写是律师的看家本领之一,也是一门易学难精的技艺。只有多看、多写、多请教、多琢磨才能不断提升,需要我们下功夫不懈钻研。

雷远婷

| 课后感悟 |

作为一名实务"法小白",写出一份好的起诉状对我来说是有压力的。直到听了邓老师课程中的"先声夺人的起诉状"这一章,我就像习武之人被打通了任督二脉。按照邓老师的讲授,无论是行文格式、版面编排、诉讼请求确定、事实提炼都有其一套方法,干货满满,我们拿来就用,现在师傅都夸我写的起诉状水平明显提高了!

本节试听

500元专属课程优惠券

第六章
让证据目录会"说话"

| 邓律金句 |

看目录　知内容　明观点

很多人对证据目录存在认知误区，认为仅需列清单做表格即可。实际上，一份优秀的证据目录不仅体现律师的逻辑思维能力和专业能力，还体现其对证据的把控能力，直接影响举证、质证的质量以及庭审效果。

证据目录的制作技巧，需要大家高度重视、全面掌握。

一、在错误中成长

和写作一样，多看、多练，才能写好文章，证据目录的提炼归纳亦是如此。下面以"法小白"学员的真实证据目录为例，带领大家一同评析共性或个性问题，提高证据目录的"说话"水平。

【示例6-1】

原告是职业"打假"人，在被告经营的淘宝店铺购买了进口保健品，由于该保健品是国外代购，包装无中文标识。原告认为被告在国内销售无中文标识的境外产品违反了相关法律法规，要求被告退还货款并支付10倍赔偿金。

作为被告的代理律师，制作的证据目录见图6-1。[1]

			诉　　　　　　　　买卖合同纠纷一案		
			证据清单		
证据分类	序号	证据名称	证明内容	页数	页码
第一组	1	原告　　是职业打假人而非消费者相关裁判文书	原告　　是职业打假人而非消费者，为获得高额赔偿，恶意提起本案诉讼	4张	第1-4页
第二组	2	被告淘宝店铺及产品信息	被告　　上公布商品信息既未提供中文标签信息，也未提供我国相关机构检验检疫证明信息，原告明知上述情况仍　　购买商品	5张	第5-9页
第三组	3	被告进货凭证	被告销售商品进货来源合法，商品系被告从该商品生产商的　　　　购买，从　　发货至被告处	10张	第10-19页
第四组	4	涉案商品在各电商平台均有销售	涉案商品在各电商平台均有销售，任何人均可通过亚马逊官网、京东、淘宝等途径均可直接购买该商品	9张	第20-28页
第五组	5	涉案商品符合产地国质量标准	涉案商品符合产地国　　质量标准，是经过cGMP认证的在国际通行销售的保健食品。	10张	第29-38页
			证据提交人		
			日期：2021年4月21日		

图6-1　示例6-1的证据目录

1. 证据名称不准确

证据名称的核心应落实为名词，如××合同、××收据或××产权证书，而不是动词或一句话，即使要在名词前增加修饰，也应尽量简短清晰，如"案涉土地被侵占的现场照片"。

而证据4和证据5分别表述为"涉案商品在各电商平台均有销售""涉案商品符合产地国质量标准"，均是完整的一句话，不符合证据名称的规范写法，更像是证明目的。

建议证据4修改为"各电商平台的销售页面截图"；证据5修改为"涉案商品产地国质检合格证书"。

---

[1] 本章示例中图表作为"错误"分析，故其内容、格式均存在错漏，不作修正。——编者注

2. 证据内容与证明目的混淆

很多律师分不清证据内容和证明目的或证明事项。

证据内容是对证据本身的摘录和归纳，应忠实于证据的客观性及原态化，避免个人主观评价。

在摘录内容的选取上，只保留与该项证据证明目的的关联度最高的部分。为保持简洁，可在保证语意完整、客观的情况下，适当使用省略号替代部分烦冗内容，减少阅读负担，突出重点。

摘录证据内容并不代表必须一板一眼地抄写，还可以进行客观归纳，如某时某地某人之间发生了某事件、某人或某物是什么等。为避免归纳影响证据内容的可信度，可采取"摘录原文＋客观归纳"的方式呈现。

顾名思义，证明目的，就是提交该项证据的目的，集中表达主观评价，亮明观点，从而发挥该项证据的作用。

证明目的的表述应当简而有力，直指核心。比如提交某份合同，在不同案由下，证明目的可能为合同效力问题或法律关系定性等。如果在表述证明目的时抓不住重点，只证明了签订某合同，而对该合同与争议事实有何关系只字不提，便无法知晓你提交该合同的用意。

具体到本示例中，仅列了证据内容未列证明目的，将二者杂糅为一体。

以其中的证据1为例，证明内容中未写裁判内容，而是直接下了一个结论，即证明目的：原告是职业"打假"人，提起本案系虚假诉讼。这种写法混乱且经不起推敲，职业"打假"人提起诉讼就是虚假诉讼吗？证据1显然缺少了直接反馈的客观信息，即原告曾被法院认定为职业"打假"人这一证据内容。至于是否为虚假诉讼，需结合其他证据证明。

证据内容和证明目的并不相同，二者发挥的作用不同，不能合二为一。

3. 语义不明，未直接亮明观点

这一问题贯穿该证据目录全篇。如其中证据4的证明内容表述，"涉案商品在各电商平台均有销售，任何人均可通过……直接购买该商品"，这与涉案商品有无中文标识有何关联？这样的表述未将事实表述落实到法律事实和法律意义上，既无重点也未说透彻。可改为"涉案商品在中国境内是合法销售"。

类似的还有其中证据 1 的证明目的应落实为"原告是职业'打假'人,不适用《消费者权益保护法》,应驳回其诉讼请求"。

这就像男孩追求女孩,总是说"和你在一起很开心""和你一起吃饭很开心""和你一起看电影很开心",但就是不直接说最能表达心意的那句"我喜欢你,我们在一起吧",而是让女孩自己猜。

映射到律师行业,很多年轻律师,包括我的助理在内,往往在表述证明目的时长篇大论,却始终无法将重点说透,这就是精准提炼的功力不够的体现。

案件代理的最高境界是让法官不用费力思考,就能对案情了如指掌。这就要求律师将证明目的的表述落实到关乎案件走向的法律关系上,其表述虽短,但能体现核心。在证据目录中亮明观点,会让观点与证据连接得更直接、更紧密,说服效果好于"侃侃而谈"的代理意见。

4. 画蛇添足增加证据分组

证据第一组到第五组,分别对应证据序号 1～5,完全没有分组的必要。当多份证据支撑同一证明目的时,为了方便举证、质证、增强逻辑性,可以将证据分组,当各项证据肩负不同证明目的或证据较少时,则没有必要机械地为了分组而分组。

5. 没有必要同时列页码和页数

在证据目录中标注证据页码是为了便于阅读者快速定位对应的证据,做到无误即可。每一项证据材料的页数与案件关联度不大,没有必要在"寸土寸金"的证据目录上占一席之地,影响阅读。

【示例 6-2】

同样也是职业打假案件。原告为职业"打假"人,在被告开设的淘宝店铺购买海参后,以海参含糖量过高违反相关法律法规为由,要求被告返还货款并支付 10 倍赔偿金。

另一位"法小白"学员作为被告淘宝店铺代理人,编写的证据目录见图 6-2。

1. 遗漏证据序号

该证据目录分为五组,每组内包含多份证据,共计 15 份,但证据目录制作者未对各组内每份证据按顺序编号、未标明每份证据的页码。这会导致举证、质证或合议庭询问时无法快速定位某份具体证据，极易造成表述混乱，影响庭审效果。

证据清单

序号	证据名称	证据类型	证据来源	页码	证明目的
第一组	微信聊天记录截屏 被告 店铺截屏	打印件	被告	1-4	证明原告并非善意消费者，是靠恶意打假谋取不法利益为生。
第二组	网上销售海参礼盒内胆的店铺截屏	打印件	被告	5	证明原告网上很多店铺销售被告使用的海参礼盒的内胆，原告若想掉包轻而易举。
第三组	委托加工合同 营业执照 食品生产许可证 食品生产许可品种明细 检验检测报告	复印件	被告	6-18	证明我方所销售的海参为公司加工生产，其生产资质齐全，且所加工的海参通过检验检测，无质量问题。
第四组	验货收货确认单 入库单 出库单 检验检测报告 资质证书	复印件	被告	19-25	证明我方销售的海参无质量问题。原告起诉后，我方立即将库房存放的海参送往检测，检测报告显示涉案海参符合国家标准。
第五组	我方店铺网页截屏 说明书	打印件	被告	26	证明干海参在食用前需要泡发，泡发会析出糖分，干海参含有少量糖分不会都被人体吸收进而对人体健康产生不良影响。

图6-2 示例6-2的证据目录

对证据分组时，应对各组内的每份证据依次编号，不同组的证据，其编号可上下相连，保证每份证据拥有独一无二的编号。建议将证据目录样式修改如下（见表6-1）。

表 6-1　修改后的证据目录样式

证据编号		证据名称	证据内容	证明目的	页码
组数	序号				
第一组	1				1
	2				5
第二组	3				7
第三组	4				9
	5				10
	6				13

2. 证据类型及证据来源冗余

首先，证据类型通常理解为证据种类，如书证、物证等。证据目录制作者却将其分为打印件和复印件，既不规范也无列明的意义。证据类型一般不需要列明。

其次，该证据目录的证据均来源于被告，不必在目录中单列证据来源，除非该证据来源于有关机关或由对方提供等。

如有需要特别提及的证据，如专业机构的检测结果、对方的自认、最高人民法院的指导案例等，可增加一列备注予以说明。

3. 页码位置不恰当

相比证据名称、证据内容和证明目的，证据页码的重要程度较低，因此通常把页码放在目录最右侧一列，而该证据目录却把页码放在了最引人注目的中间位置。

证据目录的制作应根据项别的重要程度及一般阅读习惯确定。重要项别放于显眼位置，如中间或左侧；相对不重要的，对案情影响不大的项别，如证据类型、证据来源及页码等，应适当右移或靠后，尽量做到合理布局。

对于页码的标注，仅标明每个证据首页页码即可，不用标注到哪一页结束。

4. 缺少证据内容，且证明目的表达模糊，未亮明观点

该证据目录与图 6-1 所示的证据目录存在共性问题，即未正确区分证据内容和证明目的。如第一组证据"微信聊天记录截屏"及"被告店铺截屏"，目录制作者并未陈述截屏呈现的内容，无法为证明目的提供事实依据。

对于证明目的，目录制作者表述为"证明原告并非善意消费者，是靠恶意打假谋取不法利益为生"，该结论经不起推敲。建议修改为"原告非消费者，不适用《消

费者权益保护法》，应驳回其诉求"。

5. 排序逻辑混乱

第二组证据表达的核心观点是不排除原告有对海参进行调包的嫌疑，第三组及第四组证据表达的核心观点是被告销售的海参由正规厂家加工生产，并无质量问题。

由此呈现的逻辑顺序为：原告是职业"打假"人——被告的商品被原告调包——被告的商品质量合格。大家可能会发现这并不是一个顺畅的因果逻辑顺序。

恰当的顺序应为：原告是职业"打假"人——被告的商品质量合格——被告的商品被原告调包。该逻辑符合常人的思考习惯：首先对商品质量提出质疑，其次检测商品质量是否符合相关质量标准，如符合，为何原告质疑商品的质量？答案是原告可能将所购商品调包。按此排序，逻辑顺畅，更有助于合议庭理解案件事实。

【示例 6-3】

原告将商铺出租给被告作为经营用房，被告经营惨淡无力支付剩余租金，便退租并搬离商铺。原告要求解除租赁合同，由被告支付拖欠的租金及违约金。

被告代理人制作的证据目录见图 6-3。

与 ×× 房屋租赁纠纷案
证据清单（被告提供）

编号	证据名称	份数	页数	证据内容摘要	证明对象
1	短信聊天记录	1	3	原被告聊天记录	1. 原告已同意免除被告租金 2. 被告已实际支付押金 3. 被告经营惨淡，无力支付
2	通话录音光盘及文字版	1	1	被告配偶与原告通话	
3	收条、电子回单	1	1	涉案房屋押金收条	
4	房屋装修合同	1		涉案房屋装修及费用	被告对房屋装修，有相应损失
5	通话详单	1		被告通话记录	原被告于7月底协商一致搬离

图 6-3 示例 6-3 的证据目录

1. 证据内容与证据名称高度混同

证据1的名称为"短信聊天记录",证据内容摘要为"原、被告聊天记录",二者并无实质区别。证据内容应写明聊天记录的内容,也就是某时间原、被告在聊天时表述的原话,如:2021年3月20日下午3点,原告通过短信向被告表示新冠肺炎疫情期间经营困难,同意免除被告部分租金。

对于证据2和证据5,应将最核心的、对己方最有利的通话内容摘录至证据内容中,直观展现该证据的证明力,使阅读者即便未翻看证据,也能知晓证据载明的内容,这才是证据内容摘要功能的充分体现。

2. 证明对象表述不准确

证据1、证据2、证据3在证明对象一栏中的第1条和第2条准确将双方沟通的各项证据链接至案件焦点,但第3条"被告经营惨淡,无力支付"是被告的经营问题,应由其自负盈亏,与原告要求被告支付租金无关。对此,应全面而准确地表述被告未付租金的合理原因,建议修改为"由于被告经营惨淡,原告同意免除被告租金"。若仅论述被告无实际支付能力,反而有可能成为对方质证的攻击点。

另,证据提交的份数是按照诉讼参加人人数提供,不需要在证据目录中列明。

二、证据目录的基本要求

证据目录虽不是如起诉状一样规范的法律文书,但发挥的作用很重要,首先应保证证据目录不出错,其次是目录要出彩。希望对上述三份真实证据目录的剖析讲解能对你有所启发,帮助你思考如何制作好证据目录。

(一)法律依据

根据法律规定,证据目录应包含证据的来源,如某合同由原被告双方签订,被告的营业执照由工商局颁发等。但这些内容往往并非案件焦点,如果对每一份证据都进行标注,可能会使得证据目录复杂冗长,模糊了真正的关键点。

通常情况下,不建议对每一条证据的来源均单独列明。但如果某证据是生效判决、第三方权威机构的检测结果,或是对方的自认,则应特殊标注证据来源。

《最高人民法院关于民事诉讼证据的若干规定》（法释〔2019〕19号）第十九条第1款：当事人应当对其提交的证据材料逐一分类编号，对证据材料的来源、证明对象和内容作简要说明，签名盖章，注明提交日期，并依照对方当事人人数提出副本。

证据类型亦是如此，证据是书证、物证或证人证言，均是对证据存在形态的表述，对事实认定的影响并不大，所以通常情况下不建议单独设置一列写明证据类型。

（二）证据目录的基本样式

证据目录没有统一的模板和样式。实务中，根据个人的撰写习惯、证据的不同特性，通常有表格和文字两种样式。

【示例6-4 表格样式的证据目录】

白云公司诉黑土公司买卖合同纠纷案件
（如出具案号后补充证据，建议此处标明案号）
证据目录

提交人：_____ 时间：_____

编号		证据名称	证据内容	证明目的	页码	备注
第一组	1					
	2					
	3					
第二组	4					
	5					
	6					

【示例6-5 文字样式的证据目录】

白云公司诉黑土公司买卖合同纠纷案件
（案号）
证据目录

第一组：（写明整组证据的证明目的）

  证据1：白云公司企业法人营业执照（第×页）

证据内容：……

证明目的：（1）……

（2）……

证据 2：工矿产品买卖合同（第 × 页）

证据内容：……

证明目的：……

第二组：（写明整组证据的证明目的）

证据 3：货款发票（第 × 页）

证据内容：……

证明目的：……

证据提交人：
时间：

（三）证据的一般呈现逻辑

证据以何种排列顺序呈现并没有绝对的标准，需要结合个案情况灵活调整。一般按照案件事实发生的时间先后或证据证明力的大小排序。

我更推荐按照证据证明力的大小进行排序，因为绝大多数人的阅读习惯都是从前往后依次阅读，排在前列的证据一般会得到阅读者更多的关注。

案件双方证据存在较大冲突时，往往迫切希望合议庭能够第一时间关注到对我方更有利的关键证据，说服采信我方证据，因此将关键证据前置的重要性毋庸置疑。

三、进阶版的证据目录

证据目录需要兼具功能性和引导性，格式规范、条理清晰的证据目录有助于厘清案件脉络。

（一）证据分组

当多份独立证据拥有相似或相同的证明目的时，可以将此类证据归为一组，写明每组证据的证明目的。

列出证据组别时,可以考虑在组别的序号旁提纲挈领地总结本组证据的证明目的,以便阅读者更便捷地定位证据,领会律师的意图。

有些情况下,每组证据与证明目的未必一一对应,比如两组证据之间可能存在竞合关系,若严格按照上述一组证据对应一个证明目的,可能会造成证据目录冗长、重点不突出,或同一证据为配合两组证明目的而重复出现等问题。

以某位律师制作的证据目录(见图6-4)为例,证据4是询问笔录,证明目的被分割,笔录第61页融入证据2、证据3一起证明虚假诉讼的结论,第15页和24页内容又单独从另一侧面证明虚假诉讼。起初我以为表格格式错误,后来才得知是刻意如此编排的。

序号	证据名称	证明内容	证明目的
1	字号民事判决书	法院作出裁判,取得本案执行的执行依据。	取得生效执行依据
2	《协助执行通知书》	案涉房屋查封时间为日。	庭审自认在得知案涉项目被查封后签署协议的事实,即三方协议系倒签、伪造,以此作为诉讼证据,属于虚假诉讼。
3	《送达证》		
4	案件的《询问笔录二》	P61第1-3行:【两个的查封了吗?都查封了,我看情况不妙】 P15第10行:"我们是合作十九年,从第一期开始。到期都十多年了【表以前是一期的,开始合作这个一期了。六十多亩地开始我们就开始合作了,以 的名义合作的, 叫他做几栋。】" P24第3行:"是我自己开发的,这个钱是我这个工程是我自己	【】是庭后划掉的内容,()是庭后新加的内容, 及其代理人在庭审过程中陈述了于己不利的事实,庭后通过删除、补充及作出特别说明等方式对笔录进行修改,以企图改变于己不利的事实、法律关系等内容,系虚假陈述,属于虚假诉讼。

图6-4 某位律师制作的证据目录

对此,我的建议是将证据2、证据3、证据4的证明目的合并。

(二)证据序号

将证据分组时,每组中的单份证据要单独编号,若多份证据使用同一个大编号,不利于记录和对方质证,影响庭审的流畅性。

（三）证据名称

证据名称指的是证据目录标注的完整名称，或者是在未注明名称时对该证据本身的简要描述，不得随意精简或任意描述。[1]

例如图 6-1 所示的证据目录中，将证据命名为"涉案商品在各电商平台均有销售""涉案商品符合产地国质量标准"等，这些经过主观倾向性加工的描述并非证据名称。

对于证据名称的格式，我推荐以注明日期、主体和具体文件的方式命名，如：2020.5.20 白云公司与黑土公司签订的《大米买卖合同》。

（四）证据内容

对于证据内容和证明目的，很多青年律师分辨不清。

证据内容是对证据的客观提炼，未经主观修饰的证据本身，是方便快速阅读的简单总结和重点提取。证明目的则是表达在案件中作用的文字，是主观总结，可适当加以修饰。好的证据内容提炼精准，法官可以在不翻看证据的情况下，明晰所列内容。

比如证据是白云公司与黑土公司的《货物买卖合同》，证据内容可写为：合同第三条第 2 款约定，黑土公司需在 5 个月内交付第一批货物。

如果证据是录音，证据内容可写为：录音的第 33～56 秒，白云公司员工张某口头承认已收到黑土公司发出的全部货物。

（五）证明目的

证明目的又称证明事项，顾名思义就是当事人提供证据欲达成的目的。

直接亮明观点，将表述落实到法律关系及法律事实上。

我常和年轻律师说：代理案件的最高境界，就是让法官不用动脑子。如果开庭时听到法官反复询问"你提供合同是什么意思""你想证明什么"，从法官的问话中可以得知律师表述的证明目的不够清晰透彻。

---

[1] 参见《律师必备技能：如何制作规范有效的证据目录》，载于微信公众号"icourt 法秀"。

（六）证据页码

页码的位置建议列在证明目的之后，备注之前。

一些律师习惯标识证据的起止页码，如证据的起始页是第 3 页，结束页是第 7 页，标识为：3—7。我的习惯是仅标注证据的起始页。

（七）备注

在案件程序较为复杂或证据来源相对特殊的情况下，律师可以在证据目录中增加"备注"列，对证据进行特殊说明。比如二审或再审案件，法官往往会要求对提交的每项证据进行备注：是否为新证据、原审是否引用过、证据提交人，等等。

| 课后感悟 |

胡冬琴

在听邓老师的课之前，我一直没分清证据内容和证明目的，听了邓老师的课，我果断更新了证据目录格式，将法院统一模板的"证明内容"拆分为"证据内容"和"证明目的"。在编写证据内容时，我会将有利于我方的证据内容进行摘抄，并用字体加粗、加下画线等方式将重点内容标记出来，提示法官重点关注。

每次制作证据目录时，我都会想起邓老师的金句——好的证据目录会"说话"，不翻看证据，也可以一目了然。为此，我还在不断努力中！

本节试听

500 元专属课程优惠券

第七章
攻防有道的答辩状

邓律金句

> 答辩就是亮观点　一要反驳二要准

优秀的答辩状"破""立"兼顾,既能防御进攻,也能明确主张,突出案件争议焦点,提高庭审效率。

"前车之鉴,后事之师。"本章通过真实案例,展示真实答辩状,点明"法小白"的常犯错误,从格式到内容逐一分析,教你写出要点突出的优秀答辩状。

一、学员真实案例

【案例7-1】

原告承租被告房屋自用,双方签订房屋租赁合同,约定租期10年,每3个月支付一次租金。同时约定租期10年内若房屋被拆迁,则由被告承担违约赔偿责任。经被告同意后,原告对案涉房屋花费22万元进行装修后入住。

租赁第5年时,被告告知原告案涉房屋面临拆迁。原告遂要求被告支付违约金14万元并赔偿装修款22万元。

作为被告的代理律师,撰写的答辩状如下(见示例7-1)。

【示例 7-1】

答辩状

民初号

贵院受理的甲诉乙房屋租赁合同纠纷一案,现答辩人(被告)乙就　　　日原告甲提交《民事起诉状》诉请内容,提出如下答辩意见,敬请合议庭考量:

一、因原告严重违约在前,租赁合同已被解除

双方就　　某房屋签订的《房屋租赁合同》明确约定:月租金　　元,三个月一付,租金先付后用,须提前 7 日内付清下期房租;租赁期内水电、煤气、清洁等费用均由承租人承担。合同第五条明确规定:承租人须按时支付租金和其他费用,逾期经催讨无效视为其违约;未经出租人同意承租人不能改变房屋的结构,装修等;承租人应按约定合法使用房屋,不得擅自改变住宅用途。但履约中原告甲存在多项严重违约:

1. 截止目前,除首期租金外,从未按时支付各期租金;经多次催讨,至今仍拖欠　年一季度租金。

2. 　　起至今,房屋的水电费等全部拖欠,经多次催要无效,　　　　,相关水电公司上门拆除水、电表。为避免失信,答辩人无奈先行垫付　　　前部分欠款　　　余元。

3. 租赁期间,未经答辩人同意,私自拆毁、改变房屋原有结构、装修及设施,重新分割装修;对外招揽租客、违法经营群租生意,因周边投诉致答辩人被村委多次警告、督促整改。

经协商不成,答辩人于　　　　　日正式书面通知原告,因其在先违约主张解除租赁合同,要求限期搬离。本案中,答辩人也将一并提起反诉要求追究原告的违约责任,而就原告押金退还请求主张综合本诉、反诉请求合并处理。前述事实证据参见反诉举证。

二、诉称答辩人违约事项与事实不符,不能成立

租赁房屋搬迁计划为纯自愿性质,且 2020 年月日租赁合同解除前尚未确定,不属于租赁合同补充条款第④项规定的答辩人违约情形。

(一)案涉房屋所在　　　召开协调会议,就农民集中居住搬迁计划征询村民意见,当时仅为意愿征询阶段,最终仍需待意愿明确及官方评估后再行实施;且明确该计划为奖励村民自愿搬迁、集中居住,不具有强制征收属性,与国家征收、拆迁活动有明显差别。

(二)原告无妥善协商诚意,合同解除后答辩人才最终确认房屋搬迁。了解到搬迁政策后,答辩人主动与原告甲沟通,讨论的是如确定搬迁的后续租约处理问题,并提出愿补偿部分钱款　　　　　　　争取其同意提前退租,不过支付补偿要以原告限期搬离为条件;另外,因村委多次要求立即整顿违法群租问题,答辩人也得要求原告限期清理群租户,方出现起诉书中所述答辩人让原告搬离情况,不过以上都为双方协商中的意愿沟通,未能达成一致。为促成协商,答辩人考虑原告称年前清退财务上有困难,还通过微信向其垫付了　　　元的清退租户费用，但答辩人从未认可为赔付的合同违约金，违约金认定仅为原告主观臆断。

然而，原告甲知悉后协商态度始终蛮横，坚持要赔偿其　　万元，拒付　　年一季度租金和之前拖欠已久的水电费用，致水电公司上门讨要、拆表；后竟然纠集人员到答辩人工作处闹事、多次跟踪、威胁答辩人妻子，引发答辩人气愤而解约。其实若双方实在协商不成，答辩人不参与搬迁计划，与原告继续履行租赁合同也并无不可（村里明确搬迁自愿，即使登记后反悔不搬迁也无问题），但原告上述行径实难接受。到　　　日合同解除后，答辩人方才与村委最终确定了房屋搬迁及拆除事项，办理交房手续。

故，答辩人认为，在合同有效期内自身不存在约定的涉拆迁违约情况，不应支付违约金　　万元。至于合同解除后，房屋最终是否被拆除，与本案无涉。

三、装修款赔付请求于法不合　　，且无证据佐证

（一）原告诉称的房屋装修改造，实际从未征得答辩人同意。接房后，原告为招揽群租需要，私自拆毁房屋原有设备、设施，对内部结构大幅改动，进行分割装修，答辩人直至完工后方才知晓，至今也未追认过，其已经违反合同第五条第3、4款规定。根据《最高人民法院关于审理城镇房屋租赁合同纠纷案件具体应用法律若干问题的解释》第十三条规定，未经出租人同意的装修、装饰，合同解除时，承租人无权要求出租人赔偿，况且，合同解除由原告甲违约导致，相关损失后果应由其自行承担。

（二）原告诉称装修总花费　　　元，提供手写清单、施工款收据和各工人情况说明，其真实性、合法性、关联性均存疑。清单、收据不排除有后补嫌疑，答辩人不知情的装修开销，无法核查金额的真实、准确性，难以认可；情况说明属于证人证言，证言应出庭作证，各说明均未提及是答辩人认可实施装修，其作证的施工项目及金额却反向印证原告客观违约对出租房屋进了大规模的翻建改造，另外，原告多处作为二房东经营群组牟利，与各证人长期业务合作，且有几人听命原告直接参与到被告门店闹事活动，相互有明显利害关系，其证言证明效力减损；该项诉求于法不合、缺乏依据，依法不应得到支持。

综上所述，原告各项诉请与事实不符，于法无据，依法应予驳回。

以上答辩意见，提请贵院采纳！

此　致

　　人民法院

答辩人：

年　月　日

示例7-1 答辩状存在哪些问题呢？

1. 遗漏被告信息

显而易见，该答辩状遗漏了答辩人主体信息，如姓名、住址、电话等。假设本案存在多名被告,若未写明答辩人身份,合议庭无从得知。另,首段表述的样式,一般适用于质证意见或代理意见。

2. 存在不利自认

答辩状中"村里明确搬迁自愿,即使登记后反悔不搬迁也无问题",该句话意指是否搬迁取决于产权人个人意志,被告有权拒绝搬迁,即便已登记也可以反悔。说明被告具备履行 10 年出租义务的条件,租赁合同本可继续正常执行。但由于被告同意拆迁,造成案涉租赁合同无法继续履行的后果。代理律师在不知不觉中进行了不利自认,将合议庭引向被告存在违约事实的认知。

假设我是本案被告代理人,会重点强调拆迁是全村整体规划,非被告个人意志所能左右,只能服从规划配合搬迁。核心便是向合议庭强化租期内拆迁属于政府行为的不可抗力,如将全部责任推卸给被告实属不公,因此应降低被告因拆迁需承担的违约金额数。

反观该答辩状,恰恰是在制造我方弱点并透露给合议庭和对方,极可能造成不利后果。

3. 核心答辩不突出

针对原告要求赔偿 22 万元装修款的诉讼请求,被告代理人以相关花销无正规票据佐证进行回击,从而否认 22 万元装修金额。

上述抗辩思路是正确的,但该内容在答辩状中不突出。该答辩状主要是在体例编排上存在问题:第一部分对被告是否违约展开抗辩,开篇自曝会被攻击的弱点;第二部分又漫谈非焦点问题;第三部分才论述否认原告装修款的依据。将对我方最有利的抗辩,出现在最后一部分的二级标题之下。花费大量时间在非核心内容上,而最有利的攻击内容却遭淹没,影响答辩效果。

我问该"法小白"为何采用上述答辩编排,他说是按照原告诉讼请求顺序答辩的。而反观原告的诉讼请求,对于原告来说其顺序是对的:先讲最有理的,证据不够充分的放在后面。

答辩状依据起诉状的顺序——反驳,是机械的。答辩状的目标是回击原告诉求,但倘若原告的首项诉求有理有据,被告在对其无法否认的情况下,仍根据该诉求在答辩状开篇就承认不利之处,有损士气。

答辩状并非"八股文",被告无须刻意按照起诉状诉讼请求顺序撰写答辩状,而是要将最有利于我方、合议庭最可能采纳的内容前置并突出显示。

若由我进行答辩,我会首先陈述原告违反合同约定,未经我方允许改造房屋和群租使用;其次表明被告非法群租牟利且拖欠租金的违约事实;最后再回应房屋拆迁不应赔偿,违约金和赔偿金不能同时主张,以及金额认定等相关问题。

【案例 7-2】

职业"打假"人原告在被告淘宝店铺购买包装完好的海参,拆封后认为是糖干海参,含糖量较高,营养价值低,遂寄至检测机构检测,认定该批海参糖分过高。原告据此要求被告退还购物款 7750 元、支付 10 倍赔偿金及检测费共计 85 000 元。

作为被告淘宝店铺的代理律师,撰写的答辩状如下(见示例 7-2)。

【示例 7-2】

答辩状

某律师事务所某律师现接受乙公司的委托,代理甲诉乙公司网络购物合同纠纷一案,针对原告甲的诉讼请求,我方答辩如下:

一、**我方销售的海参无质量问题,符合《食品安全国家标准-干海参》(GB31602-2015)的要求。**我方通过提交的第三组和第四组共十份证据,表明我方所销售的海参为某公司加工生产,其生产资质齐全,且所加工的海参通过检验检测,符合国家标准。后因原告不断滋扰我公司,说购买的海参糖分超标,我方为自证清白,在原告立案前,将同一批次加工且未经销售的海参送检,其检测的结果亦为合格。通过提交的加工方某公司的食品生产许可证、食品生产许可品种明细,以及加工好的海参邮寄过来的检验检测报告均可证明,我方尽到了充分的查验义务,对于所销售的海参质量进行了严格的把关。

因我方销售的海参单盒包装简易,在网上可任意购买相同的内包装盒,拆封和复原的过程极其简单,内包装盒无我公司标识,原告之前有多起涉及海参质量的诉讼,其可以轻易对海参进行掉包。鉴于上述原因,对于原告要求重新鉴定海参的申请,由于无法确定原告手里的海参为我方销售的海参,且我方已经提交了两份检测报告及相应的委托加工合同、出库单、入库单等证据以证明海参质量合格,遂我方认为无必要重新鉴定。

二、**原告单方面委托案外人某公司送检,双方未对检测样品确认,因此原告提供的检测报告不具有法律效力。**首先该检测报告为案外人某公司委托,该公司是一家销售公司,委托送检并非其经营业务范围。其次检测报告所涉的海参样品来源不明,未经我方确认,原告与某公司签订的《委托协议》亦未对送检海参来源进行说明,且原告所提交的检测报告中并未确认样品的**包装完好**,遂无法说明被检测海参是此次原告从被告处购买的海参。我方认为,涉案海参为简单的礼盒包装，拆封和复原过程极其简单，内部的海参原告方可以随意更换，且原告方自行委托不相干的、且不属于其业务范围的某公司　　　　　送检，不符合常理，我方对检验报告的合法性、关联性都不认可。

三、退一步讲，即使检测报告中的海参为我方销售的海参，也并非"不符合食品安全标准"的食品。《食品安全法》第一百五十条规定"食品安全，指食品无毒、无害，符合应当有的营养要求，对人体健康不造成任何急性、亚急性或者慢性危害"。按照原告提供的检测报告，涉案海参的"水溶性总糖"超标，但该指标并不导致涉案海参有毒、有害，涉案海参的"蛋白质"含量符合要求，营养价值达标，亦不构成"不符合应当有的营养要求"。原告提交了一些所谓的"网上报道"来证明"糖干海参"会"对人体健康造成急性、亚急性或者慢性危害"，但我方注意到，原告提供的材料中　　　　　劣质海参非法加工已成业内公开秘密"一文明确表述了"据检测，糖干海参含糖量高达50%以上，蛋白质含量降到20%左右……"（原告证据中标黄显示），而原告提交的检测报告明确涉案海参"水溶性总糖"为"20.2"，"蛋白质"为"42.7"，由此可知涉案海参不属于原告所称的"糖干海参"。原告提交的证据材料自相矛盾，并未证明涉案海参会"对人体健康造成任何急性、亚急性或者慢性危害"，并且原告提交的这些"网上报道"也只是作者根据一些热点问题总结的个人观点，并不能作为实质依据，且"网上报道"的真实性存疑。

我方认为，生活常识可知"糖"并非有毒有害物质，海参制作中加入糖的目的是使海参看起来色泽更饱满，且海参中含有的"水溶性总糖"并非食用后会被人体吸收，干海参，食用前首先需要用清水泡发多日且每日换两次水，泡发后需在清水中煮60分钟后才可食用（说明书已经明确，购买网页也详细说明，且为食用海参的常识），上述过程会将海参中的"水溶性总糖"等物质大量析出，因此不存在"水溶性总糖"超标导致对人体健康造成急性、亚急性或者慢性危害。原告提交的"网上报道"中明确描述"糖干海参"泡发后水会变甜，可证明海参泡发过程的糖析出。因此，我方认为海参中"水溶性总糖"少量超标不会"对人体健康造成任何急性、亚急性或者慢性危害"。

四、原告并非善意消费者，而是靠恶意打假谋取私利的人。原告近期提起了多起购买淡干海参的网络购物合同诉讼，这完全不是消费者的行为。原告在购买我方的海参后，立即向我方进行勒索，气焰嚣张，并且后经查实，原告的淘宝账号已经被　　　　　多次举报，原告的行为不属于我国法律保护的消费者的行为，而是恶意地借"打假"旗号来获取不法利益。《食品安全法》及《消费者权益保护法》中对食品生产、经营过程中的违法违规行为作出赔偿处罚的规定，其立法目的在于保障人民食品安全，维护正常的市场经营秩序。2013年发布的《最高人民法院关于审理食品药品纠纷案件适用法律若干问题的规定》及相关指导案例中，虽然对"知假买假人"请求赔偿行为予以支持，但这一规定是在三聚氰胺奶粉等重大食品安全事件频繁曝出，群众对食品安全问题反映强烈的大背景之下，给予特殊背景下的特殊政策考量。本案的原告并非单纯的"知假买假人"，而是恶意地借"打假"旗号来获取不法利益。如若支持其诉请，则是助长这种恶意打假人的破坏市场经营环境，浪费司法资源的气焰，且违背了立法的初衷。因此，恳请法院综合考量我方答辩意见，驳回原告的诉讼请求！

乙公司特别授权代理人：

　　　　　　　　　　　　　律师事务所

　　　　　　　　2020 年　月　日

示例 7-2 答辩状主要存在四方面问题，大家可以引以为戒。

1. 未能正确区分答辩状和代理意见

本答辩状与示例 7-1 答辩状问题雷同，首段仍未明确答辩人的自然状况，其次是落款错误地写为"乙公司特别授权代理人：某律师、某律师事务所"。

答辩属于当事人的核心诉权内容之一，即使由代理人代书，但答辩主体并不因此而改变，落款应为被告人；而代理意见是基于代理人身份对案件发表的独立意见，并不依附于当事人的授权，因此落款为代理人。

2. 论述用语软弱

本答辩状用语软弱无力、缺乏气势。"法小白"陈述"退一步讲，即使检测报告中的海参为我方销售的海参，也并非'不符合食品安全标准'的食品"，明显暴露出内心的不确信，似乎认为海参的确存在问题。若不存在问题，为何要"退一步讲"！若一定要说，应改为"换一个角度""从另一个维度""即便"等。

建议这样修改：先否认送检样本来源于被告，再说明即便样本由被告售卖，也仅是糖分稍高，仍符合国家规定的标准。

3. 标题不突出

法律文书中，每一段落都应提炼段落中心思想，并置于段首着重强调。建议将"我方销售的海参无质量问题，符合《食品安全国家标准　干海参》（GB 31602—2015）的要求"以一级标题形式呈现，其余解释说明内容另起一段。

如此一来，不仅清爽美观，而且方便合议庭快速了解答辩重点内容，这也符合大多数人的阅读习惯。

4. 核心答辩不突出

本答辩状与示例 7-1 答辩状存在相同的问题：最有力的回击被置后。"法小白"在本答辩状中写道"……未对送检海参来源进行说明，且原告所提交的检测报告中并未确认样品的包装完好，遂无法说明被检测海参是此次原告从被告处购买的海参"。此话意指：被告售卖的海参与原告送检的海参并不完全相同，原告有可能在拆开被告售卖的海参包装后，将其他来源的海参混入其中送检。此乃本案裁判的关键点。

若原告无法说明送检海参由被告售卖，则合议庭极有可能认定原告的诉求基础并不存在。然而，对案件走向至关重要的论述，却混杂于长篇大论之中。

律师撰写答辩状时，注意将有利事实、有力论述呈现在段首，清楚展现段落中心思想，而非置于段尾或淹没在无用信息中。

【案例 7-3】

原告在被告淘宝店铺购买一瓶国外原装进口保健品。收到后发现该产品包装缺少中文标识。根据《食品安全法》的规定，进口食品应有中文标签。原告由此认为被告销售的产品不符合食品安全标准，要求被告退还购物款 5400 元并支付 10 倍赔偿金 54 000 元。

被告代理律师撰写的答辩状如下（见示例 7-3）。

【示例 7-3】

民事答辩状

答辩人：甲商行，经营者：王某，地址：……

被答辩人：林某，住址：……

关于贵院受理的原告林某诉被告甲商行信息网络买卖合同纠纷一案，案号……，现就原告的诉讼请求，提出答辩意见如下：

请求事项

1、驳回原告全部诉讼请求；

2、本案诉讼费用由原告承担。

事实与理由

一、请求法院驳回原告全部诉讼请求

原告是职业打假人，长期频繁通过恶意诉讼方式牟利，明显不属于相关法律所规定的为生活消费所需购买商品的消费者范畴；原告在购买涉案商品时明知没有中文标签、明知经营者未提供相关检验检疫证明，故不能以涉案商品无中文标签及相关检验检疫证明要求答辩人承担退款及赔偿责任。且涉案商品没有中文标签、未提供检验检疫证明并不代表该商品必然不符合食品安全标准，不代表该商品必然对人体健康造成严重伤害或者存在重大安全隐患。原告未提供初步证据证明涉案商品不符合食品安全标准或者有质量问题，亦未提供证据证明其因食用涉案商品受到损害，原告的退款及十倍赔偿要求均缺乏事实与法律依据，依法应予驳回。

（一）原告是职业打假人，长期频繁通过恶意诉讼方式牟利，明显不属于相关法律所规定的为生活消费所需购买商品的消费者范畴，应当驳回其十倍赔偿诉请……

（二）原告在购买涉案商品时明知没有中文标签，明知经营者未提供相关检验检疫证明，不能以涉案商品无中文标签及相关检验检疫证明要求答辩人承担退款及赔偿责任

1、原告在购买涉案商品时明知没有中文标签，明知经营者未提供相关检验检疫证明，现在不能以涉案商品无中文标签、无相关检验 检疫证明为由，要求答辩人承担退款及赔偿责任

……

2、涉案商品有无中文标签或者相关检验检疫证明，与影响食品安全之间不存在必然的因果关系

……

3、涉案商品进货来源合法

（三）原告未提供初步证据证明涉案商品不符合食品安全标准或者有质量问题，亦未提供证据证明其因食用涉案商品受到损害，原告的退款及十倍赔偿要求缺乏事实与法律依据，依法应予驳回

……

综上所述，原告的退款及十倍赔偿要求均缺乏事实与法律依据，依法应予驳回。

二、本案诉讼费用由原告承担

原告恶意诉讼，滥用诉权以谋取不正当利益，诉讼费用由其自行承担。

此致

某法院

答辩人：甲商行

日期：

示例 7-3 答辩状存在以下问题。

1. 格式不规范

此份答辩状中列出了两项诉讼请求：1. 驳回原告全部诉讼请求；2. 本案诉讼费用由原告承担。虽然观点很清楚但写法错误。原告提出诉求，被告提出抗辩，但本答辩中出现了"请求事项"的写法会令人误以为被告将提起反诉。

2. 中心思想提炼不精准

事实与理由部分格式正确，独占一行的一级标题凸显本段中心思想，但第一项的中心思想内容错误，"请求法院驳回原告全部诉讼请求"属于被告要求，并非案件事实与理由。建议修改为"原告系职业'打假'人，恶意诉讼牟利，涉案商品虽缺少中文标识，但不存在食品安全隐患"。

3. 误将诉讼费用列入判项

诉讼费用承担问题非判决判项。单独提出诉讼费用请求，不仅浪费律师和合议庭的时间，也使答辩重点发生偏移。

倘若读者存在疑惑，可以翻看一下法院的判决书，最后均有类似表述"本院依照……，判决如下：一、……；二、……。案件受理费……，保全费……，由原（被）告承担"，诉讼费用并未列于判项内。此外，当事人若仅对诉讼费用承担比例存有争议，不能通过提起上诉来救济。

在调解结案时，诉讼费用承担属于调解内容之一，需要双方达成一致。

【案例 7-4】

原、被告口头约定，原告出资 30 万元购买被告持有的公司 5% 的股权。原告支付 30 万元后，被告一直未办理股权变更登记。此后，原告发现公司经营状况未达预期，遂以未办理工商登记为由，诉请解除《股权转让协议》，要求被告返还 30 万元股权转让款及利息。

答辩状如下（见示例 7-4）。

【示例7-4】

民事答辩状

答辩人：

被答辩人：

答辩人就被答辩人提起的股权转让合同纠纷一案，答辩如下：

一、被答辩人的股东资格已得到全体股东的确认，被答辩人实际参与管理公司

　　　　　　　　　　日，被答辩人与答辩人以及酒店其他股东共同签订的《合伙合同》约定合伙经营　　　　　项目，共同出资共负盈亏，并约定被答辩人出资金额为　万元，分红比例　　。该《合伙合同》实质上是原有股东对于被答辩人股东身份的确认。因被答辩人于　　　　　日就与与　　　　　　　建立劳动关系，被答辩人任公司唯一管理的酒店　　　　店长一职，全面负责公司唯一项目的经营管理。因受疫情影响，　　　项目经营不佳，故一直未有分红，但这也应是被答辩人作为股东所理应承担的投资风险，故被答辩人要求答辩人返还　万元及利息于法无据。

二、股权变更登记仅为对抗第三人的公示方式，并非确认股东资格的唯一标准

　　被答辩人出资后一直实际行使股东权利。即使至　　月，被答辩人主动辞职后，答辩人也是以　沟通的形式告知被答辩人　　　　项目经营情况。未能及时变更股权登记，也是疫情防控、股东身处外地等客观因素，未能达到全体股东到场签字的政策要求。

　　虽然被答辩人享有公司　　的股权的形式要件虽未能符合，但是从被答辩人实际完成出资、参与公司经营管理、得到全体股东一致确认综合来看，被答辩人确为公司的股东，实际享有股东权利。

三、公司目前处于存续期限内，未发生破产清算的法定事由，被答辩人无理由要求退还　　万元及其利息

公司尚处于正常经营期限内，被答辩人可正常行使股东权利，履行股东义务。作为股东理应共负盈亏，不得要求退还出资款。

综上所述，答辩人认为，被答辩人主张出资款　　万元及利息根本无事实依据和法律依据。恳请贵院查明事实，依法判决，维护答辩人的合法权益。

此致

区人民法院

答辩人：

年 月 日

示例 7-4 答辩状完成度较高，但仍存在不足之处。

1. 未用法言法语提炼中心思想

"被答辩人的股东资格已得到全体股东的确认，被答辩人实际参与管理公司"，建议改为"经过全体股东同意，原告已成为公司股东，并实际行使股东权利"。

2. 答辩要点文不对题

"公司目前处于存续期限内，未发生破产清算的法定事由，被答辩人无理由要求退还 ×× 万元及其利息"。此处建议表述为："股权转让协议已履行完毕，原告实际参与生产经营，已取得股东资格，因此要求退还 ×× 万元及其利息无理无据"。"未发生破产清算的法定事由"并非案件争议点，无须置于一级标题中强调。

二、写出优秀答辩状的锦囊

（一）制定攻防有道的答辩方案

优秀的答辩状根植于得当的答辩架构，兼顾防御与攻击。例如示例 7-1 答辩状中写道"可与村委会协商不拆迁"，实质上向合议庭传递了被告为获得拆迁补偿款故

而不继续履行合同的信号。此时，合议庭极有可能认为被告承担赔偿责任是合理的。可见，即便是事实，也应避免将短板如实外现，答辩前制定方案的重要性由此凸显。

1. 是否提交书面答辩状

我代理的某些案件庭审时，对方代理人经常口头答辩，或者仅向合议庭提交一份书面答辩状，毫无为我方提供的意思。相反，我作为被告代理人时，都会为对方代理人准备书面答辩状。我认为这是律师专业素养的体现，案件输赢绝非取决于这类"小聪明"。

2. 原告增加诉讼请求，是否申请增加答辩期

可以要求增加答辩期。若原告增加的诉讼请求基于新事实或新证据，原则上合议庭应为被告指定新的举证期限和答辩期限，以便对新增诉讼请求做必要准备。若对方变更的诉讼请求未超出预期范围或对案件无实质性影响，可根据情况同意继续开庭。

3. 利用好原告诉讼请求事实与法律基础的矛盾

有些起诉状表述不清、法律关系混乱、诉讼请求与请求权基础不匹配。例如，前半部分主张被告未按期归还借款，后半部分又主张某房产归原告所有，债权物权主张混杂。

作为被告代理人，应认真琢磨起诉状的内在逻辑，若能灵活利用起诉状中的漏洞，以原告之"矛"攻原告之"盾"，会是极为精彩的答辩。

4. 是否应对原告全部主张一一反驳

若原告提出5个诉讼请求，其中3个不占优势，2个有理有据，我建议在答辩状中主要针对原告不占优势的这3个诉讼请求重点答辩。鸡蛋碰石头的事，可以少做或不做。

若双方不存在争议，不用过度重复和解释。

（二）确定答辩状的陈述顺序

答辩状的陈述内容按照时间先后、主次顺序排序还是按我方需求排序，由诉讼策略和行文习惯综合决定。

（三）关注法官强调的重点

法官不希望双方针对非核心问题争执不休。律师应清晰、鲜明地提炼段落核心要旨，帮助法官形成案件处理思路，避免花费不必要的时间和精力。

（四）注意区分答辩状和代理意见

1. 提交时间不同

根据《民事诉讼法》第一百二十八条规定，被告应在收到起诉状副本之日起十五日内提出答辩状。被告不提出答辩状的，不影响人民法院审理。代理意见则在庭审过程中使用或庭审后向法院提交。

2. 主体不同

答辩状以当事人的口吻和身份撰写，即便由律师代劳，落款也应是被告；代理意见的发表主体是代理人，落款为代理人。

3. 主要内容不同

答辩状主要针对起诉状的诉讼请求等，向合议庭阐明原告所述与事实的差异性及不合理性，同时亮明我方观点。代理意见则根据整个庭审情况，纵观全局，直指核心，深入事实与法律关系的本质加以分析并做最后陈述，内容更全面、具体。

4. 行文风格不同

答辩状是记叙文，意在向合议庭讲"故事"，包括时间、地点、人物、事件、引发的矛盾、造成的损失、赔付情况等；代理意见则是议论文，通过摆事实、举例子、提观点等形式表达我方主张，主要讨论案件经法庭审理后，如何才能公平对待双方当事人，充分体现社会公正，实现以理服人。

三、答辩状的标准格式与优秀范本

（一）民事答辩状的标准格式

答辩状的格式是什么？最高人民法院提供了参考样式（见图7-1）。

按诉讼类型，答辩状有民事、行政答辩状之分。但实践中民事案件数量占绝对优势,因此大部分人直接将题目写为"答辩状"。

图 7-1 所示的答辩状参考样式中无"被答辩人",只需将答辩人信息陈述清楚即可。

文书尾端"附:本答辩状副本 × 份",一般无须写明,以实际提交至法院的份数为准。

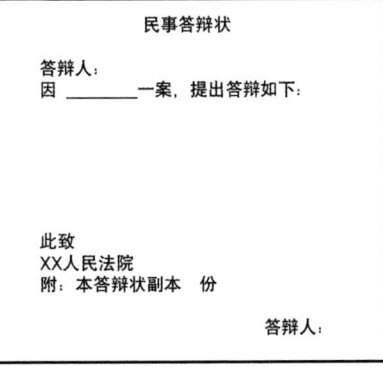

图 7-1　最高人民法院答辩状参考样式

(二)优秀答辩状展示

这里提供一份优秀答辩状(示例 7-5)供参考。

【示例 7-5】 优秀答辩状参考

答 辩 状

答辩人:白云公司

法定代表人:××××

原告大山诉被告白云公司(以下简称答辩人)合同纠纷一案,答辩人认为:原告与答辩人之间不存在委托代理合同关系,原告提交的证据均系伪造,恶意诉讼。

此案件是此前一个劳动争议案件的连环案,为了更好地说明案情,答辩人将整体案情概述如下:

原告从 2009 年开始与被告建立劳动关系,并担任业务经理,负责阀门销售业务的管理及开发工作,每月支付固定工资,不享受业绩提成。2011 年开始,原告与被告的关联公司蓝天公司建立劳动合同关系,担任蓝天公司的总经理,同时原告与被告的劳动关系结束。

被告发现原告在职期间,私自投资成立了与被告单位经营范围一致的黑土公司,销售同样产品型号的劣质阀门,对外冒充分厂产品销售给客户,后因质量问题导致大批客户找到被告要求赔偿,其行为严重侵害了被告的合法权益。被告公司发现这种老鼠仓行为后与原告交涉,原告于 2013 年主动提出离职。

原告离职后,继续冒充被告公司销售伪劣阀门,无奈被告向 A 公安分局报案,公安机关对原告以涉嫌假冒注册商标商品罪刑事立案侦查并网上通缉。

一年前,原告以劳动争议为由,要求蓝天公司支付提成款和经济补偿金共计 X 万元。后由于证据不足被 A 法院驳回诉讼请求,原告没有上诉,判决生效。

现在原告又以同样理由起诉被告。原告虽然将劳动争议案件变成合同纠纷,但必须要强调的是,原告在此前诉讼中称自 2009 年开始受聘于被告公司,而此次诉讼又伪称代理销售,捏造事实。

原告提交的主要证据——业绩提成表,与劳动争议中起诉蓝天公司的证据完全一致。而在第一次诉讼时,该业绩提成表上没有任何公章,而本次诉讼却突然出现了 2014 年加盖的公章,2013 年原告就已离职,怎么可能 2014 年还同意支付提成款,明显伪造公章进行诈骗。

一、法院直接立案错误,应裁定驳回起诉

原告在起诉状称,作为被告公司的业务经理,应享受业绩提成和经理职务提成。业绩提成属于工资总额的一部分,属于劳动报酬,追索劳动报酬属于劳动争议案件。按照劳动争议处理的基本程序,发生劳动争议,必须先向劳动争议仲裁委员会申请仲裁;对仲裁裁决不服的,除本法另有规定的外,可以向人民法院提起诉讼。

本案件是在劳动关系存续期间的劳动争议案件，没有经过劳动仲裁程序处理，贵院直接立案属于管辖错误，应裁定驳回起诉。

二、原、被告之间不存在委托代理合同关系

原告立案的核心依据是 2009 年的一份《授权委托书》，暂且不论内容真假，在劳动关系存续期间的授权书与委托代理销售合同是完全不同的两个法律关系。

代理合同需要有明确的双方主体的签字，明确代理权限以及代理费用等约定，但是原告并未提供任何双方之间签订的合同，也没有证明授权书与业绩提成诉求之间的直接联系，更没有证据证明该授权书实际履行。

三、原告伪造证据应承担相应法律后果

原告主张其与被告之间存在委托合同关系，其应对委托合同关系的成立、生效及是否履行承担相应的举证责任。

原告将劳动关系存续期间获得的空白授权书进行伪造、变造，虚构委托代理合同，属于捏造事实的虚假诉讼。原告恶意诉讼蓝天公司被判决驳回，现又伪造证据恶意查封被告公司账户，扰乱司法秩序，应追究其妨碍民事诉讼的责任。

恳请贵院裁定驳回起诉或驳回原告的全部诉讼请求，维护司法公正！

此致
B 人民法院

答辩人：白云公司
××年××月××日

为何在开篇用比较大的篇幅加入案情概述，是因为这是系列案件中的一个纠纷。原告在先已用相同证据、类似理由起诉被告的子公司蓝天公司，现原告再次起诉母公司。起诉子公司时主张双方存在劳动关系，起诉母公司时却主张双方是业务代理关系。

若直接在答辩状中陈述各辩驳要点,合议庭会认为极为牵强。所以应将案件的来龙去脉和前因后果交代清楚,帮助合议庭了解原告在之前案件中的所作所为,以及原告将劳动关系纠纷变为代理合同纠纷。

完成案情铺垫后,再着重陈述辩驳要点:第一,法院直接立案是错误的,应裁定驳回起诉;第二,原、被告之间不存在委托代理合同关系;第三,原告应承担代理合同履行的举证责任。

答辩状的写法不取决于是否好看,而取决于是否好用、是否可以让法官快速了解被告的态度和主要理由。

青出于蓝

攻是守之机,守是攻之策,同归乎胜而已矣

王丹妮　执业律师　北京市绅特律师事务所

答辩状的质量对于答辩人来说至关重要,就像在战场上作战方的武器,而好的武器就是要既可以保护自己也可以进攻对方,所谓"进可攻,退可守"。

下面和大家分享一个我经历的案件。在该案中,我们精心准备的答辩状起到了重要的作用,最终以原告方撤诉结束了诉讼程序。

1. 案情简介

甲公司承租了乙公司的房屋用于经营,经乙公司同意,甲公司将承租的一部分房屋转租给丙公司,后丙公司未能如期支付房租。新冠肺炎疫情期间,丙公司仍然拒付房租导致甲公司对乙公司违约,且甲公司无力继续承租。

因此,甲公司在通知丙公司后,与乙公司解除租赁关系并办理了公司注销手续,同时由于违约损失了100万元履约保证金。后丙公司将甲公司股东诉至法院,要求其退还履约保证金,赔偿丙公司装修及租赁房屋内物品损失。

2. 攻防有道

接受被告的委托后,我们仔细研究了原告的起诉材料及证据,原告提交的材料主要是双方签订的租赁合同、向甲公司支付房租的转账记录及保证金转账记录、甲公司注销的工商查询记录。我们与委托人又详细了解了案情,结合委托人提供的证据,向法庭出

具了一份答辩状。在这个案件中我们写答辩状的基本思路是以攻为守。

答辩状第一部分，不是针对起诉状中"甲公司损害了丙公司的合法权益"进行反驳，而是首先表明是原告的违约行为造成了被告经营的严重困难，也造成了被告对乙公司的违约，在损失巨额保证金、无法继续经营的情况下，被告进行了清算，注销了公司，即便被告如此境地也并未向原告主张其拖欠的租金。

如果原告认为被告注销公司的行为损害了他的利益，那么，根据《北京市高级人民法院关于公司注销后，公司原股东是否可向债务人主张原公司遗留债权的答复》中"虽然公司注销后，其法人人格已经消灭，但公司的债权不因其主体的消灭而灭失。公司的原股东仍可以一般债权人的身份主张其权利"的规定，被告公司的股东可以向原告要求支付拖欠被告的租金。本案答辩状中的这一部分我方要向法庭表达的是，不是我方损害了原告的利益，是原告损害了我方的利益。也就是，我方向对方发起进攻。

答辩状第二部分，我方以守为原则，即针对原告的起诉状中认为被告损害了他的合法权益进行回答。这部分我方以被告向法庭提交的微信对话证据为主，该证据显示，在新冠肺炎疫情之前，原告就已经有拖欠租金的行为，而且微信对话中原告表示"年前资金紧张，尽量在1月底、2月中旬支付当季租金"，这些内容可以显示出，原告未履行与被告的合同义务，在被告一再宽容的情况下仍不履约，给被告造成了重大经济损失，严重侵害了被告的合法权益。

3. 个人体会

综上两部分，有攻有守，攻的部分给法庭留下原告是恶人先告状，无理搅三分的印象；守的部分则是让法庭知道原告的诉求没有道理，是原告的违约行为在先，损害了被告的合法权益。将攻和守相结合使得对方处于一个进退维谷的境地，最终原告向法院申请了撤诉。

当然，案件不同，情形各异。但答辩状作为被诉一方的重要文书，代理人要仔细研究案情、梳理证据，确定答辩思路，既要反驳对方，又要树立己方论点，用事实和法律规定做支撑，做到有理有据、有攻有守、有张有弛，尽力赢得法庭的支持，方能实现委托人的目的。

课后感悟

秦国亮

作为一名执业 5 年的律师,在实务工作的各方面都有了一定的经验,但面对一些疑难问题时,仍然有困惑。听了邓老师的课后,很多困惑都得到了清晰解答,特别是邓老师"攻防有道的答辩状"这节课,让我受益颇深。

在我认为案情简单的情况下,我有时候不准备书面答辩状,而是庭审中临场发挥。邓老师的课让我明白了这不是一个好习惯,因为一份合格的答辩状,必然要经过事先周密的计划,怎样防备对方的攻击对自己有利,怎样攻击对方的薄弱点对其不利,都需要在开庭前预先经过思考,然后落实到纸面上形成文字材料。只有在庭前做好了攻防有道的答辩状,才能在庭审中游刃有余、从容面对。

本节试听

500 元专属课程优惠券

第八章
被采纳的代理意见

| 邓律金句 |

好的代理意见就是一份"预判决"

代理意见是律师对案件进行全面提炼和分析、对事实认定和法律适用发表意见、综合表达对案件的代理观点的书面材料。优秀的代理意见能弥补庭审的不足,是合议庭裁决时的重要参考。

作为一名律师,提交代理意见是工作尽责的要求,也是律师专业、敬业的体现。即便代理意见不被采纳,也要认真准备。

本章结合案例与办案经验,通过剖析"法小白"的代理意见,传授代理意见的撰写技巧。

一、"法小白"实战案例

【案例 8-1】

原告开了淘宝店,被告是营销公司,双方签订合作协议,约定被告向原告提供品牌线上设计、营销推广服务,提高原告淘宝店的业绩,原告向被告支付基础服务费和备用金。

原告如约付款后,被告迟迟未开展相应的推广营销,亦未提供营销活动方案。数月后,被告经原告催促方开展部分工作,但未达到预期推广效果。

原告要求解除合作协议,返还未使用的备用金。但被告认为已完成推广营销工作，原告无权解除合作协议。

示例 8-1 是"法小白"学员为原告撰写的代理意见。

【示例 8-1】

代理词

案号：

××区人民法院：

　　××有限公司(以下简称"原告")诉××有限公司(以下简称"A公司")、邱×服务合同纠纷一案已由贵院依法审理，××律师事务所(以下简称"代理人")接受原告的委托，就本案相关焦点问题发表代理意见如下：

焦点一：原告是否有权解除合同

我方认为原告有权解除《××品牌线上服务合作协议》(以下简称"合同")，理由如下：

1、双方系协商一致解除合同。

本案系被告法定代表人先于2019年5月29日通过微信方式向原告提出了解除合同的意向，原告于2019年5月30日对被告解除合同事宜作出了回应，即同意解除合同，双方于5月30日即已就解除合同事宜达成了一致，案涉合同已于2019年5月30日正式解除。

2、被告在履行《××品牌线上服务合作协议》过程中未充分履行合同义务，未达到考核指标，原告有权根据合同第一条第六款约定解除合同。

……

3、由于被告存在上述违约行为导致合同目的无法实现，构成根本违约，原告有权根据《合同法》第94条规定解除合同。

……

4、原被告双方实际形成委托合同关系，原告应享有任意解除权

原被告双方已经形成了委托合同关系……

焦点二：原告是否应承担违约责任

我方认为，原告有权解除合同，不存在违约，因此原告无需承担任何违约责任，理由如下：

1、被告先提出解约，原告为被动解除合同，无需承担违约责任。

……

2、被告构成根本违约，原告享有解除权，无需承担违约责任。

……

3、被告不存在也未举证证明存在任何损失，且解除合同应归责于被告，原告无需赔偿。

本案原被告双方实际形成委托合同关系，根据《合同法》第410条规定，原告可以随时解除委托合同。因解除合同给对方造成损失的，除不可归责于该当事人的事由以外，应当赔偿损失。而在本案中，被告并未因解除合同而造成任何损失，关于人员、场地、办公费用等方面，被告在与原告合作前，即已有自己的网店及办公场地,即使解除了合同,相关人员也仍然在为被告服务,解约也未对被告造成任何实质影响,且被告也未提供相关证据证明其存在任何损失。况且,原告解除合同是由于被告所管理的某店销量过低,解除合同应归责于被告,因此原告无需赔偿损失。

4、原告在品牌设计方案方面不存在违约,无需向被告承担违约责任

我方认为,根据合同条款约定的......原告在品牌设计方案方面并不存在违约,无需向被告承担违约责任。

5、即使被告要求原告承担违约责任,但合同约定的违约金过高,原告请求法庭根据公司法解释二第29条规定予以调低。

根据以上论述,被告的相关人员、场地、办公费用在双方合作前即已存在,且相关人员在服务原告的同时也在为被告工作,即使双方解除了合同,被告也不存在任何损失,合同约定的违约金20万过高......以实际损失为基础,兼顾合同的履行情况、当事人的过错程度以及预期利益等综合因素,根据公平原则和诚实信用原则予以调低。

焦点三:关于考核指标的认定

鉴于被告法代在双方的群中多次强调要求××某店达到某平台的考核指标,<u>被告是认可且同意合同约定的考核指标应参照某平台对店铺实行的考核指标</u>;与此同时,<u>某平台对店铺的考核指标也是某店铺在某正常运营所应当具备的基本条件,若店铺无法达到上述考核指标,店铺将面临清退的风险</u>。因此,我们认为,<u>某平台所设置的考核指标应当是被告应当达到的基本考核指标</u>。根据某平台的规则......,被告并未达到以上基本考核指标。

焦点四:被告二是否应承担连带责任

根据被告所提供的证据,被告反诉所主张的费用均是由邱×代A公司向第三方进行转账付款代为垫付,这说明A公司与其唯一股东邱×存在财产高度混同的情况,同时,被告也未提供充足证据证明A公司财产独立于邱×的个人财产。因此,根据《公司法》第63条,被告二作为被告一的唯一股东,在其不能证明公司财产独立于自己财产时,应当对被告一的债务承担连带责任。

焦点五:原告是否应承担被告反诉各项费用

具体详见附件一"各项费用答辩意见汇总"。

综上,原告诉讼请求所依据事实清楚、证据充分,望贵院支持原告的全部诉讼请求,依法驳回被告全部反诉请求。

此致
××法院

代理人:

日期:

附件一:各项费用答辩意见汇总
附件二:相关案例参考

这份写得很认真的代理意见，有哪些可改进之处呢？

1. 未标注页码

该代理意见全文4页，却未标注页码。我一再建议年轻律师，超过一页的文书均需标注页码。这不仅是对法律文书的要求，也是对商务文件的基本要求。

2. 抬头、结束语不恰当

文书开头为"××区人民法院"，结尾为"此致 ×× 法院"是不严谨的写法，代理意见是提交给合议庭、主审法官的文书，抬头应写为"尊敬的审判长、审判员""尊敬的合议庭"，而不是"××法院"。文书结尾直接落款即可，不必"此致"。

3. 请求权基础含糊

"焦点一"中提出三个观点：双方系协商一致解除合同；原告根据合同第一条第六款约定解除合同、被告构成根本违约；原告根据《合同法》第九十四条规定解除合同。代理意见中同时涵盖法律规定可解除合同的协商解除、约定解除、法定解除的三种情形。

代理人只是罗列了所有观点，言下之意是请法官自行选择判决依据，说明代理人对请求权基础不肯定，暴露了内心的不确信。

不要让合议庭做选择题，这是欠缺专业能力的体现，而应直接为合议庭提供一份有理有据的答案。

4. 大标题中对观点的表述不明确

代理意见中写道"焦点一：原告是否有权解除合同"。看到此处，想必法官同我一样，仍不知晓代理人的意见是有权还是无权。在提交代理意见时，法官已将争议焦点总结完毕，此时律师无须使用"是否"来表达意见，这会影响法官通读代理意见的热情。应在标题中明确观点，直接而明确地向法官表达"原告有权解除合同，被告应承担违约责任"。

5. 多处不必要重复

撰写人态度认真，然而代理意见多次赘述双方无争议或起诉状中已写明的事实，如"焦点二"第3点所示"本案原被告双方实际形成委托合同关系……"，再次复述已明确的事实，只会耽误阅读时间。

试想，如果法官未能在两三分钟内理解代理人的观点和理由，通常不会还有兴趣和时间进行深度研读。

代理意见要能吸引法官阅读，帮助法官明确和采纳律师观点。反观本篇代理意见，态度认真，效果却不理想。

6. 焦点问题未前置

如"焦点三"的论述，未在标题中表明考核指标的具体标准，究竟按照合同约定的考核指标，还是按照电商平台的考核指标？通读下来，仍让人摸不着头脑。

该代理人的本意是表达两种指标存在差异，应按照合同约定的标准考核。不妨直接表述为"不应以电商平台数据作为考核指标，应以双方合同约定的数据为准"。只有未达到合同约定的指标时，原告才能行使约定解除权或法定解除权，一旦完成考核指标，合同无法解除。

显然，"考核指标是否完成"是本案最重要的争议焦点，应将对此焦点的论述顺序前移。应先充分论述如何认定考核指标，是否完成考核指标；如果考核指标未完成，再讨论被告是否承担违约责任；如果被告严重违约导致合同目的无法实现，再提出行使合同解除权。

而本代理意见首先说明原告有权解除合同，其次阐述事实部分，最后分析考核指标，论述顺序恰恰相反。

7. 未列明反诉意见

原本以为是简单诉讼，看到"焦点五：原告是否应承担被告反诉各项费用"，才发现本案还有反诉。被告认为原告未按照约定时间付款、未完成各项配合义务，故而提出反诉。该代理意见未对被告反诉案件发表代理观点，属于重大遗漏。

该代理意见本诉的观点和思路基本正确，但逻辑顺序和表达方式难以给合议庭留下深刻印象，仍有进步空间。

【案例8-2】

原、被告以口头形式约定，原告购买被告4500吨橡胶，并先向被告支付40万元保证金。被告分批次向原告交货，原告根据收到货物的实际重量按批次结算。

合同履行过程中，原告发现货物存在质量问题，遂要求被告退还保证金及货款。被告表示货物不存在质量问题，拒绝退还货款和保证金。

示例 8-2 是"法小白"学员为原告撰写的代理意见。

【示例 8-2】

代理意见

案号

尊敬的审判长：

　　　　　　　　律师事务所接　　　　先生委托，指派本所律师担任其委托代理人，经过法庭调查阶段，现针对本案事实情况和争议问题发表如下代理意见，请法官予以考虑：

　　一、根据双方提交的微信聊天记录、收条、对账单，证明双方已就4500吨橡胶买卖达成合意，意思表示真实，并实际履行，形成买卖合同关系，系本案争议所依据的合同。而　　　主张的150吨非标再生胶《协议书》仅系双方就欲建立买卖合同而进行协商的意向，并未生效，与本案无关。

　　2020年7月19　　　　　发送两个版本的《协议书》，《协议书》约定：甲方以1200元/吨的价格向乙方销售150吨非标再生胶，总金额为18万元，2020年7月20日上午12点前预付货款15万元余款提货前付清。《协议书》第六条明确约定"**本协议自双方共同签字后生效**"。　　收到《协议书》后并未签字，且明确告　　　　　　　　　　"**当然，明天看好的话，这个协议就不用了**"（证据9,P48），足以证明150吨非标再生胶《协议书》仅系双方就欲建立买卖合同而进行协商的意向，并未生效。在实际履行过程中　　虽于2020年7月20日上午9点38分（证据12,P108）　　支付了15万元的预付款，当　　　未抵达上海（证据10,P68），尚未确定是否适用该协议。

　　2020年7月20日　　　现场看货后，　　　订立新合同，并实际履行，2020年7月22　　出具收条载明收　　　购买其储存于　　　　4500吨橡胶保证金25万元整，并对对账单及微信聊天记录中确认，7月22日支付的15万元预付货款转换为保证金（证据11,P97-98），保证金总额为40万元（证据11,P99），自2020年7月26日凌晨-2020年8月6日期间　　　累计　　发货橡胶10批次（证据1、证据5），约定上车付款（证据9,P52;证据10,P81）　　按照750元/吨的价格足额支付全部货款，总计467,041元（不含保证金）。双方意思表示真实，形成事实买卖合同关系。所述的案涉150吨再生胶《协议书》既未生效，也未实际履行，与本案并无关联。

二、在对账单及微信聊天记录中均明确案涉保证金为40万元，对账单中所载时间、金额实际付款的时间、金额相对应，证明双方已就15万元预付款转换为4500吨橡胶买卖协议的保证金达成合意。于庭中虚假陈述保证金仅为25万，15万元为预付款与其微信中的自认及双方的实际履行不符，其行为明显违背诚实信用原则，妨害正常司法秩序，恳请法院依法予以制裁。

于对账单（证据11，P97-98）及微信聊天记录（证据11，P99）中明确保证金总额为40万元，其中7月20日汇款15万元，7月22日汇款25万元，时间、金额与对账单以实际汇款时间、金额相对应 于庭中陈述，7月20日支付的15万元系预付款而并非保证金，与其自行制作的对账单相矛盾，且根据双方实际履行总计发货10批次，每批次上车后据实结算，均已支付完毕 从未就《协议书》项下的150吨发货，也未催要过3万元的余款，可见《协议书》并未实际履行 当庭作出虚假陈述，俨然违背诚实信用原则，妨害司法秩序，恳请法院依据《中华人民共和国民事诉讼法》第13条第1款、第111条第1款、第115条第1款依法予以制裁。

三、约定以750元/吨的价格购买货物，上车付款，自2020年7月26日凌晨-2020年8月6日期间累计发货橡胶10批次，双方均按照750元/吨的价格实际履行 从未提出异议。产生争议后先单方变更价格为900元/吨，后主张约定价格为1200元/吨，其陈述前后矛盾，与实际履行不符，无任何证据佐证，应当不予采信。

2020年7月20日 成本为500元/吨，双方即协商一致，以750元/吨的价格交易，其中500元为成本，200元为利润，50元为上海场地上的杂志费用（打托盘铲车人工），货上车付款（证据证据9，P52;证据10，P81），自2020年7月26日凌晨-2020年8月6日期间的10批次货物，均按照750元/吨的价格实际履行 从未提出异议。

双方产生争议后　　　　先单方变更价格为900元/吨，我方不予认可（证据11，P99-100），　　　又于庭上虚假陈述，"约定价格为1200元/吨，按比例支付，但是对于比例不知道，　　主动降价为900元/吨　　不予接受"　　　的陈述前后矛盾，违背常理，无任何证据支持，经法官当庭询问，不能作出合理解释，因此对其抗辩应当不予采信。

四、双方在聊天记录中对非标再生胶的标准已予以明确约定，结合本案合同目的以及双方长达9年的交易习惯可知，"非标再生胶"系指未达到合格标准，但是可以用于轮胎生产的再生胶，而并　　**所述的"没有标准"的再生胶。　　交付不符合质量要求的产品**　　**有权依据《民法典》第615条、617条、584条之规定要退货退款，并赔偿损失。**

自2013年至2021年期间，双方多次合作　　　　购买各类橡胶用于轮胎制作，双方有良好的合作基础。本　　　购买再生胶，也系为了用于轮胎生产，结合本合同的订立目的可知购买的非标再生胶并没有标准的橡胶，而系未达到合格标准，但是可以用于轮胎生产的再生胶。不同标准的再生胶，即使是未达到合格标准的，不同的拉伸强度、门尼粘度的非标再生胶的价格也是不一样的，如双方未约定标准，即无法确定相应的价格（证据11，P76），显然违背商事常识也　　　　在橡胶及轮胎行业从业多年的形象不符。

2020年7月20日　　　　　　　，现场勘验后　　　　　发送了检测报告，检测报告清晰载明拉伸强度为7.22-7.16（证据11，P68-69），可以视为对产品质量的说明，根据《民法典》第六百一十五条之规定，出卖人应当按照约定的质量要求交付标的物，出卖人提供有关标的物质量说明的，交付的标的物应当符合该说明的质量要求。同时根据《民法典》第五百一十一条之规定，当事人就有关合同质量要求不明确的，按照强制性国家标准履行，没有强制性国家标准的，按照推荐性国家标准履行，没有推荐性国家标准的，按照行业标准履行，没有国家标准、行业标准的，**按照**

通常标准或者符合合同目的的特定标准履行。结合本案合同订立的目的　　　于合同订立当天　　　发送的质量检测报告，以　　　多次　　发送检测报告要求协商解决的事实，均可以佐证双方已对质量标准作出约定。

《民法典》第617条规定出卖人交付的标的物不符合质量要求的，买受人可以依据本法第582条至第584条的规定请求承担违约责任，第582-583条规定，履行不符合约定，且对违约责任没有约定，受损害方根据标的的性质以及损失的大小，可以合理选择请求对方承担修理、重作、更换、**退货**、减少价款或者报酬等违约责任。因此　　交付不符合质量要求的产品　　　　有权依据《民法典》第615条、617条、584条之规定要求　　退货退款，并赔偿损失。

五、根据历次检测报告显示　　　提供的货物均未达到约定质量标准　　享有法定解除权。8月7日　　　要求向其发送检测报告，视为　　　已　　送达解除通知，双方签订的买卖合同于2020年8月7日解除。即使不认定　　发送检测报告的行为属发送解除通知，那么至迟于起诉当日　　已通过起诉的方式行使解除权，双方签订的买卖合同于诉状送达之日解除。

根据双方约定，上车付款（证据证据证据9，P52;证据10，P81），第一批货物于2020年7月26日凌晨发货，次日到达，到达　　　安排卸货，2020年8月3　　开始安排对货物质量进行检测，　　　　　检测发现货物质量未达约定标准　　　　　　货物质量进行检测，货物质量依旧未达到约定标准，8月4　　　　　发现原胶（证据11,P85），但实际收货并未检测出原胶。

2020年8月6　　　　　于高速上某服务区见面（证据11，P86）就货物质量不达标事宜进行磋商　　　明确如货物质量确不达标的，同意解除合同并赔偿损失，此点　　最后一次发货系8月7日凌晨12点12分(证据10，P56)，以及8月7　　　　　向其发送检测报告(证据11，P86),其后　　　　　发货予以佐证（证据12，P101-102），前述事实足以证明　　　至迟于2020年8月7日以发送检测报告的方，前述事实也明显当庭陈述"从未就质量问题提出异议"相矛盾。

自8月3日晚上发现货物质量不达标，8月6日联解决纠纷，8月7日解除合同在合理期间内及时主张权利，至于8月4日-8月6日期间继续发货全额支付货款在争议解决期间，遵守契约精神，在有充分证据证就货物质量提出异议的情况下，无法据此作对产品质量无异议的推定。

根据《民法典》第五百六十三条第四款、六百一十条之规定享有法定解除权，其已于2020年8月7日送达解除通知，合同于2020年8月7日解除。合同解除合有权要恢复原状，并赔偿损失。

六、首先本案系买卖合同纠纷主张的运输合同纠纷与本案并非同一案由，无法并案处理；其次，双方明确约定运费自行承担代为支付运费也未提交证据证明其已实际支付运费；第三，即使与运输公司确实存在争议，未避免运输公司二次追偿或双方就价格或履行存在争议，本案应当与运输公司另行解决；第四，确实向运输公司支付运费，运输公司将债权转让至，债权转让通知以到达生效从未收到相关通知，且债权转让也与本案无关，不应在本案中处理。

综上，为维护原告合法权益，恳请法院查明事实真相，依据《中华人民共和国民法典》第563、565、566、615、616、617条之规定判返还保证金并退还货款。望判如所请。

代理人：

2021年3月8日

示例 8-2 代理意见存在哪些问题呢？

1. 字号太小

该代理意见采用小四字号，字号偏小影响阅读。主文字号一般为四号或小三号。

2. 标题过长

第一段的标题鲜明地表达了段意，没有使用示例 8-1 代理意见的"是否"句式，但标题内容过多，重点不突出。

这是青年律师的典型误区，总担心法官无法理解，导致表述冗长。我一直强调，不要看低法官的能力，法官比律师想象得更专业。在举证质证等环节中，法官已经充分了解案件情况，无须律师将起诉状中的事实重复阐述。法官看到精简凝练的标题，能即刻明白律师的观点，甚至不需要阅读正文。

3. 画蛇添足增加无争议事实

该代理意见不仅写了有争议的事实，还描述了无争议部分，如"三、××与××约定以 750 元/吨的价格……从未提出异议"。实际上，双方对上述过程并无争议，合议庭也未将其列入争议焦点。既然无争议，代理意见就不必再说。将能想到的案件事实全部罗列，对事情清楚、无争议的事情重复叙述，是青年律师的常见问题。

我曾用一页简短的保全申请书获得了一个案件的代理权。申请书虽简短，但涵盖了何时查封、重复查封、要求解封等情况，简单明了。而另一团队的申请书，使用五号字体详细描述借款过程，强调"利滚利""贷款本金不真"等情况，内容十分冗长，最后才出现要求解封的内容。就连客户都能看出，该申请书是律师助理写的，可见长文章未必是好文章。文书优秀与否不在于篇幅长短，而在于内容是否准确，表达是否清楚，语言是否精练。

二、代理意见的常见问题

优秀的代理意见应当格式正确、逻辑合理、重点突出。

（一）使用疑问句、反问句

有些律师习惯在文书中使用"被告的行为是否就意味着……""难道不是……吗"等表示疑问、反问的句式。虽然类似表述可以渲染气氛，但出现在代理意见中，需要读者费力思考笔者原意。写法律文书与写小说不同，写小说需要情感张力，而法律文书讲清事实、摆明观点，有理有据即可。应避免夸张的感情表达，不要反问或让合议庭做选择题。直接给出答案更加高效有利。

（二）疯狂攻击对方的错误，却未指出正确的答案

代理意见和质证意见不同，质证意见以批驳为主，而代理意见以立论为主、驳论为辅，不要将代理意见写成质证意见。

例如，被告代理人在代理意见中痛斥原告的诸多错误，包括原告证据不真实、观点不正确，甚至指出原告未出席庭审不符合常理，却未大力着墨分析法律问题并论证己方意见。

原告存在错误时，将由法庭驳回诉讼请求，对于必须到庭的原告，将由法官通知。疯狂攻击对方错误之处很可能激起法官的反感。对方的行为正确与否应由合议庭判断，律师要做好自己的工作，不可一味攻击对方。

（三）标注过多，缺乏重点

很多青年律师认为代理意见如学术论文一般，需要做充分的理论分析。为此，援引大量书籍和论文，并在页脚处标注作者、书名、出版社、年份、页码等信息。我认为，代理意见的确需要有理论部分，尤其在法律适用出现竞合、理解不同时，但没必要如学术论文一般大量引述法律理论。

如果某重量级文章或图书的观点对本案理解适用很重要，通常的做法是将该论文或文章直接呈交合议庭，既不会埋没代理意见中的关键观点，也能实现"证据之外"的有效传递。

（四）未总结庭审全局，仅逐项回应起诉状诉求

发表代理意见是庭审的最后一个环节，此时答辩、举证、质证、辩论都已结束。代理意见应结合全案，强调有利事实及重要观点，对未能阐释清楚的内容查漏补缺，适度反击对方观点。如果只是机械地针对原告的诉求逐项回应，代理意见会缺乏整体逻辑性与说服力。

我的团队习惯在庭前准备代理意见时预判对方所有可能的抗辩，根据预测的案件争议焦点撰写代理意见，这样有助于在辩论环节发表第一轮意见。

（五）观点模糊，无定义性法言法语

代理意见是律师对案件判决结果的期盼，需要清晰表达事实是什么、观点是什么、依据法律规定应得出什么结果。若律师的代理意见被合议庭采信，很可能成为判决书的一部分。若观点模糊，合议庭无法洞悉律师的观点倾向，则该代理意见毫无意义。

写出一份优秀的代理意见，需要使用规范的法言法语。例如，在庭审中，共同被告的代理律师进行了大段阐述，认为停止执行和解除查封在执行异议之诉中是两个概念，从合议庭的反应可以看出，法官并不清楚他得出的结论是什么。

其实他的观点可以总结为对方的诉求不符合执行异议之诉的程序规范，即便一审、二审都未发现该问题，但提审该案的最高人民法院应驳回原告起诉。

庭后我问他："你是不是想表达，追求实体公正时要确保程序公正，程序不公正，实体必然不公正？"

他很激动地点头："对，我就是这个意思！"

很遗憾的是，法官在判决中没有将该观点列入争议问题，未提及自然也未采信。

提炼表述内容，得当的短短几字便可胜过千言万语。

（六）重要观点未单独列明或重要观点置后表达

很多律师虽然表达了观点，但对哪些是影响案件结果的焦点不清晰，所以对重要观点未单独列为一级标题，而是将其放置于某问题下的二级标题，甚至三级标题

中，导致合议庭可能忽略该观点。

写好代理意见不只是写作技巧的体现，更是综合实力的体现。撰写代理意见时要明确分辨重要和次重要观点，将重要观点归入一级标题，次重要观点归入二级标题，解释说明放入正文。

我代理某二审案件时，针对案情发表了我的观点，当事人十分赞同。陪同当事人一同前来的一审代理人说，他在一审时就提出了这个观点，但未得到法官认可，表示十分委屈。

我翻阅一审材料，发现他确实提出了该观点，但未将该观点作为重要内容强调，仅放至某段落的尾端一笔带过。而我的代理意见是将该观点反复强调，让合议庭充分注意到。案件效果很好，委托人也很满意。

同样的观点，不同的表现形式，会产生不同的效果。对我方有利、能引导案件走向的重要观点，务必前置并突出显示。浓墨重彩还是一笔带过，要有侧重。

三、青年律师的常见困惑

（一）法官看不看代理意见

负责任的法官一定会看代理意见。

第一，撰写判决书时距离开庭已有一段时间，且多个案件同时进行，法官可能会遗忘具体案情。代理意见浓缩观点、直截了当地展示要点，便于法官回忆案件争议焦点与庭审细节。

第二，我刚从事法官工作时，网络尚不发达，法律检索工作较难开展，倘若代理意见能正确引述相关法律法规，可以很好地帮助法官裁决。即便是检索便利的当下，代理意见正确引用法律法规，也可以帮助法官减少工作量。

鉴于此，我团队撰写的代理意见均会后附所涉法条。若法条数量较多或本身较长，无法全部列明的，在正文中简要提及，另附详细法条内容，就如很多判决书后单附一页法条内容一样。

（二）律师与当事人意见发生分歧怎么办

曾有律师询问我，当事人不认同律师的代理意见，认为其阐述不正确，要求按自己的思路重写，如何处理？

该律师担心按当事人的观点撰写会存在一定问题，而且会降低自己的专业水准；而如果不按当事人的观点提交，一旦败诉可能引发投诉，因此十分纠结。

如果代理律师与当事人观点不一致，可以分别提交意见。代理意见是代理律师撰写的专业法律文书，签字人是律师而非当事人，律师须为代理意见负责。同时，律师提交代理意见并不影响当事人向法院提交意见的权利。如果当事人有不同意见，完全可以单独撰写一份材料，签字后提交至法院。

该问题看似不重要，但需引起重视。曾有当事人要求律师赔偿，原因是其认为律师在代理意见中的观点错误，导致案件败诉。

通常情况下，我会将代理意见的 PDF 版本发给当事人，如果当事人提出建议，我会与当事人充分沟通，根据探讨结果决定调整与否；如果当事人未提出想法，也能保证当事人知晓，避免当事人以代理意见非自身意思表示为由投诉律师。

（三）可否不提交代理意见

即便律师不提交代理意见，法官也会做出判决。但代理意见是律师表达独立意见的重要途径，是展现个人专业水平的重要环节，是帮助法官梳理思路的关键文书。优秀负责的律师不会因为案件标的小或没有争议，就不提交代理意见，相反，这是律师必须完成的工作。

高质量的代理意见能充分弥补庭审不足，全面回复法庭上未准备好的问题，充分阐述法官未给予发言机会表达的内容，是"延伸"庭审的好时机！

书面质证意见亦是如此。虽然没有书面质证意见法官也可做出判决，但我团队目前承办的案件较为复杂，即便对方证据繁多，我方质证工作量巨大，也会主动当庭提交书面质证意见，方便法官审理，提高庭审效率，加强我方质证效果。

（四）答辩状能否代替代理意见

有人疑惑，代理意见与答辩状是否相同，倘若认真撰写答辩状，能否不再提交代理意见。

答案是不能。答辩时律师只能针对起诉状和部分证据进行回应，而庭审过程中可能会提出新的问题，双方会发生新的交锋。代理意见是对庭审全过程的总结和回应，尤其是对争议焦点、对方抗辩提出的观点和法律依据。二者存在差别，切忌混同。

四、为代理意见锦上添花

（一）优秀代理意见的特点

第一，语言简练，观点清晰，善于浓缩归纳。第二，重要观点突出，引人入胜。事实与理由部分逻辑清晰且使用法言法语论述。

（二）适时提交代理意见

代理意见是否需要当庭提交？我的回答是，见机行事！

我的团队会提前撰写代理意见，但是否当庭提交，需要根据我对庭审形势的预判与真实庭审是否存在偏差来决定。

如果法官的思维与我的预判基本一致，重合度达到95%以上，为了让法官在听我讲述时可以实时查看代理意见，从而加深印象，我会当庭提交代理意见；如果代理意见存在重大漏洞，或一些情况发生变化，导致提交效果不好，可庭后提交。

无论是庭前还是庭后提交，律师均应积极掌握主动权，提前撰写代理意见，以不变应万变。

五、衡量代理意见质量的尺子

律师的代理意见可以成为一份"预判决"，是判断律师思维是否与法官思维高度一致的标准之一，优秀的代理意见内容能直接被法官在判决书中援引。为了让法官采信自己的代理意见，代理律师需要反复研读判决书，体悟判决书的精髓。

（一）看懂判决书

1. 裁判结果：对照诉求

在对判决书做全文研判前，律师可以从对比判决结果和诉讼请求入手。律师不是法官，无法决定案件最终的裁判结果，法官的心证会随着双方陈述、法庭调查、法庭辩论等过程不断发生变化。比如，再审案件改判往往会撤销原审判决部分内容，需要将一审、二审判决书与再审判决书诉求部分对比，记录改判的内容以及分析诉求与改判是否存在关联。

2. 事实认定：审理查明

"审理查明"作为判决书的核心内容之一，是对案件事实的高度凝练，值得律师投入时间与精力深度分析。律师需要大致比对己方确立的法律事实是否与法官采信的事实存在明显偏差。

3. 争议焦点：本院认为

多数法官会总结案件争议焦点，律师也会自行预判案件争议焦点。在个别情况下法官未总结案件争议焦点时，律师容易陷入己方代理人必定占理的固定思维，预判的争议焦点可能会存在主观倾向性。

律师需要比对法官提炼的与自身预判的争议焦点，寻找相同点与差异点。若相同，证明自身对案件把握程度较高；若存在差异，需要整理并分析差异产生的原因。

（二）分析判决书

律师了解判决书的大致框架后，需要从判决书中分析法官的办案思路，经常复盘有助于知识的沉淀。

1. 事实认定是否清楚

法官做出判决必须以事实为基础，该事实是指法官通过庭审等方式了解、认定的事实，与客观事实未必一致。

法官的事实认定主要依据当事人提供的证据与庭审陈述，对事实认定具有自身判断和个性认知，需要详细阐述事实认定的结果与理由才具有说服力。为避免出现事实认定模糊、错误等情形，律师需要仔细对比法官认定的事实与自身呈现的事实，发现明显错误时，应及时提出异议。

2. 法律适用是否正确

法律条文有不同的解释方法，从不同的方法出发可能会对法律条文有截然不同的理解，不同法律规范还可能存在竞合。

法律事实存在争议，法律适用也会存在争议。比如，某一案件可以同时适用不同法律规范，依据的法律规范不同，判决内容也会不同。律师需要关注法官的逻辑论证过程，分析法官如何论证法律规范适用的正确性，设计下一阶段的应对方案。

3. 诉讼程序是否违法

"努力让人民群众在每一个司法案件中感受到公平正义"主要体现为"程序正义"，已成为耳熟能详的金句。程序正义是看得见的正义，必须得到遵守和保障。程序正义不仅是实体法的附庸或辅助手段，也包含着实体性内容，应该把程序看作一个具有独立价值的要素。[1]

律师作为司法公正的忠实捍卫者、坚定推动者，应当维护委托人的实体权利与程序权利。通过分析判决书，判断法官依据的法律程序是否合规，若发现程序不公正，应充分发挥律师职能，及时提出异议。

4. 对客户的具体影响

判决结果必然会对客户产生利好或不利影响。比如：是否会引发副作用或连锁反应？对方是否会上诉？己方是否需要上诉？若上诉，二审胜诉概率有多大？若不上诉，己方需要为执行判决做何准备？上述问题都会给客户带来直接或间接影响，都是客户极为关注的问题。

我代理的一起再审案件案情复杂，历经一审、二审、反诉等程序，最终经高级人民法院提审并改判。可想而知，再审判决书中的判项十分复杂，我的团队耗费数小时才清晰计算出客户应得利益和实际损失。

---

[1] 季卫东.程序比较论［J］.比较法研究,1993(1):1-46.

律师并非取得利好结果的判决书就可高枕无忧，即使与客户未约定代理后续程序，也应客观分析判决结果对客户产生的具体影响并形成书面意见，让客户真心好评。

（三）提炼判决书

律师提炼判决书的过程也是自我积累、自我修炼、自我提高的过程，从总结个案精髓上升至积累共性经验，不断扩大知识储备，方能对案件走向形成准确判断。

律师看到判决书"试卷分数"时，总是几家欢喜几家愁，待平复喜悦或难过心情后，律师应静心、耐心地制定下一步方案以应对连锁反应。

1. 结果有利：后续程序、对方反应

达成初步胜诉目标时，律师在喜悦之余，应将更多注意力集中于后续程序以及对方可能采取的应对措施。比如，预判对方会不会因不满判决结果上诉，或者依据本判决另行提起关联诉讼。

虽然律师没有洞悉他人想法的特异功能，无法准确断定对方将采取怎样的反击措施，但无论如何也需要做好充足预判，并设计应对措施以实现精准防御，切忌被暂时的喜悦冲昏头脑。

2. 结果不利：后续程序、救济途径

"胜败乃兵家常事。"诉讼双方必然有败诉的一方，律师需要具备良好的心态，正确面对败诉。

发现判决结果对己方不利时，应重点复盘败诉原因，寻求救济途径，而不应妄自菲薄，陷入自我怀疑。我代理过多起一审败诉，二审扭转乾坤取得胜诉的案件。良好的心态搭配专业实力才是制胜法宝，二者缺一不可。

向优秀判决书学习，可"站在巨人肩膀上"成长。以裁判文书衡量代理意见质量，以判决逻辑思维来分析自己与法官思维的差异是律师成长的捷径。

青出于蓝

"到手"的房子不属于我了，我的损失谁来赔

宋建东　执业律师　天津世杰律师事务所

很荣幸有机会和大家分享我代理的案件，在这起案件中，我发表的代理意见几乎完全被法院采纳。

1. 承办经过

2018年10月25日，原告主动联系我，委托我代理一起房屋买卖合同纠纷案件。大致案情是，原告此前与中介签订了一份售房协议，原告购买坐落于天津市的房屋，售价384 000元。由于中介是无权处分，因此售房协议被法院认定为不成立。但是在上述案件审理期间，天津的房价急速攀升。原告如需购买同类地段的房屋，需要多付100万元左右，原告的房屋差价损失应由谁来承担？此外，法律没有明确规定合同不成立的法律后果，因此，我需要解决的是合同不成立的情况下，非违约方的期待利益怎么认定。

我先通过类案检索发现天津无此类案件。后又在北京各级法院进行检索，发现有类案，并且北京市高级人民法院曾出台过指导性文件。因此，我方以房屋买卖合同纠纷为案由，确定以中介、案涉房屋名义所有权人为共同被告并顺利立案。

2018年11月，一审法院组织第一次开庭，我发表的代理意见是"我方认为合同不成立主要过错在于被告方，理应由被告方赔偿房屋差价损失"。但是被告方认为合同不成立，不同意赔偿。法院在庭后组织调解时，明确说明北京市高级人民法院的指导性意见在天津不适用。可见，案件走向不利于我方。

在等待第二次开庭过程中，我方迎来了一个好消息——《九民纪要》出台，其中关于合同不成立时的损失赔偿问题，与我在第一次庭审中的代理意见是一致的。

第二次开庭时，我发表的代理意见是"原告当时系以全款购买了案涉房屋，并对房屋进行了装修且入住。由于被告方的行为导致合同不成立，现案涉房屋价格大幅上涨，导致原告无法再以该房款购买同类地段的房屋，原告的期待利益落空。如果不赔偿原告，则显失公平，而被告方却因不诚信而受益，与法相悖。因此，被告方应按照过错程度赔偿原告房屋差价损失"。

一审判决二被告承担房屋差价损失及其他损失的80%。在判决书的说理部分，法院几乎完全采纳了我开庭时发表的代理意见。被告方上诉后，二审维持原判，该案圆满结

束，客户非常满意，一再感谢我的帮助。

2. 心得体会

该案历时较长，当事人与我均经受住了时间的考验。原告一度面临房钱两空的境地，但是法官采纳了我的代理意见，原告最终胜诉且得到履行。作为律师，能与当事人共经风雨，赢得最终胜利，实乃执业生涯之幸事。

| 课后感悟 |

赵泽辉

学习完本章，我知道了如何撰写代理意见更容易被法官接受。比如，一份好的代理意见应具备简明扼要、主要观点前置、法律依据准确等特征。我们还要多学习最高人民法院和省高级人民法院各种案例的判例裁判要旨和会议精神，这对于写好代理意见事半功倍。好的代理意见是案件胜败的关键，是征服法官的"法宝"，我们要重视代理意见的撰写，这对成长进步必不可少。

本节试听

500元专属课程优惠券

第九章
写好上诉状及再审申请书

邓律金句

前因后果交代清　哪里不服点哪里

代理二审和再审案件对律师的专业能力提出更高的要求。很多年轻律师在撰写上诉状或再审申请书时,对复杂案情的概括提炼、对原判决认定错误的引述和归纳等方面存在诸多问题。

本章我以"法小白"撰写的真实上诉状和再审申请书为例,分享撰写上诉状和再审申请书的方法,让"法小白"掌握叙述清楚、目标正确、逻辑严谨的写作方法。

一、"法小白"实战案例

【示例9-1】

民事上诉状

上诉人:××
统一社会信用代码:××
法定代表人:××
被上诉人一:××
统一社会信用代码:××
法定代表人:××

被上诉人二：××

统一社会信用代码：××

法定代表人：××

××（简称"上诉人"）因与××（简称"被上诉人一"）、××（简称"被上诉人二"）劳务合同纠纷一案，不服××市××区人民法院(2018)××民初××号判决，现提起上诉。

上诉请求：

一、判令撤销一审判决，依法改判驳回一审原告对上诉人的所有诉讼请求；

二、判令被上诉人承担一审、二审全部诉讼费用。

事实与理由：

一、一审法院判令"××公司、××一局向××公司支付劳务费970258.27元及利息"，属于事实认定错误、证据不足，亦于法无据。

（一）《民事判决书》第7页认定"对于××一局是否应承担付款责任的问题，××项目部系××一局设定的在工程施工现场的代表，其行为代表××一局"，属于事实认定错误且严重违反法律规定。

根据《中华人民共和国民法通则》第六十六条规定，没有代理权、超越代理权或者代理权终止后的行为，只有经过被代理人的追认，被代理人才承担民事责任。……显然在未经审查认定《分包合同》的情况下作出的错误认定，明显违背事实及严重违反法律规定。

（二）《民事判决书》第7页认定"2017年11月6日，××项目部向原告发出承诺，承诺在原告安排专人负责完成一批次抹灰清项工作，在2017年11月12日达到交房条件，××一局在2018年春节前按劳务结算工程量及班组合同约定支付人工费至95%（劳务与结算班组结算金额1600271.86元，已支付55万元），该承诺属于债务的加入，××一局自愿在原告承担一定义务后，承担付款责任"属于事实认定错误且严重违反法律规定。

根据《中华人民共和国民法通则》第六十六条规定，没有代理权、超越代理权或者代理权终止后的行为，只有经过被代理人的追认，被代理人才承担民事责任。……一审法院却认定由××一局承担该《承诺》中的事项，显然在未经审查其《承诺》效力的情况下作出的错误认定，明显违背事实及严重违反法律规定。

（三）一审《民事判决书》未对《会议纪要》的效力进行认定即依据该《会议纪要》判决××一局承担付款义务，属于事实认定错误且严重违反法律规定。

根据《中华人民共和国民法通则》第六十六条规定，没有代理权、超越代理权或者代理权终止后的行为，只有经过被代理人的追认，被代理人才承担民事责任。……一审法院在未认定该《会议纪要》效力的情形下却认定由××一局承担该《会议纪要》的义务，显然属于违背事实及严重违反法律规定作出的错误认定。

二、一审法院对××一局在庭审中提交的所有证据均未进行查明认定进而违背事实及严重违反法律规定作出的枉法裁判。

根据《最高人民法院关于审理建设工程施工合同纠纷案件适用法律问题的解释》第二十六条第二款规定，发包人只在欠付工程价款范围内对实际施工人承担责任。……再是，本案中××一局与××公司未签订任何书面合同亦未产生任何事实或法律上的关系，一审法院判决××一局承担支付义务显然无任何事实及法律依据。

综上所述，一审法院在未查清案件客观事实、未对主要证据进行认定的情形下作出的枉法裁判，恳请二审法院依法查明事实并判决支持上诉人的所有上诉请求。

此致
××市中级人民法院

上诉人：××
年　月　日

希望大家再重新看一遍示例 9-1 这份上诉状，看看存在哪些问题，再继续往下读。我认为该上诉状还存在许多需要修改的地方。

1. 遗漏诉讼主体在一审中的诉讼地位

上诉状开端主体信息部分,应列明上诉人和被上诉人在一审中的诉讼地位,如一审原告、一审被告或一审第三人等。

撰写者在未交代上述信息的情况下,直接在上诉请求一中将被上诉人表述为"一审原告"比较突兀,阅读者需要思考才明白原审的诉讼地位。

2. 上诉请求不清晰

上诉请求一般包含撤销或改判原审判决、裁定的部分或全部。该上诉状第一项上诉请求中同时表述撤销一审判决和改判驳回一审原告对上诉人的所有诉讼请求。

我建议上诉请求分项列出:一、撤销一审判决;二、驳回被上诉人的全部诉讼请求。

如果上诉状是原审原告要求改判支持其全部诉讼请求,建议不要表述为"支持上诉人的全部诉讼请求",而应写明起诉状的主要诉讼请求,如"被上诉人支付全部借款××万元"等。

《中华人民共和国民事诉讼法》第一百七十七条:

第二审人民法院对上诉案件,经过审理,按照下列情形,分别处理:

(一)原判决、裁定认定事实清楚,适用法律正确的,以判决、裁定方式驳回上诉,维持原判决、裁定;

(二)原判决、裁定认定事实错误或者适用法律错误的,以判决、裁定方式依法改判、撤销或者变更;

(三)原判决认定基本事实不清的,裁定撤销原判决,发回原审人民法院重审,或者查清事实后改判;

(四)原判决遗漏当事人或者违法缺席判决等严重违反法定程序的,裁定撤销原判决,发回原审人民法院重审。

原审人民法院对发回重审的案件作出判决后,当事人提起上诉的,第二审人民法院不得再次发回重审。

另,诉讼费用非判决判项,而是由法院按照判决结果依法确定承担主体及比例,与是否列为诉讼请求无关。此前章节已详述,不再赘述。

3. 一级标题不精练，核心观点不清晰

该上诉状的"事实与理由"中"一、一审法院判令'××公司、××一局向××公司支付劳务费 970 258.27 元及利息'，属于事实认定错误、证据不足、亦于法无据""二、一审法院对××一局在庭审中提交的所有证据均未进行查明认定进而违背事实及严重违反法律规定作出的枉法裁判"。

两个一级标题的核心内容相同，均是认为一审在事实认定、证据采信和法律适用方面存在问题。

该上诉状未能将事实、证据和法律适用这三大重点内容分别表述，因此主文的体系架构和每一层级内的内容存在大量重复，所有重点放在一起，也就没有了所谓的重点。

对此，我的修改建议是，先说明事实认定错误，列明论据加以论证；再说明证据采信的错误；最后再就法律适用及其他具体问题进行阐述。

4. 事实与论据的表述顺序颠倒

在"事实与理由"部分，每一大段落都引用了《民法通则》第六十六条全文，其次才解释在本案件中的具体情况，这种逻辑完全是反的。阅读者还不清楚案件事实，怎么能理解引用该法条欲讲述的道理呢。

我们常说"摆事实，讲道理"，自然是事实先行，清楚明了地讲清事情原委后，再根据法律的具体规定讨论双方行为的正误。此处先引用法条，后讲述事实，不利于理解。

5. 大量摘抄一审判决书，表述烦冗

该上诉状在多处大段引用一审判决书原文，啰唆冗长。倘若须提及一审判决书中的内容，简要提炼即可，无须大量摘抄原文。如必须引用原文，应少而集中地放于文书某处，用特殊字体或特殊显示来突出，避免分散地重复引用。

6. 多处重复出现同一法条全文

《民法通则》第六十六条在全文共出现 4 次，且是完整引用，每次多达 50 余字。如需引用法律条文，尽量摘抄与案件有直接关联的部分，避免同一法条多次引用。即便需要多次引用，除首次外，其他地方完全可省略法条内容。

【示例 9-2】

民事上诉状

上诉人（一审原告）××，女，××年××月××日生，××族，住××，电话××

被上诉人（一审被告）××公司，住所地××，邮编××，电话××。

上诉请求：

撤销（2015）××（民）××（商）初字第××号民事裁定，裁定由××区人民法院审理。

上诉理由：

（一）一审裁定对委托书背景、上诉人身份等事实认定不清。

一审裁定对委托书签订背景和委托书内容未做认真核查，遗漏以下重要事实：

1、2014年9月30日，上诉人签署授权委托书，委托律师代为行使股东权利，处理与被上诉人相关纠纷，委托代理权限为特别授权，委托内容注明律师有权代为签收、签发有关法律文件；代为起诉；代为调查等等，委托期限为从委托之日其至代理事务处理完毕止。此后，代理律师一直与上诉人保持案情交流、联系。

2、2014年11月28日，上诉人提起对被上诉人2014年9月30日作出的公司三决议撤销之诉，法院已受理并作出裁决，法院及被上诉人对该份委托书认可，法院并未提出异议。

3、在上诉人第一次起诉期间，被上诉人自行作出决议将2014年9月30日决议撤销，后又于2015年2月2日违法作出新的公司决议，代理律师有权依据授权委托书进行新的起诉。

4、本案一审开庭前法院已和上诉人在电话中就上诉人身份证号、户籍地址、起诉是否为真实意思进行确认，上诉人明确提出提起诉讼为本人真实意思，且已委托律师代为处理。

（二）一审裁定认为委托书形成时间、签名有疑，非上诉人本人真实意思、系法律适用错误。

1、一审裁定认为"上诉人目前在国外，不能证明2014年9月30日委托书上签名为原告本人签名，也不能证明该签名形成时间及该签名为境内形成"，系法律适用错误。一方面，上诉人代理人已提交上诉人出入境记录，证明上诉人自2014年10月3日出境后未回国事实，且2014年11月庭审法院已对该份委托书予以认可，说明此份委托书是在境内形成，无需任何公证或认证手续。另一方面，上诉人代理人明确此份授权委托为律师代理，代理律师愿为不实承担法律责任。且针对被上诉人提出虚假签名及时间异议，根据举证责任倒置原则，应由被上诉人承担举证责任，上诉人亦同意对委托书形成时间及笔迹进行司法鉴定。然而，法院对此未予理会，系认定错误。

2、一审裁定认为"民事诉状非原告本人签署，不能证明本案诉讼为原告人本人真实意思"，该理由不成立。上诉人已在委托书中明确表明代理律师有权代本人为签发、签收法律文书，且庭前法官已在电话中对上诉人身份、户籍、是否真实意图进行核实，表明此次起诉为上诉人本人真实意思。

  3、一审裁定认为"原告本人在签署委托书时本案争议事实尚未发生，不可能预见到2015年的诉讼"，该理由不成立。一方面，在上诉人签署委托书时，已知晓被上诉人侵权事实，并能预见之后可能发生的侵权事实，故当然能够预见以后产生的诉讼。另一方面，上诉人在2014年11月提起的诉讼中，被上诉人规避司法审查，自行作出决议，后又重新作出侵害上诉人决议，上诉人在已签署委托书条件下有权授权代理律师代为维权。

  4、一审裁定驳回上诉人请求是根据《民事诉讼法》第一百一十九条第（一）项、第一百二十条第一款、《最高人民法院关于适用〈中华人民共和国民事诉讼法〉》第二百零八条第三款的规定，系法律适用错误。上诉人与本案有直接利害关系，且相关手续并不违反法律规定，本案不符合驳回起诉的相关规定。

  综上，原裁定认定事实不清，法律适用错误，为维护上诉人的合法权益，特提起上诉。

此致
××市第一中级人民法院

上诉人：××
代理人：
2015年9月12日

我们一同来分析示例9-2上诉状。

1. 缺少原审判决或裁定的基础信息

  上诉针对的是原一审判决或裁定，首先要明晰原一审判决或裁定的基本信息、案号、审理法院等。

  基于此，所有的上诉状均会有这样一段话："上诉人与被上诉人因××纠纷，不服××法院作出的××号判决书（裁定书），现提起上诉。"

  本上诉状中，撰写者将案号放在了上诉请求中，但未提及原审法院。如此做法一是遗漏了重要信息，二是格式不规范。

  写到这里，我想和大家分享一则我任法官时撰写人生第一份判决书时的糗事。

  某欠款纠纷由于争议较大无法调解，只能判决结案。当年还是手写判决书初稿，先由庭长审查，再由主管院长审阅签发。虽然实质判决结果没有改变，但经过两位领导的修改，我的判决书被改得"面目全非"，红红一片堪比老师批改的小学生作文。

  文书被修改不是糗事，关键是给原告送达判决书后，原告的代理人给我致电：

"当事人收到判决书不太满意,想要上诉。"

我不以为意地说:"上诉很正常,可以理解。"

对方有些迟疑地说:"问题是您不让我们上诉啊。"

我非常疑惑:"我怎么不让你们上诉了?"

代理人说:"判决书后面没有写可以向哪个法院上诉,没有可以上诉的那一段话。"

我非常惊讶:"没有写吗?"

代理人说:"确实没有。"

我立即拿出判决书翻看,果然没有!

判决书正本最后一页居然缺少了"如不服本判决,可在收到判决书之日起十五日内向××法院提起上诉……"

我急忙去翻看手写的判决书底稿,底稿上也没有!

这是我写的第一份判决书,撰写时过于紧张,注意力集中在判决主文和判项等内容上,居然遗漏交代上诉权利。虽然文书经过庭长、主管院长的大量修改,但没有一人注意到缺漏上诉权利。因为大家都认为这是固定内容,自然忽略了,而书记员在打印时也没有发现这一问题。

由于另一方还未领取判决书,我请原告返还问题判决书,修正后重新发出。

直到今天,我对这件事仍记忆犹新。

我非常注意文书的校对工作,也多次因为错别字问题惩罚助理抄写几百遍。工作中出错很正常,但要及时改正,学会在错误中成长。20多年工作的打磨中,我也一直在修正和完善自己,相信大家经过多年的历练定能化茧成蝶。

2. 分级号不准确且未提炼要旨

对于标题的规范使用,我在讲"起诉状"的章节已经讲述,希望大家注意。

该上诉状每个自然段前均以"1、2……"的形式排列,且基本只使用了逗号,一"逗"到底,未提炼任何中心思想,比较混乱。

使用层级标题的目的是理清脉络,彰显清晰的写作逻辑,突出核心内容。倘若仅在每个自然段前标以数字,不做内容提炼,反而让人看得云里雾里。

因此我建议每段前先提炼主旨,例如第一大点的第1小点修改为"1. 双方签署授权委托书",然后可另起一段陈述具体内容。

3. 落款处多余增加代理人的签字

该上诉状落款处打印了当事人的名字,却留下代理人的签字位置,让人以为不是当事人签字,而是代理人签字。

很多情况下当事人会委托代理人代为签署上诉状,代理人能否代替当事人签署上诉状呢?需要根据授权内容和代理权限确定。

如果当事人一审时特别授权代理人有权代为提起上诉,代理人可以代为上诉。但我建议,不论当事人是否特别授权,均由当事人本人在上诉状中签字或盖章,代理人不要轻易代签。

原因在于,一是如果代理人代签,法院会要求律师提供有上诉授权的委托书原件,二是确保当事人知晓、认可上诉状的核心内容。

我任律师协会纪律处分委员会委员时,处理过一起当事人投诉其代理律师的投诉案件。投诉理由是:该律师的代理意见观点错误,且未经当事人同意就将代理意见提交给法院。法院引用该代理意见的自认事实,判决其败诉。当事人要求代理律师赔偿 50 万元的败诉损失。姑且不论败诉的原因如何,可见律师提交文书时,对于重要事实和观点需要和当事人核实和确认。

相比之下,上诉状更是对当事人核心诉权的处置。因此,我不建议律师代替当事人在上诉状或起诉状中签字,应及时将文书发给当事人,在当事人签字或盖章后再提交法院。

即便代理人得到特别授权,也应充分尊重当事人的意见和知情权,以其本人签字或盖章确认对上诉状的认可,规避执业风险。

【示例 9-3】

民事上诉状

上诉人(原审原告):

被上诉人(原审被告):

被上诉人(原审被告):

上诉人不服**市***区人民法院作出的******民初**号《民事判决书》,特提出上诉。

请求事项：

1. 请求法院依法判令撤销******民初**号民事判决，并依法改判；

2. 一、二审诉讼费用由被上诉人承担。

事实与理由：

　　市**区人民法院作出的******民初**号判决认定的事实有误。根据**市公安局***分局作出的***诉字（***）****号起诉意见书可知，经其依法侦查查明：上诉人***自2013年6月开始陆续借款给被上诉人***，后　因无力归还借款，从2014年7月至2016年5月期间，被上诉人　便提出通过将自己经营的***公司、***公司以及让供应商公司在与**经营的**贸易有限公司无真实业务往来的情况下，虚开给上诉人经营的**贸易有限公司增值税专用发票的方式来抵消部分上诉人的借款。不仅如此，根据案外人**在**公安局经侦支队的询问/讯问笔录可知，被上诉人**亦使用过以手头紧张为由向其借款后，再以让其效心为理由，主动将股份转让于其的类似手法。

　　且，根据一审法院审理查明可知，被上诉人**与***系于2014年4月28日登记结婚，故，被上诉人　对上诉人所欠上诉债务发生在两被上诉人夫妻关系存续期间，系夫妻共同债务。

　　综上，上诉人认为一审法院认定事实不清、判决有误，为维护上诉人的合法权益，特向贵院提起上诉，恳请二审法院依法撤销一审判决，并改判如请。

此致

**市第一中级人民法院

上诉人：

2018年11月　日

示例9-3 上诉状存在以下问题。

1. 行间距及字体不规范

该上诉状字体过小，行间距过大，不够规范。上诉状建议使用宋体三号或四号字号，行间距设置以26～27磅为宜。

2. 上诉请求不清晰

上诉请求第 1 项为"依法改判",希望改判的内容是什么,如何改判,均不清楚。

如希望二审改判应写明请求改判的具体要求。

3. 事实与理由部分过于简单

上诉状应对法律关系或证据等进行充分论述,写明一审错误所在,表明正确观点。该上诉状的"事实与理由"部分论述十分单薄,给人敷衍之感,阅读者无从知晓上诉人的道理和认为一审判决的错误之处,极大弱化了上诉状应带来的冲击感。

【示例9-4】

民事上诉状

一审案号:(2018)×72民初×××号

上诉人(一审原告):××运输有限公司
住　所　地:××
法定代表人:×××　　　职务:董事长

被上诉人(一审被告):××海运有限公司
住　所　地:××
法定代表人:×××　　　职务:经理兼执行董事

上诉人因与被上诉人船舶碰撞损害责任纠纷一案,不服××法院作出的(2018)×民初×××号民事判决书,特提起上诉。

上诉请求:

1. 请求贵院改判原审判决,依法支持上诉人的全部诉讼请求;
2. 判令被上诉人承担本案一、二审全部案件受理费用、律师费及公证费用。

事实和理由:

原审判决基本事实认定不清,程序错误,具体如下:

一、一审判决基本事实认定不清。

1、一审法院未对涉案船期损失进行任何审查,而是简单地全盘否认了其证据效力,罔顾涉案事故致使"××"轮停租三天、无法运营的事实。

一审法院在未对涉案船期损失进行任何审查的基础上简单否认了涉案租船确认书、船舶租金账单及其往来邮件的证据效力，无视上诉人所属的"××"轮因涉案事故停租三天、无法运营的事实。

对于该项损失，除上述证据外，上诉人还提交了涉案船舶的《航海日志》及《轮机日志》，用以证明"××"轮于 2016 年 6 月 30 日至 2016 年 7 月 3 日因涉案事故抛锚于××锚地，且消耗燃油若干。而一审法院一方面认可了涉案《航海日志》及《轮机日志》的证据效力，另一方面又无视"××"轮因涉案事故遭受船期损失的基本事实，其认定前后矛盾，与事实不符。

2、一审法院简单否认一审律师费 20,000 元的合理性，其认定与事实不符。

涉案标的总额约为 213,815 元，具有一定的涉外性，且属于《××市律师服务收费管理办法》中认定的重大、疑难、复杂案件（由中级以上（含中级）人民法院管辖的一审诉讼案件），因此，一审律师费 20,000 元是在××市律师服务收费政府指导价的标准范围内，律师费收费合理。

二、一审程序违法。

对于租船确认书、船舶租金账单及往来邮件等涉外证据材料部分，上诉人在一审程序中已当庭申请延期举证以便对上述涉外证据材料进行相应的认证工作，庭后亦及时补交了相应的延期举证书面申请。然一审法院确无视上诉人就船期损失已完成初步举证的事实，径行剥夺了上诉人进一步举证的权利。

上述原因导致上诉人未能就涉案损失进一步举证，侵害了上诉人的诉讼权利，依法应予以纠正。

综上所述，原审判决基本事实认定不清，程序错误。上诉人特向贵院提起上诉，恳请贵院依法判如所请。

此呈
××省高级人民法院

上诉人：××运输有限公司

日期：二〇一八年七月十七日

我们一起来看一看示例 9-4 上诉状。

1. 画蛇添足增加一审案号

该上诉状的撰写者在"民事上诉状"标题下标注了一审案号。我第一次看到此种写法。在上诉请求前的段落已写明"不服××法院作出的××民初××号民事判决书",无须在标题下的特殊位置再次强调。上诉状存于二审卷宗之中,将一审案号写于文书开头,会让人误以为是一审材料。

可以在文书标题下写明案号的材料有证据目录、质证意见、代理意见等。

2. 上诉请求不明确

该上诉状中,上诉请求1的表述为"请求贵院改判原审判决,依法支持上诉人的全部诉讼请求"。

对于这样的表述,首先是阅读者无法从中得知原审判决的内容是什么,也不知晓上诉人要求改判成什么;其次是这句话存在歧义,是支持上诉人基于一审原告身份地位提出的全部诉讼请求,还是支持上诉人在上诉状中提出的全部上诉请求?

建议将改判被上诉人履行何种义务直接表述在上诉请求中。

上诉请求2将案件受理费、律师费、公证费列在同一项内,且未写明数额。

案件受理费、公证费费用性质不同,理由和依据不同,不能混为一谈,应各自单独列为一项,并写明具体数额。

我多次强调诉讼请求是发起诉讼冲锋的核心目的。清晰、明确、无歧义是最基本的要求,不然如何让法院主持你所认为的正义。律师要多多精进文书表述,以严谨、负责的态度对待每一个从笔尖流淌出的文字。

3. 其他细节问题

一般来说,一级标题末尾不使用任何标点符号,二级标题则无强制要求,根据个人习惯而定。

另,以汉字数字表述的日期一般用于文书封面,落款处日期则以阿拉伯数字为主。

整体而言,该上诉状"事实和理由"部分逻辑较为清晰,分别叙述"一审判决基本事实认定不清"和"一审程序违法"两大问题,并且在一级标题下条理清楚地分点说明缘由,值得肯定。

【示例9-5】

民 事 上 诉 状

上诉人(原审被告)：A公司

法定代表人：

住所：……

被上诉人(原审原告)：B公司

法定代表人：

住所：……

上诉人(原审被告)A公司因与被上诉人(原审原告)B公司买卖合同纠纷一案，不服某法院作出的民事判决书，现提起上诉。

上诉请求：

1. 撤销某法院民事判决书；
2. 一、二审诉讼费用由被上诉人承担。

上诉理由：

一、一审中被上诉人2019年6月10日发函行为不构成新的事实，诉讼属于重复起诉，一审法院再次受理该案应予撤销

1. 被上诉人一审诉讼请求与另案反诉诉讼请求相同，且一审诉讼请求实质上否定该生效判决裁判结果，构成重复起诉。

被上诉人与上诉人买卖合同纠纷，双方2018年已经某人民法院提起起诉与反诉，法院作出的民事判决书已经生效。现在被上诉人针对同一当事人上诉人就同一诉讼标的提出相同的诉讼请求，且本次诉讼的诉讼请求实质上否定另一生效判决裁判结果，构成重复起诉。

2. 另案裁判文书生效后并未发生新的客观事实。

……一审法院受理该案构成重复诉讼，应予撤销。

二、一审判决证据不足、证明责任分配违法，应予撤销

1.一审中被上诉人作为原告未举证证明设备质量标准问题，一审判决缺乏证据依据

一审判决认为："原告依据《设备购销合同》第十七条约定，主张质量不符合相应标准由被告承担退货退款及退货费用，符合双方约定，本院予以支持。"……被上诉人一审原告应对："设备无法达到《技术协议》的要求"承担举证责任，应当附有符合起诉条件的相应的证据材料。被上诉人提交的证据中，并无证据能够证明设备质量标准问题，一审判决缺乏证据依据。

2.一审判决将举证责任分配给上诉人违反法律规定

关于涉案设备质量标准问题，一审判决将举证责任分配给作为一审被告的上诉人，违反法律规定。本案有明确的证明责任分配法律依据，一审法官无自由裁量权对本案的证明责任进行分配。一审法院将该设备质量标准问题的举证责任分配给上诉人，有违司法公正性。

3.设备现在质量状态不代表设备出厂质量状态

……至今近四年时间，设备的部分零部件有设计寿命及使用寿命，如主轴承的设计寿命5年。另外设备一直搁置在现场，由被上诉人实际控制，设备现在的质量状态不能代表其出厂的质量状态。

综上，在一审原告未对设备质量标准及质量状态举证的情况，一审法院就支持一审原告："主张质量不符合相应标准由被告承担退货退款及退货退款费用的责任"，缺乏证据基础，将设备质量标准证明责任分配给一审被告违反法律规定。

三、一审法院关于调试前提、双方调试工作内容、调试次数、调试期限认定有误，应予撤销

1.上诉人未收到合同约定节点款项，调试前提未达到，实际上不负有调试义务

……

2.合同约定调试是双方义务，上诉人仅负有指导调试义务，调试工作主要由被上诉人承担，被上诉人需要保证现场条件达到合同设备使用条件

《设备购销合同》第十一条："设备安装和调试：由出卖人负责指导安装和调试。"《技术协议》一、1.1："本技术协议规范书适用于加药沉降后污水处理用LW430*1800卧螺离心机设备的功能设计、结构、性能和试验等方面的技术要求"。

合同明确约定调试是双方义务，上诉人仅负有指导调试义务，调试主要工作由被上诉人承担，被上诉人现场需要达到加药沉降后污水处理用LW430*1800卧螺离心机调试及使用条件。加药沉降后污水处理用LW430*1800卧螺离心机，一般调试及使用条件有：

1)物料：满足调试所需物料，含固率小于等于10%(不得低于1%)，必须有足够量的物料可以连续处理；

2)絮凝剂：提供调试所需合适型号药剂(例如：聚丙烯酰胺和聚合氯化铝)；

3)加药系统：配备加药泵提供连续稳定加药系统，供药能力须达3m³/h至5m³/h；

4)配备污泥泵，处理量至少20m³/h；

5)保证电路及管道的通畅。

3.上诉人2016年1月26日已经完成合同约定的指导调试义务，无论上诉人后续有否收到合同约定款项，一审法院都不能重复要求上诉人无限次无期限的去调试

一审法院认为：……首先，一审法院忽略了调试的前提条件。其次上诉人已经于2016年1月24至26日已经去现场指导调试，完成合同约定调试义务，一审法院不能重复要求上诉人无限次无期限的去做已经履行完毕的协助调试工作。

4.调试未出具验收报告系被上诉人原因

……上诉人已经进场指导被上诉人调试，因被上诉人现场条件原因，未出具验收报告。

根据上诉人代理人与被上诉人法定代表人及代理人沟通，被上诉人现在使用其他型号离心机，请求贵院调取被上诉人现在使用离心机型号及技术参数等，上诉人有理由怀疑被上诉人对离心机型号及其使用条件存在误识，请求贵院查明。

综上所述，一审法院关于调试前提、调试工作内容、调试次数、调试期限的认定有误，应予撤销。

四、一审对合同第十七条第2款约定三个月检验期限起算时间认定有误，应予撤销

一审法院认为："3个月考察期应使技术参数达到技术协议要求为前提"，驳回上诉人关于三个月考察期已过的抗辩。本案中，被上诉人于2015年11月签收货物至今从未提过设备质量问题，视为设备者质量符合约定，无权要求退货退款。

五、一审判决直接推翻已经生效的另案民事判决书，程序违法，应予撤销

对于已经生效判决书作出的裁判结果，只能通过审判监督程序改判，而一审判决直接作出与已经生效的另案判决书内容相反的判决，推翻该判决书的裁判结果，程序违法，应予撤销。

综上所述，一审法院重复受理该案，判决依据证据不足，证明责任分配违法，对合同约定调试前提、双方调试工作内容、调试次数、调试期限认定有误，对合同第十七条第2款约定三个月检验期限起算时间认定有误，判决结果违反法律程序，请求贵院予以撤销。

此致

某中级人民法院

上诉人：

A公司法定代表人签名：

日期： 年 月 日

示例 9-5 起诉状存在以下问题。

1. 篇幅过长，表达不简练

一般而言，起诉状尽量控制在 3 页内，上诉状尽量控制在 5 页内。上诉状的页数无严格限制，关键是要将事实与理由以精简的语言说明白，该上诉状共 7 页[1]，篇幅稍长。

2. 重点不突出，逻辑不清晰

如果对一审判决很多内容均不满意，是否需要一一列在上诉状中呢？

我认为不需要。即便案件有 10 处错误，律师也只需抓住 2～3 个主要矛盾，而不是写一些无关痛痒的观点或将一审意见全部写明，只需要将主要问题说透彻即可。也就是说，要抓大放小，突出主要矛盾。

3. 重复机械摘抄相关文件

该上诉状存在大量摘抄合同内容，如"《技术协议》一、1.1:……"等，并详细说明物料、絮凝剂、加药系统、配备污泥泵等细节。语言显然不够精练，大量重复埋没实质重点，让法官难以快速理解其真实意图。

实际上没必要重复放大同一细节，干扰案件重点内容的呈现。除关键内容外，以"根据双方合同约定"的表述简化即可。

不过，该上诉状没有一再重申一审判决错误，而是深入讨论案件事实、争议焦点，可见撰写者经过了深入思考。

二、再审申请书的撰写

在我的主要业务领域中，民商事诉讼及商事仲裁占比较大，承办过较多的再审案件。下面以我团队律师撰写的再审申请书（见示例 9-6）为例和大家交流再审申请书的撰写方法。

---

[1] 该上诉状原文共 7 页，本书虑及版面，对其进行了删减。

【示例 9-6】

民事再审申请书

再审申请人（一审原告、二审被上诉人）白云公司，住所地 XX。

法定代表人：王大山

再审被申请人（一审被告、二审上诉人）黑土公司，住所地 XX。

法定代表人：李大河

申请人因不服某中级人民法院（2019）民终第 X 号民事判决，依据《民事诉讼法》第一百九十九条、第二百条第（一）、（六）项的规定，申请再审。

申请事项：

一、撤销东市中级人民法院（2019）民终第 X 号民事判决；

二、改判：

1、确认《A 标项目合作协议书》于 X 年 X 月 X 日解除；

2、黑土公司支付白云公司违约金 X 万元。

事实与理由：

一、纠纷的由来和原审审理情况

申请人与被申请人均是房地产开发企业，申请人白云公司在某市开发了房地产项目，被申请人黑土公司欲开发建设其中 A 标段，X 年 X 月双方签订了《A 标项目合作协议书》（简称"合作协议书"），约定白云公司办理规划审批手续，黑土公司负责办理工程报建报批和自行组织施工建设。合同总价款 X 万元，按项目审批进度分 4 期支付，最后 2 期付款约定在黑土公司办理施工许可证后 30 日内支付。

合同签订后，白云公司积极履约，X年X月取得了黑土公司认可的规划许可证，至此白云公司完成了全部合同义务，黑土公司按照约定支付了前2期款项X万元。但是从X年下半年开始，黑土公司的实际控制人资金链断裂，A标段项目搁置，后续的施工许可证没有及时办理，项目地块闲置四年之久，合作协议约定的后续款项也没有支付。

期间白云公司多次要求黑土公司履约，该公司原法定代表人失联，公司没有办公地址无法正常经营，工商局也将该公司列为经营异常。

案涉项目其他均如期开发建设完成，A标段一直闲置，随时面临被政府收回的可能，黑土公司失联，无奈白云公司向法院起诉要求解除合同。一审诉讼中，法院也无法与黑土公司取得联系，无奈公告送达缺席审判。

一审法院查明事实，判决合同解除，并认定黑土公司违约支付违约金X万元。一审判决后，黑土公司提出上诉。

二审法院认为，由于合同没有约定具体施工许可证的办理时间，因此黑土公司4年不办理施工许可证和组织施工也不属于违约。改判合同继续履行，驳回白云公司的全部诉讼请求。

二、本案的新证据直接证明了黑土公司没有履约诚意和能力，合同根本目的无法实现。而原审错误判决更是引发了另一恶意诉讼，使白云公司陷入不必要的诉累中，公司经营遭受巨大影响。原审法院认定事实和适用法律错误

X年X月，二审判决后，白云公司本着息事宁人减少诉累的无奈，立即给黑土公司发函要求其办理施工许可证并支付后续款项。孰料，黑土公司不仅不履约，反而以白云公司在二审判决后没有再次重新为黑土公司办理规划许可证为由，起诉要求解除合同，并称白云公司二审判决后违约，赔偿黑土公司各项违约金和赔偿金 X 万元。

原二审判决虽然判决继续履行，但是判决书中明确认定白云公司已经履行了全部合同义务，因此即便合同继续履行，白云公司没有再次办理归还许可证的义务。面对黑土公司恶人倒打一耙的做法，一味退让只能令白云公司继续蒙受更大的损失，因此向贵院申请再审，纠正原二审错误判决，改判《合作协议书》解除，黑土公司承担合同解除的违约责任，并按照合同约定，支付 X 万元的违约金。

三、事实上，因黑土公司的违约行为导致《合作协议书》早已履行不能，依据《合同法》第九十四条第（四）项，白云公司享有法定解除权

《A 省实施〈中华人民共和国城市规划法〉办法》第二十七条第二款规定，建设单位或个人在取得建设用地规划许可证后一年内未办完用地手续，或取得建设工程规划许可证后一年内未开工，又未办理延期手续的，建设用地规划许可证或建设工程规划许可证自行失效。

黑土公司作为房地产开发企业，明知规划许可证的有效期为一年，在有效期内，黑土公司既不办理施工许可申请，也不申请延期，事实上导致规划许可证在 X 年 X 月已经失效的后果。

四年期间，黑土公司未履行项目开发建设的任何手续。虽然合作协议书未对施工许可证的办理期限作出约定，但是黑土公司明知，国有土地使用权两年内未开发建设，政府有权无偿收回。因此四年期间对该项目搁置,没有任何履约行为和履约能力,直接导致白云公司无法实现项目转让收回前期投资的合同目的,依法有权解除合作协议书。

四、四年期间黑土公司经营异常,无办公地址,不具备开发建设的履约能力。不同意解除合同的目的是从白云公司继续捞取不当利益

二审法院认定"双方签订合作协议书的实质是为了转让涉案的国有土地使用权",就是说明案涉国有土地使用权转让前,黑土公司除了向白云公司支付转让收益外,还需确保项目建设投入达到总投资的25%等《城市房地产管理法》第 39 条规定的条件,方可转让。

事实上,从 X 年 X 月开始,黑土公司迟延 2 个月支付第二期款项 X 万元,迟延 5 个月支付配套费 X 万元。此后黑土公司的各股东诉讼缠身,而黑土公司也被列入经营异常名录且下落不明。二审期间,黑土公司又成为一起高达 X 万元金钱债务的被执行人,黑土公司早已陷入公司僵局,根本不具备全面履行合同的能力。

综上,本案事实清楚,解除《合作协议书》本是白云公司的合理诉求,却被二审法院错误驳回。该错误判决直接导致白云公司被黑土公司用于恶意诉讼被追索 X 万元。为了法律的正义,保护守约方的正当权益。恳请贵院再审本案,判如所请。

此致

A 省高级人民法院

再审申请人:白云公司

2019 年 3 月 1 日

1. 明确再审案件类型

与起诉状相同,再审申请书需写明案件类型,明确是民事、刑事,还是行政案件再审申请书。

2. 亮明各诉讼主体在一、二审中的身份

再审案件历经漫长的一、二审,有的还经过重审、再二审,为了厘清各主体在不同审理阶段的诉讼地位,我们需要在再审申请书中列明各当事人在一审、二审中的身份。

3. 写明提起再审的法律依据

相较二审,再审案件有其特殊要求,即必须明确提起再审申请的法律依据,比如"依据《民事诉讼法》第一百九十九条、第二百条第(一)、(六)项的规定,申请再审"。(注:前述法条系引用当时的《民事诉讼法》,现已修正)

需要说明的是,提起再审申请的法律依据,不仅需要明确哪个法条,还要精确到哪一项,还需说明是因为有新证据,还是主要证据伪造等。

《中华人民共和国民事诉讼法》第二百零七条:当事人的申请符合下列情形之一的,人民法院应当再审:

(一)有新的证据,足以推翻原判决、裁定的;

(二)原判决、裁定认定的基本事实缺乏证据证明的;

(三)原判决、裁定认定事实的主要证据是伪造的;

(四)原判决、裁定认定事实的主要证据未经质证的;

(五)对审理案件需要的主要证据,当事人因客观原因不能自行收集,书面申请人民法院调查收集,人民法院未调查收集的;

(六)原判决、裁定适用法律确有错误的;

(七)审判组织的组成不合法或者依法应当回避的审判人员没有回避的;

(八)无诉讼行为能力人未经法定代理人代为诉讼或者应当参加诉讼的当事人,因不能归责于本人或者其诉讼代理人的事由,未参加诉讼的;

(九)违反法律规定,剥夺当事人辩论权利的;

(十)未经传票传唤,缺席判决的;

(十一)原判决、裁定遗漏或者超出诉讼请求的;

(十二)据以作出原判决、裁定的法律文书被撤销或者变更的;

(十三)审判人员审理该案件时有贪污受贿,徇私舞弊,枉法裁判行为的。

4. 结尾再次强调核心观点

作为结束段落，最后再次强调核心诉求，首尾呼应。

由于本案申请人希望案件得以提审，所以申请书中适度增加了渲染表述。

三、上诉状及再审申请书的撰写建议

（一）直接称呼简称，加强记忆

以二审为例，如在上诉状中大量出现"上诉人"和"被上诉人"，阅读者不得不反复回想所对应的具体对象，会影响对案情的理解。

我建议首次提及诉讼参与人时，采用规范全称，例如"上诉人某市白云投资公司""被上诉人某市黑土开发公司"，之后，不再以"上诉人"与"被上诉人"来称呼，而是直接表述为简称"白云公司"与"黑土公司"。

在写上诉状或再审申请书时，一定要列明原审中出现的所有诉讼地位，如一审原告、二审上诉人等。

（二）交代案件背景，合理铺垫

上诉状中是否需要交代案件背景呢？视情况而定。

对于事实较为简单的案件，可以直接陈述双方争议事实，例如说明双方在纠纷中的事实关系是合作开发、买卖双方还是共同投资等。若一审案件事实较为复杂，比如存在在先诉讼的连环案，或案情存在不合常理之处，例如存在隐名股东等，则需交代案件背景和缘由。

上诉状是二审法院接触的首要材料，如果案情复杂，可铺垫案件背景，便于合议庭深入理解案情。

再审申请书与上诉状不同。再审前，存在一审、二审或发回重审等审理过程，案情复杂，时间跨度大，为厘清案情，需交代纠纷由来及原审审理情况。例如示例9-6的再审申请书就先用一定篇幅交代前案案情，再陈述原审法院认定事实错误、适用法律错误等。

（三）细化上诉或再审事项

上诉请求不够明确和清晰，是很多上诉状的通病。例如示例 9-3 上诉状中，提出的上诉请求为"请求法院判令撤销 ×× 民初 ×× 号民事判决，并依法改判"。二审合议庭会疑惑把什么改判成什么？

正确的写法是"依法改判，驳回原告全部诉讼请求"，或"依法改判，被告承担 30% 的违约责任"。

再审申请书亦是如此，示例 9-6 再审申请书第一项要求撤销原审判决，第二项要求改判，具体改判为"1. 确认《A 标项目合作协议书》于 × 年 × 月 × 日解除；2. 黑土公司支付白云公司违约金 × 万元"。

（四）方向准确，不要攻击原审法院

虽然不服一审判决才提起上诉，但上诉的相对方是一审法院吗？显然不是。二审法院审理的是上诉人与被上诉人之间的纠纷。上诉状中应着重陈述当事人的纠纷处理，之后再讨论一审法院判决的对错。

但很多上诉状一味批驳一审判决结果，而未指出对方当事人的违约或侵权之处。例如，示例 9-1 上诉状中，大量陈述一审法院的错误，通篇未提及被上诉人是否存在过错等。

无论二审还是再审，律师的对手都不是原审法院，而是诉讼相对方。法院审理的是各方当事人之间的权利义务关系。既然已上诉，原审判决必然未生效，律师无须对未生效的判决大肆批驳，而是要让二审合议庭明晰上诉人的道理何在。

有些人担心如果不否定一审判决会存在维持原判的风险。事实上，与其指责一审法院判决错误，不如将案情、法律依据和道理讲述清楚，这才是重中之重！

（五）先说我方有理，再说对方理亏

两人吵架，一方指出对方无数错误和无理之处，就能说明这一方是有理的吗？未必，可能这一方错得更离谱。

上诉人应先立论，说明我方有理有据。如果一审法院存在事实认定错误，上诉人应先说明正确的认定。例如，说明我方与对方是承揽合同关系，再说明原审法院认定为买卖合同关系是错误的。

（六）摆事实、讲道理，引法条

该部分内容的表述，可参阅起诉状的撰写规范（详见本书第五章"先声夺人的起诉状"）。希望大家多多琢磨文书的撰写方法，多加练习才会取得长足进步。

| 课后感悟 |

王逸卓

我作为一名青年律师，在此前协助当事人提起上诉或申请再审过程中，往往会习惯性地将其视为起诉的延伸，尤其在文书的撰写上难作区分和变更。得幸邂逅邓海虹律师，本章用一个个生动写实的案例，让我掌握了上诉状与起诉状两者侧重点不同，使我在上诉状的撰写、程序节奏的把握等方面受益匪浅，着一点而鉴全篇。

本节试听

500元专属课程优惠券

第二部分

进阶之路

第十章
如何讲好案件"故事"

邓律金句

让合议庭进入你的"故事"里

律师在代理活动中讲的"故事",就是为达到诉讼目的而呈现的法律事实,贯穿于庭审发言中,也流淌于文书材料中。

律师讲的"故事"不同于天马行空的文学作品,而是必须以基本事实与证据为核心,经过整理和适当加入边缘事实后的如实讲述。

亨利·米勒曾说:"故事的真谛就在于如何讲述。"由于每一案件需要的描述角度和关注重点不同,要练就讲好案情的本领非一朝一夕之功。

本章我从不同角度分享如何用法言法语将案件"故事"讲明白、讲透彻、讲精彩。

在一次交流中,我很喜欢的一位执业 8 年的吴律师分享了她代理的一个案件。在这个案件中,她通过不懈努力、调整战略、寓情于理打动法官,将类案检索结果为 100% 败诉率的案件引向胜诉的彼岸。

【案例 10-1】

2007 年,王某购入一套位于上海某区的动迁房,与原房主李某签订了房屋买卖合同,并支付购房款 76 万元。

根据当时的房屋交易政策,动迁房 5 年内不能办理过户,因此房屋虽交付王某居住，但无法办理过户手续。

2013年，李某取得了该房屋的产权证，双方共同到房产局办理过户手续，王某在缴纳了税费后，由于李某不积极配合，一直搁置了过户办理。

2015年，上海出台新的购房政策，王某不再符合购房条件，又恰逢房价大涨，李某便以各种理由拒绝配合办理过户。

2018年，王某委托吴律师，要求起诉李某为其办理房屋过户手续。

吴律师对类案进行了检索，在上海地区，此类案件的诉讼请求全部被驳回，但她并未气馁，她坚信王某的诉讼请求是合理的。作为原告代理人，她准备了12份代理意见，历经4次起诉，最终赢得胜诉。

那么，她是怎么做的呢？

本案中，虽然王某和李某签订的房屋买卖合同有效，但能否过户受到购房政策的制约。由于卖方李某不配合办理过户手续，导致新政出台后王某无购房资格，新政能否约束此前的购房行为，成为案件争议焦点。

1. 详细阐述"法不溯及既往"理论

类案检索结果显示，审理该类案件的法院均会审查案件审理时买方的购房资格，若买方不具备，买方可以继续居住案涉房屋，但对过户请求不予支持。

吴律师以"法不溯及既往"为突破口，详细阐述王某早在2013年就申请过户并缴纳税费，非王某原因未取得产权证书，导致2015年新的购房政策出台后王某不再具有购房资格，但新政策不能约束其出台前的合法购房行为。

2. 调整策略，故事讲给法官听

首次立案时，通过研究主审法官的类案判决书，吴律师发现主审法官的审理思路是审查新政策下原告是否具备购房资格，释明在没有购房资格的情况下，不能支持过户请求。

于是她剑走偏锋，选择撤诉后重新立案。第二位和第三位法官都以是否符合现有购房政策为审查焦点，吴律师三次选择撤诉。

第四次立案遇到的法官耐心听了吴律师讲述11年间发生的完整"故事"，吴律师说明了王某2013年已缴纳过户税费的实际情况，表达了应认定王某实质完成过户的法律事实，阐明了王某作为无过错方应获得房屋产权的正当性，以及李某毁约不配合过户的真实意图。

对这个看似简单但具有特殊性的案件，法官最终采纳了吴律师的代理观点，判决李某将案涉房屋过户给王某。

历经坎坷，吴律师终于打破常规认知，为委托人赢得胜利。

相信大家会好奇，此前类案的审理结果都是驳回诉讼请求，为什么本案获得了支持？

吴律师认为是她的12份代理意见中"法不溯及既往"理论成功说服了法官。

我认为法律适用观点固然重要，但是前几位法官为什么不采信这一基本法理观点？因为他们只关注了限购这一事实，而忽略了2013年王某的实质过户行为。第四位法官倾听完整过程，发现本案和其他类案存在一个本质区别：2013年王某有过户行为，并依法缴纳了房屋过户的税费，虽未取得产权证，但王某的过户申请已经完成。此为本案最关键的边缘事实，影响了案件的判决结果，而其他类案无此情形。

税务机关接受了王某的房屋买卖税款，可以认定大部分过户流程已完成，该过程因房产局暂时搁置而中断，并非王某能改变。因此我认为吴律师将案件的来龙去脉讲得清晰透彻，以及王某曾在有购房资格时的缴税行为才是影响裁判结果的重要因素。

听完吴律师的分享，我为她取得的胜利感到喜悦，也深深赞赏她维护委托人合法权益的坚定信念和处理问题的灵活性。

需要重点提示的是，针对撤诉后再次起诉这一做法需慎重使用，很多法院对重复立案案件仍由原法官继续审理，且重新立案的时效和诉讼费用等诸多问题需要与委托人协商一致，此方法不宜生搬硬套。

一、理性与生动

（一）情绪稳定、无须太过激昂

在律政题材影视剧中，律师在庭审时慷慨陈词、情绪激昂，双方交锋时更是唇枪舌剑，火药味十足。相比影视剧的演绎，真实的庭审则较为平淡。

激昂的情绪在刑事辩护中较为多见，我曾目睹擅长刑事辩护的律师代理商事案件时在法庭辩论环节针对非争议焦点问题讲得面红耳赤。商事诉讼不同于刑事诉讼，律师过于重视情感的投入和激昂的表达反而适得其反。

"法小白"公益课堂中有几位年长但刚刚执业的学员，他们撰写的文书呈现出篇幅冗长、语言风格过于煽情的特点，更像是内心活动的感性表露。有很多社会阅历后转行做律师的，往往多了些感性，而缺少了法律人的理性思维。

经询问才得知，他们担心合议庭不能深刻理解自己想表达的观点，于是浓重着墨。实际上法官作为"故事"的听众，重点关注的是从法律层面看可以出现在判决书上、装订在卷宗上的内容，而不是律师丰富的内心推测和想象。当事人在法庭上不分重点地表达个人感情可以理解，但律师应严守理性、严谨、专业的角色定位。

（二）法言法语、态度得体适度

1. 讲普通话与法言法语

庭审中使用规范的法言法语是律师行业的基本共识。我认为规范的前提是说好普通话。

某次开庭，对方代理律师一开口讲话，在场的人不约而同地皱起眉头，虽然对方代理人是一位资深律师，但他的湖南口音比较浓重，声调又过于激昂，导致法官和其他代理人都无法领会其表述内容，书记员也无法准确记录，主审法官只能无奈地要求该方另一位律师代为陈述，场面一度十分尴尬。

如果法官听不懂，律师的发言就是"无用功"。这虽是特例，但说明了讲标准普通话的重要性。

规范的法言法语不可或缺，它贯穿律师代理工作的始终。比如，对方应依约支付货款及违约金，不宜表述为大白话"对方应给我们钱"。

2. 慎用反问，应直接陈述

有些代理人喜欢大量使用设问与反问句，比如"你认为这是一个正常的法律关系吗？这种情况应该被法律支持吗？"

相信法官的内心独白是"你问谁呢？"

记得小时候看过一个笑话，张厂长大会讲话经验丰富，不提前熟悉稿子，现场就可以临场发挥。秘书喜欢用反问句来强化语气。有一次，张厂长拿着秘书写的稿子就讲，念到某页最后一行时，强化语气说："利润是从天上掉下来的！"正当台下听众一片茫然时，张厂长翻到下一页，大声念出："吗？"沉寂几秒后，一片哗然和哄笑。

同样的道理，庭审不是舞台表演，律师作为陈述者应直接阐述"故事"经过，慎用疑问句、反问句等修辞。若使用大量修辞着重于情感表达，忽视案件事实和证据，"故事"再精彩也无疑是失败的法庭表述。

3. 尊重法庭、有理有节

尊重法庭和法官，是对律师在庭审中的基本要求。我们常说任何事情都应把握尺度，法庭是律师展现实力的最佳舞台，过于放低姿态的客套谦虚或过于张扬的目中无人，都不可取。

作为代理律师，在法庭上应做到不卑不亢、张弛有度、摆正位置、尊重法官、尊重对手、尊重自己。

（三）就事论事，围绕案情讲述

法庭上讲"故事"应遵循就事论事原则，切忌跑题。在有限的庭审时间里，应直接亮明观点，呈现效率优先、思维敏捷的专业律师形象。

庭审发言不是咄咄逼人就有道理。我见过很多律师发言总是针对对方当事人、代理人，一副要吵架的架势，看似外强实则中干，效果适得其反。

请牢记，庭审中要做到的是争取得到合议庭的认同，而不是把击败对方代理人作为目标。专业的商事代理律师在法庭上是目标明确、有理有据的谦谦君子。

还有的律师对合议庭竟也表现出咄咄逼人的态度。多年前在北京的一起贷款纠纷案件中，我作为原告代理人出庭，被告代理人是一位来自外地的律师，由于其提出了很多没有证据支持的抗辩，主审法官多次要求其予以说明和举证。他竟然突然向合议庭发难："你们对本案有地方保护主义，总是问我方很难回答的问题，对我们外地律师不公平！"

这位外地律师在无任何事实依据的情况下，对合议庭的合理询问主观臆断，实属不该。

（四）直视交流，用自信感染他人

律师要想具备生动表达"故事"的能力，肢体语言很重要。

1. 与法官对视交流

我代理的一起最高人民法院再审案件，双方各有一套证据和说辞，呈现的事实是截然相反的。庭后，法官助理的一句话让我印象深刻："我非常想知道案件的真相是什么，你们双方代理人庭审时的陈述都很真诚，从眼神中也看不出哪一方在说谎。"

这说明，庭审时合议庭会注意律师的微表情，在双方观点不一致且均有证据支撑时，若律师回答问题顾左右而言他，眼神飘忽不定，则极有可能让法官认为是其内心不确信的外在表现。

2. 尽量脱稿陈述、自如表达

律师发言如果同读稿机器一样，照本宣科地念起诉状，全程与法官零对视、零交流。基本会被法官打断："如果与起诉状一样，不用念了。"

具备优秀叙事能力的律师，在庭审中往往脱稿陈述，自信地面向合议庭，真诚而挥洒自如地清晰表达诉讼请求、主要事实、代理观点。即使偶尔低头看书面材料，也只是将其作为提示板，不过分依赖。

有感染力的表达不是机械的。我在讲课和分享交流时，眼神一定追随着听众，并配合恰当的手势。如果我全程盯着课件，与听众无眼神交流，效果一定不佳。

"罗马不是一天建成的"，精彩的庭审表现离不开背后的努力。庭前工作做细、做足，对法律事实了然于心，再配合反复练习，才能让我们的表达更具感染力和说服力。

3. 声音饱满富有表现力

律师除在内容这一核心因素上下功夫，也应注意音量、节奏、重音的控制。

在多年执业生涯中，我曾与很多律师交锋，有的律师讲话音量很低，在法庭上的发言也类似于自言自语，有的甚至在合议庭提醒后仍声如蚊蝇，庭审效果可想而知。

以我给学员上课为例,若用细小的声音讲课,学员们一定会把课程当作催眠工具。我的声音洪亮有感染力,学员们自然听得聚精会神、兴趣盎然。有位学员反馈,此前他的习惯是每天晚上9点听网上的培训课,听一会儿就困意来袭。没想到听我的课不仅不犯困,反而像"追剧"一样,越听越清醒,一直听到凌晨3点。

庭审中律师讲话的音量应保证在场的人能听清楚,声音节奏应快慢适当。比如我在法庭上、在讲课时,语速比平时慢很多。语速过慢容易使人昏昏欲睡,过快则容易使合议庭、书记员遗漏重点。为取得最佳效果,应加强控制语速的日常练习。

此外,还要强调语句重音,强化感染力。比如:"我是中国人。"重音落在"我"和落在"中国人"上所表达出的情感是不同的,不同的语境下,他人获得的信息也不尽相同。

二、逻辑清晰与语言简洁

用简洁有力的语言表达主次分明、条理清晰的案件逻辑,是律师基本功的充分体现。

(一)符合逻辑,起承转合

讲故事讲究的是起承转合。交代背景、事情源头、经过发展、涌入高潮,营造跌宕起伏的氛围,最后落幕。我讲"四合院一房二卖"连环案时,学员称赞我把一个法律关系极其复杂的连环案,讲得透彻清楚又栩栩如生。处身法庭,我也能自如生动地讲好案件"故事"。

我经常记不住别人的样貌和姓名,但在从事法律行业的二十几年里,我对接触过的案件都能熟记于心。每个案件在我看来都像一部电影,有正派、反派、伏笔、交代,我将案情逻辑清晰地串成"故事"讲给合议庭听,有助于合议庭快速明晰争议的原因和我所表达的观点。

有句话说得好,"世上最难的两件事,一件是把别人口袋里的钱装进自己的口袋,另一件是把自己的思想装进别人的大脑。"无论是写书、讲课还是法庭陈述，本质都是把我的观点分享给别人，看似轻而易举，实则要做足准备。

（二）逻辑连贯，情节合理

不同主体讲述同一事件，听众会有不同感知。好比听新闻，我们一般认为新闻展现的都是客观事实，但不同国家报道同一新闻，基于讲述者不同的价值判断和主观倾向，观众会得出不同的认知。

律师在法庭陈述时一定有目的性，但合议庭作为中立方，希望听到未经过筛检原汁原味的"故事"，律师应尽量配合庭审需求如实陈述，不能违背客观事实说谎，但也不能做出不利的自认。因此，律师讲案件"故事"应在保证逻辑连贯、情节合理的情况下有针对性地予以筛检和整理。

（三）诉求简明扼要，观点有理有据

好的案件"故事"需要逻辑清晰地呈现案件脉络，案件脉络又需要紧扣简明清晰的诉讼请求展开。

实务中，很多起诉状中的诉讼请求并不具体明晰。比如，笼统地要求对方支付利息，但未明确利息的确定方式。再比如，直接按照合同约定，主张货款10万元，违约金15万元。但这是不可能得到支持的，应适当降低诉求金额，并阐明合理标准。做出让步不是理亏，而是将请求纳入合乎法律规定的范畴，从实质上保护委托人的合法权益。

我也遇到过对方代理人的自认金额居然高于我方诉求的情况。

例如某买卖合同纠纷案件中，我方作为卖方，在提供的多份证据中，对同一产品标明不同售价，单价集中在63 000 ~ 66 000元。

我方委托人同意按照单价63 000元提出主张，而在庭审中，对方自认的单价为64 000元，其并未意识到自认的产品单价高于我方诉求，我方随即按照这个单价增加诉求金额180万元。

三、争议焦点与边缘事实

（一）发表对争议焦点的意见

合议庭总结争议焦点："本庭总结本案争议焦点，第1……第2……双方围绕争议焦点进行举证质证。"如果合议庭未主动征求各方代理人意见，代理律师可向合议庭要求对争议焦点进行补充和调整。

例如某借款合同纠纷案件，合议庭总结的争议焦点为：双方之间是不是借贷关系？

我对合议庭总结的争议焦点不完全同意，便主动说明："法官，建议明确'对方向我方支付款项的性质'。"

法官疑惑地看着我："刚才我不是说过了吗？"

我解释道："您归纳的争议焦点的大方向是正确的，但我还希望查明更具体的法律关系，您看是否可行？"

合议庭最终同意将款项的性质也作为争议焦点之一。

（二）围绕焦点讲"故事"

我看过一篇文章，"故事"从以下四方面展开论述，可以借鉴：

（1）诉争标的，明确诉求；

（2）事实争点，厘清事实；

（3）证据争点，分析"三性"；

（4）法律适用争点，阐述立法本意。

按此逻辑阐述基本能满足一般案件需求。逻辑顺序无硬性要求，也可以先阐述法律适用，再说明事实争点。

（三）边缘事实出奇制胜

一般来说，律师应围绕核心问题讲"故事"，但有些情况下，最具说服力的不是双方争议的焦点问题，而是与核心事实同等重要的边缘事实。

比如"四合院一房二卖"连环案中，合同约定"如由于甲方中途将此四合院转让他人，则赔偿乙方500万元"，双方对于该条款属于"解约条款"还是"违约条款"争执不下。

我检索了大量相关判例和学理界的观点，分歧很大，无法得出确切结论。在双方观点各有一定依据支撑时，不起眼的边缘事实往往会对案件走向有重要影响。

我决定以边缘事实为突破口，向合议庭阐明该约定虽然在违约条款项下，但该条款的实质是"解约条款"。

首先，买方的身份是房屋中介，购房目的不是自住，而是获得利益。

其次，该合同条款由买方自行写入，金额也是买方确定的。这一边缘事实暴露了买方的真实意思表示：买方作为房屋中介倒卖案涉四合院，认为获利500万元即符合心理预期，因此才没有约定房屋交付时间与尾款支付时间。买方签约时已经预料卖家可能"一房二卖"，主动添加该条款，就是为合同解除后的补偿做了约定，因此可以合理认定该条款为解约的赔偿约定。

我方已将房屋交付给第二买家，与第一买家签订的合同无法履行应解除，同意支付500万元赔偿金，而非继续履行的同时再支付500万元。

精彩的"故事"从具有高度关联性的导火索切入，阐述核心事实和边缘事实，二者同等重要。

在当事人本人或者公司经办人员出庭时，律师应提前做好出庭辅导，让其知晓法庭审理程序，以及需要回答的问题，引导他们在法庭上说出推动案件进展的事实和技巧性地回避不利事实。辅导当事人绝对不是阻止其如实陈述，而是让其在法庭上更好地陈述和回答问题。

律师应与当事人提前做好演练和配合。"苦情戏"在处理一些可左可右的离婚纠纷案、争夺抚养权案上有一定作用，而在商事诉讼中作用甚微，律师应学会在不同场合用不同的方式讲述案件"故事"。

| 青出于蓝 |

我的温暖有力量的案件"故事"

吴胜男　执业律师　上海申同律师事务所

非常荣幸我代理的动迁房买卖合同纠纷案被邓律师选为代表案例，激动之余，想和大家分享本案背后的故事和我的心路历程。

一、检索不利，但决不轻言放弃

客户委托我时是 2018 年，当时的我到上海还不足一年，不仅没有类案的办案经验，而且对上海房屋动迁、限购政策基本不清楚，底气不足、一头雾水、毫无头绪……

为了能对同类案件的走向有基本了解，我先利用类案检索了解法院的处理方式。经过检索却得出对我方极其不利的结论——败诉！

按照上海的动迁房纠纷判例和法院裁判习惯，在判定卖方是否应当履行过户义务时，法院均会审查案件审理时买方的购房资格，而我的委托人年事已高，在上海没有户口也没有办法缴纳社保金，限购政策成了胜诉的极大障碍。

这也意味着本案基本会是一件必败的案件，我瞬间感到巨大的压力，心里也开始打起了退堂鼓，但我们律师事务所杨主任说的"对正义充满感情，对社会饱含温情"这句话根植于我心。卖方不守诚信的行为让我愤愤不平，面对客户一家的无奈与无助，如果律师不穷尽救济途径保护他们的利益，还有谁可以保护他们呢？于是我更加坚定地要还客户一个公道！

"他山之石，可以攻玉。"

为寻求更多解决途径，我请教了行业资深人士、房产中介、有相关经验的老师、同学，得到过各种各样的答案，但大多数人认为判决会很不利。

但是我一直相信人与人之间总归不会绕过人心，我开始思考能否从我个人的角度去触动卖方，跟他多一些温暖的连接，实现和解。在这个思路下，我买了水果去看望卖方。卖方是位老人，但他没有话语权，其子女坚持要求要回系争房屋，将来作为遗产继承，如此一来，子女便可从中获益。

我又尝试找到卖方的子女们进行调解，可是他们寸步不让。动迁房经过 20 多年的累积增值，房价已超过 400 万元。如果一旦按照他们的要求认定房屋买卖合同无效，卖方只需无息退还 76 万元购房款，不费吹灰之力就可得到 300 多万元的差价。

调解无望后，我面对气焰正盛的卖方一家不再作任何退让，最终选择起诉！

二、纵然不利，但坚信"正义必胜"

开庭后，我抱着"这件案子，我们必胜！"的决心，有理有据地向法官讲述着温暖且有力量的案件"故事"。

我方当事人是浙江省永嘉县村民，家境清寒，20年前举家到上海打工谋生。经过几年的发展，手里有了一定积蓄，2007年3月，在亲戚朋友的帮助下，他们以76万元购买了系争房屋，当时的房价对他们而言是个天文数字，付房款后装修入住，但是因动迁房限制交易未办理过户。限制期满后，上海又出台了房屋限购政策，卖方见房价大涨，以我方当事人"被限购"为由，要求解除合同、拒不过户。我方认为双方签订的动迁房买卖合同系双方真实意思表示，合法有效，卖方应当遵守合同约定，将系争房屋过户至我方当事人名下。

此外，根据2007年的政策，动迁房只是不能立即办理产权证，而非不能买卖交易，我方在购买房屋时具备购房资格，根据"法不溯及既往"原则，新出台的购房政策不应约束我方当事人的购房行为，否则既不公平也不合理。

最重要的是，通过考察当时的购房背景和20多年间的政策变革，并多次前往相关部门了解情况，我发现我方当事人在几年前的某个时段是可以办理过户的，手续也已基本走完，最后只差产权证明的下发，但因房产局登记部门的原因，我方当事人在缴纳税费并取得收据后，最终未能领取房产证，而同期动迁房的其他房产证均办理成功。可见，非我方当事人主观因素造成系争房屋未能过户成功。

虽然历经三次撤诉，但是我不气馁，继续起诉。最终，法官并没有机械适用裁判惯例，而是结合政策背景、实际情况等思考和探讨，并亲自去不动产管理部门调查，判决我方胜诉！在对方上诉后，我又将案件"故事"讲给二审法官。

在收到终审胜诉判决以及客户赠送的写有"幸福律师满满爱，艰苦胜诉总关情"的锦旗后，我的内心久久不能平静，付出两年多的心血终于有了回报，心里的一块石头也终于落了地。

在我看来，本案赢得漂亮又艰难，这一场官司的胜利，保住了客户一家人的后半生，也给上海这座城市无数动人的故事中增加了一个富有人性温度的小故事。

| 课后感悟 |

魏 群

邓老师讲到"小白"律师最忌讳在讲述案件"故事"时照本宣科,全程与法官零交流。这确实是作为新手律师的我们很容易犯的错误。听课过程中我也一直在反思与总结,今后务必要锻炼自己,经手的每一个案子都要将案情烂熟于心,在庭审中做到将案件"故事"以更有感染力和说服力的方式表述出来,相信正如邓老师所言:庭审效果必有较大的提升!

本节试听

500元专属课程优惠券

第十一章
你不知道的"证据之外"

邓律金句

将你的"宝贝"安利[1]给法官

实务中,总有一些不是证据的"证据",会对案件的事实认定、法律适用、裁量结果产生一定影响,我将其命名为"证据之外"。它包括思维导图、关系图、数据图表、立体模型、报告、实物呈现等,这些"证据之外"不仅有助于将案件事实、法律关系、争议焦点等化繁为简,还能有效解决"说不清、理还乱"的问题。

本章结合诸多案例,从诉讼可视化、证据实物化、加强证据冲击力三方面,深度剖析"证据之外"的作用。

一、诉讼可视化

在法律圈,"诉讼可视化"已贯穿于每个法律人的日常。案件复杂,我们需要化繁为简;庭审时间紧迫,须提高证据展示效率,利用可视化技能可以提炼材料重点、高效传达信息。

(一)巧用思维导图分析复杂案情

案件的成败很大程度上取决于庭前准备。此处的"庭前准备"不能局限于我方观

---

[1] 安利,网络流行语,意为把自己认为好的事物推荐给别人。——编者注

点及证据等，还要考虑对方当庭突袭的状况。庭审除考验律师的临场反应能力，还需借助思维导图做好预案，才能保证临危不乱，赢得良好的庭审效果。

1. 预判案件的争议焦点

思维导图应用场景丰富，对案件争议焦点的梳理和预判更是大有裨益。

总结案件的争议焦点不仅是律师庭前必做的功课之一，也是律师基本功的体现。优秀的代理律师在出庭前，会针对所有可能的争议焦点准备多套方案，并呈现于思维导图中，便于根据庭审情况灵活调整应对措施，从而实现庭审精准打击。

针对核心争议焦点，也可单独构建思维导图，多方面阐述相关观点。比如某买卖合同纠纷案中，核心争议焦点是案涉产品是否存在质量问题以及欠付货款情况。针对此争议焦点，构建出案件思维导图（见图11-1），可从产品质量、鉴定（结果）、（是否）退货、货款（支付情况）四方面认定。针对每一方面，列出对我方有利的证据和法律依据，方便快速定位关键数据和条款，帮助合议庭明晰事实和理由。

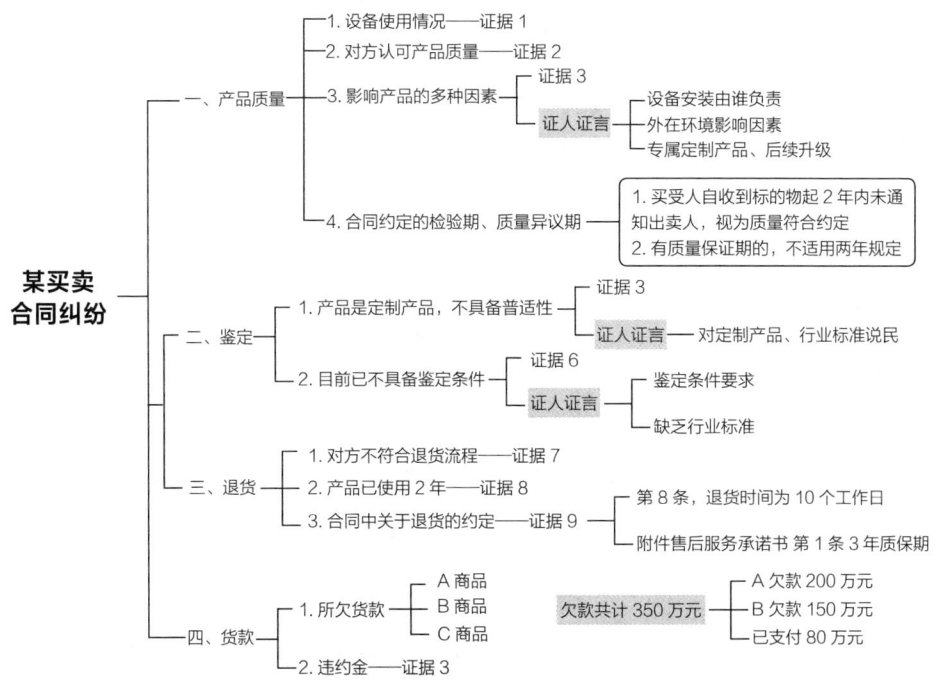

图11-1 某买卖合同纠纷案件思维导图

庭审中，这样一份思维导图便成为我随手可用的工具，方便我在恰当的时机，针对核心争议焦点快速、深入、全面地发表观点，庭审的"丝滑感"就是这样打磨的。

2. 证据按争议焦点排列组合

"证据之外"并不是孤立的存在，而是结合证据排列，共同影响案件走向。

假设你是卖方的代理律师，要向买方追索欠付的货款，会先向卖方了解哪些事实？会沿着什么脉络厘清事实？其实你想了解的也是合议庭想查明的。按照一般逻辑，脑海中会自然而然构建一套故事体系，体系又由各关键要点按照一定顺序组成，如案涉货物单价、交易数量、货款支付条件是否成就、是否存在质量问题导致货款扣减、违约责任约定及承担等。

进展到这一步，争议焦点已基本浮现，只需根据案情再详细梳理，清除无争议部分。所谓争议焦点，其实就是案件事实主要脉络中各方存在冲突的部分。

我代理的超亿元追索货款案件，交易产品是车载电池包，研发和产品本身都极具专业性和复杂性。我深入分析案情后，所列争议焦点并不高深，多为常见的单价、数量、支付款项、违约责任等基本要素。

最终形成的案件思维导图如图11-2所示，横向可说明每一核心焦点及相关分支问题，并在各分支上标注了相关证据的名称及序号，证据之间层层递进、环环相扣。

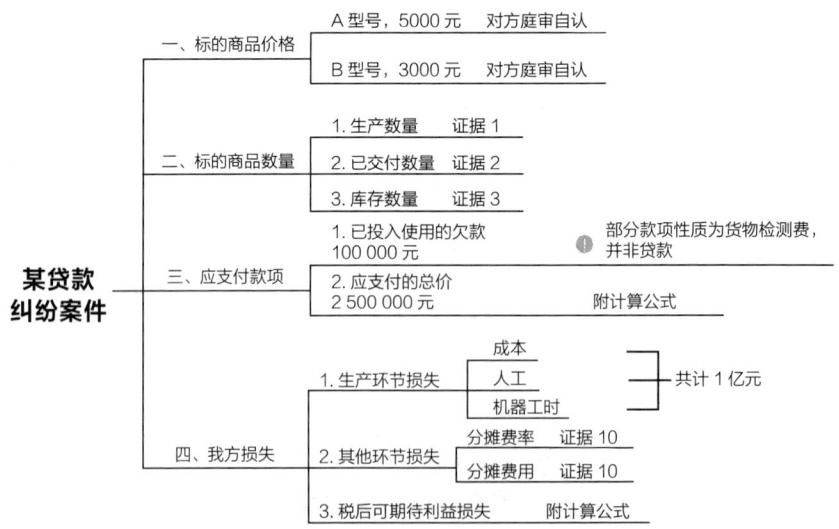

图 11-2　某货款纠纷案件思维导图

合议庭总结的争议焦点与我此前归纳的争议焦点基本一致，我们将思维导图当庭提交给合议庭的同时，也给了书记员和对方代理人各一份。主审法官结合思维导图归纳的内容进行法庭调查，书记员记录也清晰，庭审效率提高，有利于查明案件事实。

3. 适时呈现给合议庭

在归纳争议焦点方面，若我方预测与庭审情况差别较大，则不宜直接呈现给合议庭。如坚持认为我方总结的焦点更为准确，可以在得到合议庭允许后表达对争议焦点的意见，进而引导合议庭增加或调整争议焦点。

（二）巧用标识和类案检索报告展示利好观点

为强化我方观点的正确，援引类案判决是代理律师常用的方法。但判决书的篇幅往往较长，复杂案件多达几十页，合议庭很难在烦冗的判决书中迅速找到案例的核心点。

我们应设身处地为合议庭着想，让合议庭容易看到重点内容且看得轻松。对此，我给大家介绍两个方法。

方法一，用颜色鲜艳的记号笔标记、勾画出有意让合议庭了解的或对我方有利的裁判、观点等重点内容。

方法二，制作类案检索报告。援引的参考案例及想要展现的重要利己观点较多时，即使做好标识仍显杂乱，这时我们应转变角色，做法官的"秘书"，提前将众多案例及观点有条理地归纳至一份简要的类案检索报告中，并将相关案例判决书作为附件，形成一份完整的类案检索报告（详见本书第十二章"有效检索弯道超车"），提交给法官，让其更加一目了然。

如果在合议庭上可以让法官一边看检索报告一边听我们详细解释，会起到事半功倍的效果。

要注意筛选的案例与代理的案件之间应具有高度相似性，也要注意所筛选案例的权威性，比如案件的审理地域、审级、时间、是否为公报案例等。地域越接近、审级越高、时间越近，则说服力越强。

（三）巧用法律检索报告明晰法律适用

法律检索是律师的必修课，若未掌握该技能，律师后期的法律分析如同无源之水。法律检索报告作为"证据之外"的重要组成部分,能有效呈现案件的法律关系(详见本书第十二章"有效检索弯道超车")。

要特别注意收集地方性法规、行政规章和政策性规定,以及有利的司法解释和最高人民法院就某类案件的批复等。巧用法律检索报告有助于明晰法律适用,帮助合议庭减少查询工作。

(四)巧用图表加工已公开的权威信息

相比冗长的文字,图表更具吸引力与说服力,获取关键信息也更为直观,故有"一图胜千言"的说法。

比如,在"四合院一房二卖"连环案中,张某认为房价上涨了7500多万元,若被告仅赔付他500万元违约金,对他来说显失公平。我作为被告代理人,需要证明的是违约后果应按照行为发生时的损失认定,而不应按案件审理时的房价认定。

我利用公开数据制作了2007—2009年北京商品住宅成交价格走势图(见图11-3),说明房屋出售时,二手房市场的价格涨幅震荡,处于房价的低谷,白云公司不可能预知房价在4年后从2500万元暴涨至1亿元。

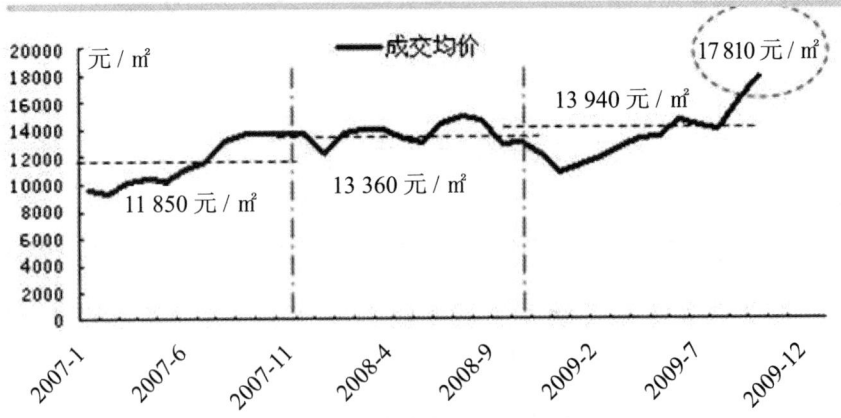

图11-3 2007—2009年北京商品住宅成交价格走势

2009 年，约定 500 万元的违约金，已经是房价的 20%，符合当时市场的交易背景，也是张某亲自草拟、确定的数额，因此不存在显失公平问题。该观点得到了合议庭的采信。

（五）巧用关系图迅速还原复杂案件关系

这是一起借贷合同纠纷案件，委托人白云公司一审败诉，二审委托我代理。

【案例 11-1】

2013 年 11 月，委托人白云公司（债权人）与黑土公司（债务人）签订借款合同书，白云公司向黑土公司出借 1000 万元，但黑土公司因资金紧张，逾期未归还欠款。

为偿还上述欠款，黑土公司向大山（蓝天公司实际控制人）借款 1000 万元，大山利用自己的蓝天公司账户将该笔款项直接汇至白云公司，但是在汇款备注栏中标注的是"借款"。白云公司没有注意到该备注，直接将该笔款项作为黑土公司的还款入账。

3 年后，白云公司突然收到法院传票，蓝天公司起诉了白云公司，要求白云公司偿还 1000 万元借款及 50 万元利息。

上述案情涉及三个主体、两笔借款和一笔还款。由于实际情况和资金流转过程更为复杂，为方便大家理解，我对案情做了简化处理。

由于白云公司确实收到了蓝天公司的 1000 万元，备注是"借款"，如用文字还原案情，不仅会将法律关系越说越复杂，也很难一针见血地展示真实的法律关系。因此我们团队用了整整一天，制作并完善了该案件的借贷还款关系图（见图 11-4）。

该案件事实上存在两个真实的借贷关系：黑土公司向白云公司借款 1000 万元、黑土公司向大山借款 1000 万元。而大山的蓝天公司用资金走向虚构了白云公司与蓝天公司的借贷关系。

为还原案件真相，我在图 11-4 中用实线表示真实的借贷关系；用虚线表示虚假的借贷关系，并用醒目的"×"突出显示。

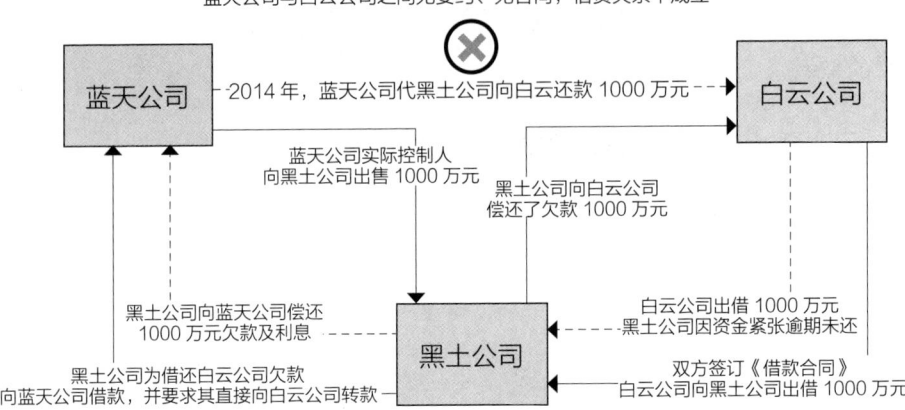

图 11-4　案例 11-1 的借贷还款关系图

庭审中，我向合议庭呈现了这张图，刚准备进行说明，主审法官看完之后说："你不用说明，我看明白了，你想说明这是两个借贷关系。"

案件经历重审、再审，最终胜诉，法院驳回蓝天公司的全部诉求，维护了我方委托人白云公司的合法权益。

（六）巧用图表梳理海量数据

完整的鉴定报告往往是厚厚的一册，数据繁多。法官非鉴定专家，看懂完整报告也存在一定困难，这时我们需要制作鉴定报告解读表，展示案涉数据的验证路径，帮助法官快速理解非法律领域的文件。

鉴定报告解读表并非案件证据，却是上百页鉴定报告的浓缩精华。作为"证据之外"的材料，可以帮助合议庭在短时间内把握鉴定报告的核心内容，提升证据采信度。

（七）巧用立体模型还原现场场景

以下是我曾代理的一起某土地使用权侵权纠纷案。

【案例11-2】

原告大河与我方委托人大山拥有毗邻的两栋别墅,大河的别墅在低洼处,大山的别墅在高处。由于别墅坐落在山坡上,从北侧看两个院落是同一平面,而从南侧看两个院落的垂直高度落差达5米。

双方的争议焦点为大山院落中一块土地的使用权由谁享有。

本案中,为明晰大山与大河的土地权属界限,我方律师特意从相关部门调取了小区别墅竣工图、别墅分布图等,但均无法直观展现,甚至有设计图与实际不符的情况,无法得出客观的结论。

从平面角度看图纸,看不出土地使用权归属于大河有问题,但大河的院落与争议土地并未处于同一高度水平面,存在5米落差。按常理,任何开发商都不可能在一个院子里设计5米落差的花园。为证明我方观点,我们到案涉现场拍照、摄像,但在还原场景和地势上仍有所欠缺。

为说明争议位置的整体环境,开庭前我们团队律师去现场探查地形及地上别墅布局后,结合调取的图纸,用A4纸制作了可折叠的简易立体模型,有效还原了现场真实情况,获得了法官的夸赞。

二、证据实物呈现

证据的实物呈现比图像和视频展现更具视觉冲击力,也更能增强证据的可信度。

【案例11-3】

原告白云公司与被告黑土公司签订《车载电池包销售合同》,白云公司按照黑土公司要求定制加工了车载电池包。后黑土公司因该车型销售业绩不佳停止生产,拒收白云公司已加工完成的车载电池包。

由于该案系承揽合同纠纷,黑土公司作为定制方应赔偿生产方白云公司的全部损失。白云公司要求即便被告放弃货物,也应按照销售时的订单价格赔偿白云公司损失。

在一般人看来，未交付的产品还在原告处，即便被告放弃收货，原告也可拆解再次利用，为何要求被告全额赔付？

此时，证据实物化就可以"大显身手"了。

我向合议庭展示了新的电芯和焊接过的电芯实物（见图11-5），结合电池包的结构分解图，说明了电芯作为车载电池包的核心元件，必须经过焊接串联才能组成产品。

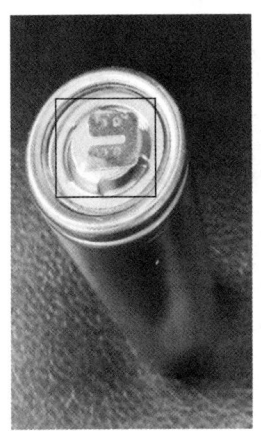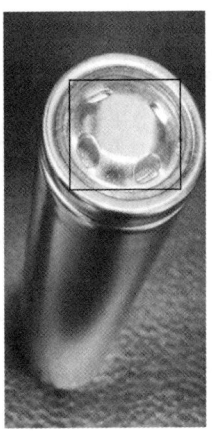

图11-5 新电芯与焊接过的电芯

对原告来说，本案看似有三种合理解决方案。

一是拆卸焊片。但拆卸焊片会导致车载电池包漏电起火，其后果可想而知。

二是不拆卸焊片重新焊接。但使用旧电芯不仅违反国家规定，更存在安全隐患。

三是将整个车载电池包售予其他客户。每个车载电池包大小、形态、功率均不同，仅能适用于特定车型，而且每款电动汽车的主要零部件和生产厂家均需提前备案。显而易见，按照被告要求定制的电池包无法满足其他汽车厂家的需求。

可见，案涉车载电池包对白云公司没有再使用的价值。

我方观点得到了合议庭的支持，很大程度上得益于我当庭展示了实物，直观地阐明了电芯的设计原理和拆卸风险，帮助合议庭法官清晰了解电芯一旦焊接后就视为全损这一关乎核心争议的事实。这本是一个专业领域的问题，严格讲是应经过审计鉴定才能认定的事实，而我直接用实物在庭审中做出了充分说明。最终，虽黑土公司拒收货物，但合议庭仍按照订单中的销售价格判令黑土公司赔偿白云公司全部损失。

三、加强证据冲击力的其他方法

除诉讼可视化、证据实物化可以加强证据的冲击力，我们还可以从以下几方面努力。

（一）归纳提炼证明目的

举证环节需要律师具备良好的表达能力，同样一份证据，有的代理律师呈现时思路清晰、表述简洁、讲明重点，能瞬间吸引合议庭目光；有的代理人表述时重点不突出，让人难以理解证据与主张之间的关系。因此应在证据关联性的提炼说明上下功夫。

（二）复杂证据简单化

庭审时间短暂、发言时间有限、庭审氛围紧张，都是律师庭审时最直观的感受。能否在法庭上高效呈现证据，协助合议庭快速理解某些专业领域证据，将复杂问题简单化，是衡量律师水平的标准之一。

律师在展示证据和各种材料时，重点问题说深说透、举证简明扼要、重复问题不纠缠，做到有的放矢。

（三）二审期间需再次提交一审中的有利证据

即便二审没有新证据，也需提交证据。

想取得二审胜诉，不必纠结于一审阶段证据是否已提交。在二审时再次提交一审中对我方有利的证据，把对我方有利的内容叙述得更完善，再次对对方不利的内容予以抨击，效果远胜于仅陈述"一审判决正确，一审已提交证据"等寥寥话语。

（四）灵活运用证据公证

公证是国家法律信用体系的重要组成部分，在商事诉讼中发挥着不可或缺的作用。如果担心证据会灭失或被篡改，或为了增加证据的可信度，均可对证据进行公证，让证据更好地"说话"。

随着证据规则的改变和审判便捷化，公证并非合议庭采信电子证据的必要程序，是否需要对证据做公证视情况而定。比如，微信聊天记录，只需将保存聊天记录的原始载体呈现给合议庭，合议庭和对方当事人可当庭翻看，并与电子证据形成的图片、音频、视频进行核对，即可确认证据的真实性。此外，很多能证明截图时间、来源的网页，如果对方无争议，也无须公证。

如能灵活运用"证据之外"，可以极大地增加证据的冲击力和可信度，说服合议庭采纳我方的意见和观点。

| 青出于蓝 |

"证据之外"大显身手

崔秀琳　执业律师　北京大成（沈阳）律师事务所

非常感谢邓老师给我这个机会分享我代理的案件。我想结合曾代理的一个经由辽宁省高级人民法院一审、最高人民法院二审均胜诉的涉外股权转让纠纷案，阐述我对本章内容的感受。

1. 案情简介

原告是韩国的一家大型物流企业，被告（我方当事人）是一家韩国人在中国成立20余年的外资企业，主营化妆品以及保健品，并有自己的物流体系。被告为了拓展产品的物流能力，决定与原告合资成立一家物流公司，合作方式为被告先行全资设立案涉物流公司，后由原告认购案涉物流公司51%的股份，股权转让对价款为案涉物流公司注册资本金对应的51%部分的3倍，原告在股权认购之后拥有案涉物流公司的实际经营权。

不仅如此，被告还与案涉物流公司另行签订合作协议，将被告所有的物流业务，包括被告当时正在开展的四个项目的物流业务均交由案涉物流公司。合作开始后，因被告的四个项目未能顺利开展，导致案涉物流公司的效益未达到原告预期，原告遂提起股权转让诉讼，要求解除与被告签订的股权转让合同，要求被告返还全部股权转让款及违约金，诉讼标的额接近1亿元。

2. "证据之外"

（1）我们的重点有两个：①证明原告的股权转让价款是双方早已在股权转让合同签订前的谅解备忘录中明确约定的，并不附带物流量承诺；②证明被告溢价认购股份的原因在于原告认可被告在中国深耕20余年的既有物流网络资源以及案涉物流公司的经营权。

我们除了原有的证据，还找到了被告公司20余年的内部杂志，我们对其中关于被告公司各时期物流能力的报道一一进行了梳理，并向法院展示，证明被告在合作之初已实际具备物流量的优势以及溢价收购的合理性。

（2）在双方签订股权转让合同之前，曾签订过一个关于双方物流合作的谅解备忘录，其中已经写明最后的股权转让价款中包括Premium价款。由于该谅解备忘录是用韩语制作的，韩国人在写文本时又习惯性地夹带英语，我们为了证明该Premium指的是已经包括了对于被告物流网络资源优势的内容，特意去查找了韩国的词典，专门针对Premium这个单词的词义进行了翻译，并向法官进行了介绍。

（3）被告未能顺利开展的四个项目中的贵州项目并非由于被告而未能达成物流量的营收，而是因为贵州当地的物流网络原本就不发达，且不在被告原有的物流网络资源内，需要案涉物流公司自行开发。被告曾向我们介绍，他们当时为了完成贵州项目，和贵州当地的供销合作社合作开发过化妆品。为此我们专门在网上购买了客户说的该合作品牌的产品，经过仔细观察，发现产品包装上面确实有双方合作开发的相关字样，因此在开庭时也向法院进行了实物展示，用以说明被告为了案涉物流公司的物流业务尽到了应尽的义务。

本案最终取得了一审与二审的完胜，制胜关键不仅在于我们前后提交的上千页的证据材料，以及和客户无数次的开会沟通，深挖案件事实，更重要的是，"证据之外"发挥了不可忽视的作用。

| **课后感悟** |

许鸿燕

我们律师做的所有工作,最终目的都是获得法官的认同,那么怎么做才能让法官更容易接受并支持我们呢?在学习邓老师的课程之前,我以为把证据罗列出来提交给法官就可以了,原来这里面大有学问。邓老师在"你不知道的'证据之外'"这一章详细讲解了律师在证据之外还要做什么,比如可以围绕案情把证据梳理成思维导图,让法官更容易抓住重点并快速看懂。这些干货[1],让我受益匪浅,对我今后的工作帮助很大,相信对其他律师同行也会是很好的启迪,在这里我由衷地感谢邓老师的分享!

本节试听

500元专属课程优惠券

---

[1] 干货,在网络流行语中指精炼、实用、可信的内容。——编者注

第十二章
有效检索弯道超车

邓律金句

网络淘金　稳、准、真

作为律师的必备技能之一，检索在处理案件过程中发挥着不可替代的作用，尤其在接触新型案件时，全面检索是必做功课。

《论语》有云："工欲善其事，必先利其器。"熟练掌握检索技巧，高效利用各类检索工具，能让我们如虎添翼，以更高的办案质量和效率解决客户的难题。

本章从案例检索出发，通过"法小白"公益课堂学员和我们团队律师的检索方法，并借鉴网络文章中介绍的检索技巧，在浩瀚如烟的法律法规、案例中筛选出最具价值的信息。

案例重现——全面检索显神通

以"法小白"公益课堂中一位律师学员提供的真实案件为例，分享该学员的检索过程，通过这种具象化方式帮助大家领会检索的意义。

【案例12-1】

甲某与乙装修公司签订《承包装修合同》，约定装修总价为18万元，装修范围包括地面、墙、壁柜、橱柜、家电等，竣工结算增减幅度不超过5%，任何一方无故终止合同，应向另一方支付总价15%的违约金。

合同履行中乙装修公司称增量超过5%，要求甲某继续支付增量费用，但由于甲某已实际支付了装修款18.9万元，于是拒绝再次支付增量费用。

此时装修工程尚未完工，乙装修公司遂停工。

甲某寻求律师帮助，提出以下委托目标。

（1）乙装修公司继续按合同约定施工，且甲某不再支付任何增量费用；

（2）若前一目标无法实现，则解除装修合同，并向乙装修公司索赔。

实践中，装修工程增量费用在合同中往往呈现开口式约定，且具体金额受市场变化、施工方法等影响较大，涉及的争议及法律问题难以厘清。这位律师没有办理此类案件的经验，需要借助检索形成解决思路。

本案中，从甲某的委托目标出发，有以下需解决的问题。

（1）增量费用应由谁承担？

如果由于市场变化等因素导致乙装修公司使用的材料价格高于约定价格，从而造成增量费用超过合同总价的5%，如何确定增量费用应由谁承担。

（2）违约金由谁承担？

若追究合同解除的违约责任，究竟是甲某未支付增量费用还是乙装修公司增量导致违约。

（3）逾期竣工的损失由谁承担？

乙装修公司停工导致甲某延期入住产生的损失由谁承担。

我一直认为法律关系复杂与否，和案件标的大小无关联，因为每个案件都有独一无二的脉络。我们应对每个案件进行充分的调查和研究，不想当然，不盲目下结论，而是以系统性思维全面检索类案、法律等，厘清法律关系。

一、类案检索

我国虽然是成文法国家，但越来越重视类案在司法实务中的作用。何为类案？最高人民法院于2020年7月发布实施的《关于统一法律适用加强类案检索的指导意见（试行）》指出：类案是指与待决案件在基本事实、争议焦点、法律适用问题等方面具有相似性,且已经由人民法院裁判生效的案件。

类案检索有助于律师对代理的案件制定正确策略、预判案件走向。接下来,我仍以案例12-1为大家讲解类案检索的方法。

(一)明确检索目的

正确的方向是成功的一半。检索类案前,首先明确检索目的,避免"闭着眼睛捉麻雀"。

1. 预判案件走向

如果本案选择以诉讼方式解决纠纷,甲某主张在不额外支付增量费用的情形下,乙装修公司继续履行合同的诉求能否得到法院支持?

2. 判断甲某能否解除合同并获得赔偿

若主张解除合同,甲某是否具备免责事由。因合同解除或逾期入住给甲某造成的损失如何赔偿?

3. 制定策略,选择最优解决方案

从更有助于保护甲某的权益出发,比较诉讼和调解哪种方式更具经济合理性,从而为甲某提供合理解决方案。

(二)在检索中不断调试,得出最优解

明确检索目的后,"法小白"特训营的那位律师选择了使用中国裁判文书网作为主要搜索工具,通过不断尝试、调整检索关键词,一步步精确锁定检索范围。

第一次检索关键词:装饰装修合同纠纷;

第二次检索关键词:装饰装修合同纠纷、解除、交付、增项;

第三次检索关键词:装饰装修合同纠纷、解除、交付、增项、上海市法院、部分承包。

将检索到的案例等内容加以梳理、归类,形成类案检索成果。

对类案进行分析后发现,关于增量费用,起诉方一般需要对增量造价进行鉴定,以查明增量是否合理,多数案件诉讼结果按照造价价格多退少补。由此可以预判本案对增量的认定大概率适用上述裁判规则,也就是说即便增量超过5%,甲某也应支

付增量费用。

关于甲某主张解除装修合同，需以乙装修公司逾期交工构成根本违约为前提。但案涉装修合同的工期并未到期，乙装修公司是否构成根本违约存有争议。

该律师对类案分析结果（见图12-1）进行评判后认为，从甲某希望按期入住的终极目标来看，本案缺乏提起诉讼的有利条件，且损失大，耗费时间长，最适宜的方式是调解解决争议。

图 12-1　类案分析结果

为避免双方对增量产生更加无法调和的分歧，该律师制定调解策略。首先，对已增量部分进行核查，确定增量是否合理。若乙装修公司在保证原有利润不变的情况下合理增量，那么甲某可支付部分增量费用。其次，双方共同对后续增量商定详细的条件和标准，实施增量前需得到甲某的同意。最后，乙装修公司继续施工，按期完成装修进度。

在类案检索的帮助下，该律师从起初的无从下手到思路逐渐明朗，继而提出可行的解决方案，并得到客户认可。如果根据甲某的意愿直接提起诉讼，极有可能既耽误了甲某入住，又无法免除其支付增量费用。

希望大家能从他人的成功做法中学习经验，丰满自身羽翼。

（三）制作类案检索报告

完成类案检索后，是否需要制作检索报告，因人、因案而异。若制作检索报告，需符合简要清晰、结果可视化、便捷索取等要求；若不制作检索报告，也需对检索结果做到心中有数。

结合学员们提供的方法，制作类案检索报告应做到以下几点。

1. 重点标明可采信的观点

制作检索报告的目的是，利用已生效判决中的观点为我方提供支撑依据。因此，制作检索报告应落实到观点的梳理和呈现上，直截了当提供结论性意见。

2. 筛选呈现内容

根据使用对象不同，检索报告分为自用版和他用版。自用版检索报告的核心在于内容全面，利、弊观点均需列明，外在形式可根据个人习惯而定，不拘一格。图 12-2 给出了一个类案检索报告内容的示例。

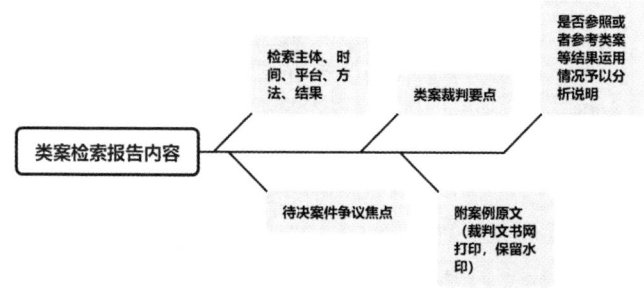

图 12-2　类案检索报告内容

他用版检索报告一般面向客户和法院，着重筛选呈现的内容，需截取与争议问题直接关联的部分，慎重呈现不利内容，且格式排版等均应制作精良。

类案检索报告是否提交法院，视情况而定。若案情复杂、检索内容较为关键，则有提交的必要性。

如果呈现的案例来自本院及上级人民法院审结的类案，则向法院提交的类案检索报告也须包括部分不利内容，但须阐明类案不利情形与本案情况存在差异。报告应尽量呈现中立客观的态度，这样会增加我方观点被采纳的可能性。

3. 突出核心观点

类案检索报告须方便阅读者在短时间内掌握类案的判决核心点。

筛选的类案不宜过多，结合关联度排列先后顺序。简要摘录、分析类案与代理案件相关的有利、不利内容，对关键处加粗做重点提示。对于报告所附类案判决原文，也需进行重点勾画，引起阅读者重视。

4. 类案检索报告参考示例

类案检索报告无统一格式，这里列出两种不同的检索报告形式供大家参考。

【示例 12-1　表格形式的类案检索报告】

类案检索报告

案号：（XXXX）最高法民再 XX 号，白云公司提交

序号	案件名称	案件信息	裁判摘要	总结
1	中国信达资产管理股份有限公司陕西省分公司、陕西崇立实业发展有限公司执行异议之诉纠纷二审民事判决书 备注：最高人民法院公报案例（2018年第3期）	（2016）最高法民终 763 号	虽然《物权法》第三十条规定，因合法建造、拆除房屋等事实行为设立或者消灭物权的，自事实行为成就时发生效力。**但合法建造取得物权，应当包括两个前提条件，一是必须有合法的建房手续**，完成特定审批，取得合法土地权利，符合规划要求；**二是房屋应当建成**。根据查明事实，案涉房屋的国有土地使用权证、建筑用地规划许可证、建筑工程规划许可证、施工许可证等记载的权利人均为佳佳公司。即在案涉房屋开发的立项、规划、建设过程中，佳佳公司是相关行政审批机关确定的建设方，崇立公司仅依据其与佳佳公司的联建协议，并不能直接认定其为《物权法》第三十条规定的合法建造人，并因事实行为而当然取得物权。 崇立公司有权另案向佳佳公司主张基于合作开发合同产生的相关权利。但在其提交证据不足以证明其为相关审批手续载明的合法建造主体、投资事实、占有权利外观情况下，**仅依据其与佳佳公司合作开发合同关系，不属于《物权法》第三十条规定的合法建造人**，原判决认定崇立公司基于合法建造取得案涉房屋所有权属，适用法律不当，本院予以纠正。	黑土公司不是案涉项目合法建造人，无法取得项目物权。 1、合法建造取得物权必须完成系列合法建造手续； 2、房地产开发主体不能仅仅依据合作开发合同关系而被认定为案涉房产的合法建造人并取得情况确定。内部开发合同在未对权属进行变更登记或取得生效判决之前，仅取得债权，不足以对抗权属登记等证书的公示性。
2	赵培凯因与恒信公司、一审第三人称润泽公司案外人执行异议之诉再审审查与审判监督民事裁定书 备注：民事审判指导与参考，第 71 辑（2017.3）	（2017）最高法民申 2004 号	对于案涉房屋的归属与变动应根据不动产权属证书及登记情况确定。本案中，根据已查明事实，润泽公司是案涉房屋所在土地的《土地使用权证》上所载的土地使用权人，案涉房屋的《建设用地规划许可证》、《建设工程规划许可证》和《商品房预售许可证》也是由润泽公司取得，依据《物权法》规定，案涉房屋的产权人应认定为润泽公司。赵培凯主张其对案涉房屋享有可排除强制执行的权益，但其**主张的依据为其与润泽公司之间签订的《联合开发协议》，该协议是其与润泽公司之间的内部关系，在没有对案涉土地或房屋进行变更登记或者经生效裁判文书确权之前，赵培凯享有的仅是对润泽公司的债权。在法律没有另行规定的情形下，该债权不足以对抗《土地使用权证》等权属证书的公示性。**	

【示例12-2　文字形式的类案检索报告】

白云公司与黑土公司买卖合同案件
类案检索报告

一、检索目的

二、检索工具

三、检索关键词

四、检索案例

　（一）最高人民法院案例

　　1. 裁判要旨

　　2. 关键词

　　3. 基本信息

　　4. 基本案情

　　5. 审理过程

　　6. 终审判决结果

　（二）关联法院案例

　　1. 裁判要旨

　　2. 关键词

　　…………

五、检索分析

六、检索结论

报告人：白云公司
×年×月×日

注： 如报告内容篇幅较多，建议生成检索报告目录，以便查看。

二、法律检索

（一）法律检索方法

律师工作离不开法律检索。在信息技术日益发展的当下，法律检索的方式不断革新，需要我们不断学习积累。法律检索工作主要由团队的年轻律师负责。《法律检索标准流程》[1]一文中介绍了体系检索法、关键词检索法、案例倒查法，非常实用，有兴趣的读者可以搜索学习。

---

[1] 高杉峻于2021年6月25日在微信公众号"高杉LEGAL"上发表。

（二）法律检索报告

法律法规类型众多、数量庞大，进行法律检索时要筛选出与代理案件关系最密切的法律法规，形成法律检索报告，明晰法律适用。

【示例12-3　法律检索报告】

法律检索报告

一、**检索目的**
二、**检索工具**
　　北大法宝、威科先行、最高人民法院、全国人民代表大会官网等。
三、**检索关键词**（根据检索内容确定）
四、**检索法规及其他文件**
（一）**法律**
　　例：《中华人民共和国民法典》第××条……
（二）**行政法规**
（三）**其他规范性文件**

三、事实检索

以案例12-1为例，如果以诉讼方式解决甲某和乙装修公司的纠纷，则涉及乙装修公司的主体资质、经营状况、造价争议等事实内容，需进行事实检索为诉讼思路提供证据支撑。

实际上，事实检索的过程可以作为证据材料收集的过程，检索得出的事实也可以作为证据材料提交法院。

（一）主体资质

例如可以通过某些信息查询类网站和应用软件[1]，查明乙装修公司是否具备装饰

---

[1] 作者推荐信息查询类网站及应用软件如下：国家企业信用信息公示系统、企查查、启信宝、天眼查、爱企查、中华人民共和国住房和城乡建设部及各地住房和建设局等机构的网站。

装修公司资质及偿付能力。

之所以查询其财产状况，是考虑到若乙装修公司处于无偿付能力状态，则即使甲某胜诉，执行也会遇阻，判决书最后极有可能成为"空头支票"。

（二）造价问题

不同案件涉及不同的专业领域，这会不可避免地存在专业壁垒，为案件的审理造成一定的阻碍，我们需要想方设法破除阻碍。

例如，对增量费用合理性的认定，需要委托专业机构进行造价鉴定，律师应事先进行关于造价的检索，查明并告知客户造价的方式、主体、费用等，为真正实施造价鉴定做好准备。

若甲某不接受调解方案而执意起诉乙装修公司，还需查询鉴定机构及各项流程、费用。

四、常见的检索问题

（一）未审核时效性

1. 案例时效性

检索案例时，务必多方、多维度验证，排除失效的指导案例，以免出现纰漏。

2. 法律法规时效性

法律行业的鲜明特点是终身学习。2021年1月1日《民法典》[1]生效，自此"一典出，九法废"[2]。此外，司法解释、地方性法规层出不穷。律师应时刻保持一颗学习的心，关注立法动态，更新固有认知，养成援引法条必验证其时效性的好习惯。

3. 数据时效性

大数据时代下的生活日新月异，数据"保鲜期"急剧缩短。律师分析案件时，尤其是对于人身损害案件，需要查询居民可支配收入等数据，而这些数据更新速度

---

[1]《民法典》，即《中华人民共和国民法典》简称，书中涉及的其他法律法规使用简称的，全称备注略。
[2] "九法"指《婚姻法》《继承法》《民法通则》《收养法》《担保法》《合同法》《物权法》《侵权责任法》《民法总则》。

极快，必须经过多方考证以保证这些数据的时效性、准确性。

（二）忽视真伪

很多冠以法律专业标签的文章等资料，可能存在断章取义、哗众取宠等问题。对这类资料应多方验证其观点正确与否，避免被他人"牵着鼻子走"。

此外，还需炼就"火眼金睛"甄别法条真伪，如最高人民法院《关于审理民事纠纷案件涉及刑事犯罪若干程序问题的处理意见》就是一条假法条，该假法条无法在政务网站、权威数据库等官方网站上检索到。假法条之所以存在是因为以讹传讹，律师应带着疑问检索法条，才能让假法条无处遁形。

（三）以偏概全

部分律师检索时未以全局观看待问题，仅关注有利内容，忽视不利内容，极有可能为案件后续处理埋下巨大隐患。比如对方提出相反观点抗辩，而我方未做好备案，就会陷入被动境地。

所以要懂得平衡的重要性，兼顾"防御"与"进攻"，如同拳击运动，有一只手一直处于防御状态，目的是保护自己。

（四）检索工具单一

各类检索工具由于收录内容不同，导致用相同关键词检索得出的结果存在差异。依赖单一检索工具会出现检索效率低、漏检现象突出、无法满足检索需求等问题，你的思维方式也会随之单一、固化、狭隘。为满足全面检索需求，应选择多个检索工具取长补短、查漏补缺。

| 青出于蓝 |

检索两三事

顾芃　执业律师　北京市京师（上海）律师事务所

最近，我在某破产债权确认纠纷案件中担任债权人一方的代理律师，该债权人为瓦工班组组长，债务人为已申请破产的某承包方甲公司。债权人在甲公司破产后曾向破产管理人申报债权，该管理人以"债权人提供的施工合同系和第三人（实际施工人）签订，而甲公司并非合同相对方"为由不予确认债权，并在《关于债权申报审核的函》中明确"如你对管理人的审核结果有异议，请于收到本通知十五日内向人民法院提起诉讼"。落款：甲公司管理人，2021年1月22日。债权人委托我代理此案件时已远超过收到通知之日起十五日。那么，超过"十五日"是否就不能起诉或会被驳回诉讼请求？这个问题不解决，其他实体问题根本无从谈起。要解决这个问题，绕不开检索。

前几年我做授薪律师时，可能是因为作为授薪律师完成任务的心态，而且案件被过分肢解，我无法对案件进行全局把控并发挥主观能动性，所以检索对我来说是件比较头痛的事情。做了独立律师后，需要寻求各种应对思路及最优方案维护委托人的利益，不能像之前一样寄希望于上级律师把关或把自己解决不了的问题留给上级律师，所以检索就成了解决问题的必备技能。由于心态的转变，加上长期摸索检索方法和技巧，我在检索方面越发得心应手。我通常会通过权威网站搜索相关文章，重点查看文章中引用的司法案例及主流观点，这对于快速了解司法实践中法院的观点能起到提纲挈领的作用。

回归本案，司法实践中，法院对于该"十五日"的性质认定存在争议，不同法院裁判结果不同，甚至同一法院也可能存在截然相反的裁判结果。

第一种裁判意见是，法院直接引用《最高人民法院关于适用〈中华人民共和国企业破产法〉若干问题的规定（三）》（以下简称《破产法司法解释三》）第八条，以债权人未在十五日内起诉超过法定期限为由裁定驳回起诉，而对于该"十五日"是什么性质的期限未作说明。

第二种裁判意见是，该"十五日"既非诉讼时限也非除斥期限，该"十五日"是与《中华人民共和国企业破产法》债权申报期限相同性质的附不利后果承担的引导性规定，不导致异议人丧失债权确认诉权，即使超过该期限仍可以提起破产债权确认诉讼。

显然，第二种裁判意见更有利于本案委托人的情况，也更为合理。因本案由合肥市中级人民法院管辖，检索安徽省内支持该观点的案例尤为重要。在一审中，我向法院提交了2020年9月合肥市中级人民法院案例、某外省市人民法院案例、中国人民大学王欣新教授在《人民法院报》上发表的文章，作为超过"十五日"仍可提起破产债权确认之诉的参考案例和文章。但很不幸，即便提交了合肥市中级人民法院的支持案例，在本案中，合肥市中级人民法院仍裁定驳回起诉。目前该案还处于上诉阶段，我检索到2022年

4月最高人民法院再审撤销安徽省高级人民法院因该"十五日"做出裁定驳回起诉的案例,给了我很大的信心。该案例已一并提交给二审合议庭,即便二审维持原判,我还会帮助委托人申请再审,相信最终一定能有个好结果!

| 课后感悟 |

叶 丽

制作检索报告是每一个法律工作者的必备基本技能之一,不仅能为办案团队提供参考,向客户说明代理思路、诉讼策略,而且可能会提交给法院以争取有利于我方的裁判处理。

学习完本章内容,让我对检索这一技能有了更加充分的认识。邓老师结合实务案例手把手教会我检索工具的使用、检索内容的取舍、检索报告的制作技巧。"空谈误国,实干兴邦",期待早日技能加身,弯道超车!

本节试听

500元专属课程优惠券

第十三章
案件大事记

| 邓律金句 |

厘清大事记 一秒入"戏"

案件材料是诉讼律师的代理工作之源，重大案件的材料纷繁复杂，反诉、并案或连环案背后是多种法律关系的交织。

案件大事记可以辅助我们梳理案件事实、预判争议焦点、抓住案件主要脉络，避免出现"眉毛胡子一把抓"的尴尬局面。"基础不牢，地动山摇"，把握好最基础的案件事实，才能为后续的代理工作奠定坚实基础。

本章详细介绍案件大事记的制作目的、表现形式、制作工具及其在不同阶段的运用方法，提升办案效率。

一、为什么要制作案件大事记

案件大事记，顾名思义，就是将案件的重要事实记录、整理，是诉讼律师的办案笔记。

（一）厘清案件事实

案件需要"以事实为依据，以法律为准绳"[1]。办好案件的前提，就是对案件事

---

[1]《中华人民共和国民事诉讼法》第七条：人民法院审理民事案件，必须以事实为根据，以法律为准绳。

实的全面把握。向合议庭阐述案件事实，就是"讲故事"的过程，故事讲得好，道理说得清，结果就会向利好方向发展。

厘清案件事实才能为制定诉讼策略打下坚实基础，帮助我们讲好故事。此外，我们向合议庭呈现的案件事实，并非直接搬运当事人向我们陈述的事实，而是利用专业能力和方法，进行必要加工，提取和转换为实现委托目标的法律事实。

（二）预判争议焦点

在案情梳理清楚的基础上，要结合各方争议，预判案件争议焦点。同时，可以再根据对争议焦点的深度研究，反向调整和完善案件大事记，反复打磨，使二者相互促进，一方面可以强化自身对案件的理解；另一方面也为向合议庭呈现做准备。

（三）抓住主要脉络

世间没有完全相同的树叶，也没有一模一样的案件。每个案件都有自己独一无二的脉络，我们只有细细观察才能看清。

一定要对案件的主要脉络进行提炼、总结。律师要做的，就是对案件事实"抽丝剥茧"，抓住主要脉络。只有这样，才能把握案件的重点，制定和选择正确的诉讼策略。

制作案件大事记的过程就是学习如何高度总结案情的过程，这是青年律师进阶的必经之路。

二、案件大事记的制作工具与表现形式

（一）常用制作工具

推荐几款好用且免费的"利器"，包括Office、ProcessOn、XMind、"幕布"等，这些制作工具操作简单、易上手，能显著提高律师的工作效率。

（二）表现形式

案件大事记的表现形式有很多种，根据不同的案件特点可以采用不同的表现

形式。

1. 文字形式的案件大事记

以关于××150万元借款案件为例，在其文字形式的案件大事记中看到《抵押借款合同书》《抵押借款补充协议》《还款补充协议》的签订时间、出借人、借款人的身份信息、借款金额、利息、借款期限、抵押物等关键内容（见示例13-1）。

【示例13-1　文字形式的案件大事记】

关于××150万元借款情节大事记

2011.8.29 签订《抵押借款合同书》

出借人：XX，借款人：XX

借款：150万元

利息：5分

借款期限：3个月自2011.9.24-2011.12.24，还款方式为现金

抵押物：XX家园14#楼一层北侧1-XX号车库(442.46平)、南侧1-XX号车库(557.32平)，共计46个车库(999.78平)

逾期违约金：借款总额3‰/日

补偿：借款人重复抵押或擅自转让出售的，除偿还借款外，还要双倍补偿重复抵押或擅自转让出售物的价款。

2011.12.2《抵押借款补充协议》

1、将原合同借款到期日从2011.12.29延期至2012.4.29

2、原借款合同继续有效，且抵押房产楼号及面积不变

3、如到期不偿还全部借款，韩将用抵押财产抵押全部借款

2013.8.18《还款补充协议》

1、2013.8.27前偿还利息180万元

如此一来，可以减少翻阅原文件的次数，快速了解、回忆案情，提高工作效率。

2. 表格形式的案件大事记

时间跨度长、涉及主体多、积淀材料庞杂的案件，如果采用文字形式制作大事记，仍会繁杂，宜采用表格形式（见示例13-2）。

【示例13-2 表格形式的案件大事记】

XX公司与XX局XX合同纠纷

案件初级大事记

按事件发生顺序整理为初级大事记　　　　　　　　　　　　XXXX年XX月XX日

编号	时间	主体	文件	事件	页码
			中标签协议		
1	2004.11.10	XX局	《XX》	规划	1
2	2005.3.2	XX局	《XX》	XX公司预付定金1500万	2
3	2005.3.3	XX局 XX公司	《XX确认书》	XX竞得地段，竞价XX万元……	3
4	2005.11.20	XX局 XX公司	《XX合同》	面积共计，每平元，XX分期付款： 分期支付　时间　金额 第一期　2005年12月5日前　2000万（含定金） 第二期　2006年3月18日前　3000万 第三期　特恒迁完或变地后　一次性付清余款6600万 XX分期交地： 违约责任：	4
5	2005.11.20	XX局 XX公司	《XX协议书》	收回的土地………	18

但表格形式案件大事记的缺点是多为平铺直叙，无法兼顾内容全面与重点突出两个方面。如遇超大量案件材料，产出成果的简洁性难以保证，案件背后的逻辑难以察觉。

下面特别介绍两种较常使用的制作案件大事记的方式。

3. 幕布形式

幕布形式是使用"幕布"软件制作案件大事记。"幕布"软件既可从网页登录，也可下载软件至电脑和手机，同一账号内的文件在各设备间同步。目前免费版本的可用权限能够满足工作日常需要，操作简单、入门快捷，自动分级排版，可一键分享协作，也可导出为文件和图片等格式。最让人惊喜的功能是一键转化为思维导图，相当于一苗多果，效率很高。

称手的工具已摆在眼前，怎样用好它最为关键。对于"幕布"软件本身的操作，多使用几次即可上手，要想做出理想的案件大事记，建议首先根据案件特点明确以哪些要素作为落脚点。

举例说明，如果事件发生的时间是案件的关键点，那么此时选择以时间要素制作案件大事记（见示例13-3）是适当的，符合梳理需求。

【示例13-3 时间轴幕布形式的案件大事记】

■■大事记 时间轴

- 2013年11月4日 ■■投资向■■局出具《借款申请书》
    - ■■■■■向■■■■局申请借款1000万元，借款期限为2013年11月4日至2013年12月3日
- 2013年11月4日《借款合同书》（■■■■局■■公司）
- 2013年11月4日 拨款通知书 ■■■■局
    - ■■局向■■投资控股拨款1000万，备注：周转金
- 2013年11月4日 收款通知书
    - ■■投资 资金占用费9,556,100元
- 2013年11月4日 预算拨款凭证 ■■■■■■■■局
    - 拨款金额为990443900元
- 2014年1月2日（■■■■向■■局汇入1600万）
    - 银行联网业务入账通知书：付款人--■■■■■，收款人--■■■■局，金额--1600万，用途--借款
    - 收款通知书：交款单位--■■■■，金额--1600万，说明事项--代■■■■还款
- 2014年1月7日 ■■对外转账（此处汇款详细信息需要核实）
    - ■■食品转账■■500万，备注信息为"货款"
    - ■■食品转账■■300万，无备注信息
    - ■■食品转账■■400万，无备注信息
    - ■■食品转账■■400万，无备注信息
- 2014年1月16日 ■■向■■局汇入1000万
    - 收款通知书：交款单位--■■■■，金额--1000万，说明事项-代■■食品还款
    - ■■银行联网业务入账通知书：付款人--■■■■■，收款人--■■■■局，金额--1000万，用途--借款

如果案件时间跨度很长，包含多个主体签署系列协议、多笔支付款项、交付土地以及多个部门之间有函件往来，时间并非关键要素，但又不可完全忽略，或者说仅从时间维度无法梳理出清晰的大事记。此时，我们可以将时间、主体、内容几个要素叠加，进行多维度归纳。在协议项下将时间、主体、主要内容一一列出，在付款项下将时间、主体、金额、发票信息一一列出，以此类推。推荐方法：所有材料按类别依时间顺序整理为初级大事记（见示例13-4）。

【示例 13-4　多维度幕布形式的案件大事记】

XX案件初级大事记

推荐方法：所有材料按类别依时间顺序整理为初级大事记

- 一、合同及协议
  - 1.1 成交确认书—2005.3.3—XX局
    - XX公司竞得XX地段，竞价XX万元。
  - 1.2 国有土地使用权出让合同—2005.12.20—XX公司、XX局
    - 土地出让面积共计XX平，每平XX元，XX公司分期付款：

分期支付	时间	金额
第一期	2005年12月5日前	2000万（含定金）
第二期	2006年3月18日前	3000万
第三期	待拆迁完成交地后	一次性付清余款6600万

    - 第15条：政府保留对本合同项下宗地的城市规划调整权……。
- 二、XX公司支付土地出让金共计5000万元
  - 2.1 预付定金XX万—2005.3.2
  - 2.2 支付第一期出让金中剩余的XX万—2005.12.5
  - 2.3 支付第二期出让金中的XX万—2006.4.24
  - 2.4 支付第二期出让金中剩余的XX万元—2006.8.14
    - 行使不安抗辩权于2006.6.8转至XX公司XX万元，2006.6.20存入XX银行
- 三、XX局交付东侧土地
  - 3.1 建设用地批准书—2017年—XX局颁发
  - 3.2 建设用地规划许可证—2017.4.26—XX局颁发
  - 3.3 建设用地交地记录表—2018.6.19—XX局颁发
  - 3.4 不动产权证书—2018.7—XX局颁发
- 四、XX公司与XX局往来函件
  - 4.1 关于第二期剩余2000万元出让金支付事宜往来

4. 轴线图形式

轴线图形式更接近我们常提的可视化概念。相比于前三种方式，轴线图形式的案件大事记制作稍显复杂，用时较长，可容纳的信息量有限，因此鲜少作为案件大事记的首选方式，而是作为大事记中的大事记，被赋予向合议庭提交的重任。用轴线图形式制作的案件大事记用以说明某个重要问题，指向非常明确。在绘制时，也应更慎重，做到内容和形式一致。

示例 13-5 是在某真实案件中绘制的轴线图案件大事记。该轴线图使用了多种形状的文字框，每种形状的文字框代表不同情况。

为什么会这么复杂？因为该案件历经 11 年，涉及多个关联案件和多重法律关系，一张图内要表达这么多的信息，所以只能使用不同的颜色、形状的图框表示。

| 第十三章 | 案件大事记   207

【示例 13-5 轴线图形式的案件大事记】

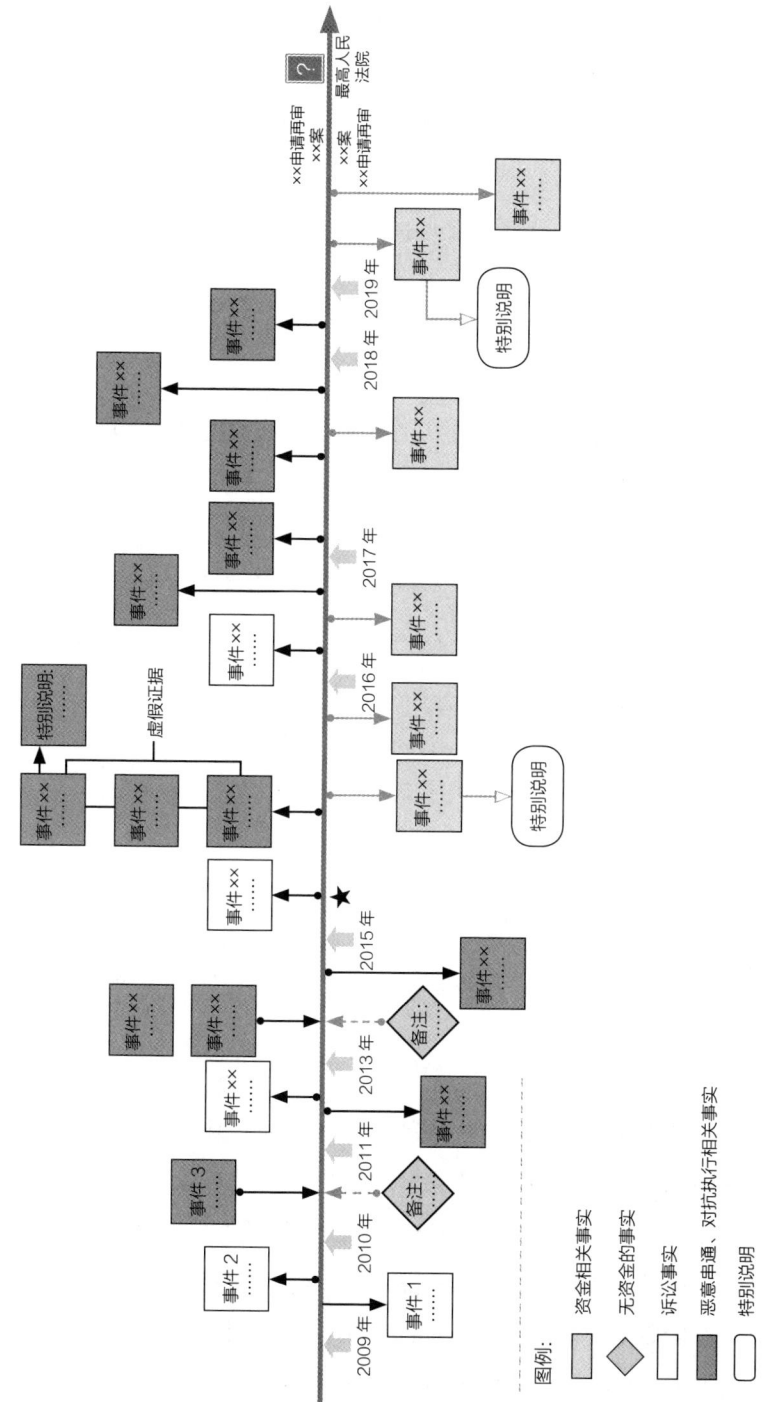

呈现给合议庭的案件大事记，传递的是我们想让合议庭关注的事实，应尽量避免无关信息干扰合议庭。比如会用些小技巧，图中虽然是客观事实的梳理，但是使用"侵害公司利益""制造虚假证据"等带有价值判断性、主观倾向性等文字。

轴线图的详细操作示范在此不做展示，建议大家登录某些制图网站多加练习。

三、量身定制不同阶段的案件大事记

不同阶段的案件大事记有不同的制作和运用方法，我们需要灵活运用。

（一）实战演示

以下和大家分享我们团队律师制作的一个时间跨度为 4 年的轴线图形式的案件大事记。

【案例 13-1】

黑土公司 2015 年年底向我方委托人白云公司提出合作意向，双方在 3 年合作期间一直保持友好合作关系，只是黑土公司一直有拖欠货款行为。2018 年 12 月，白云公司委托我们律师事务所发出律师函索要欠款。但白云公司没等到货款，却收到了法院传票，原来黑土公司收到律师函后，来了个先下手为强，以白云公司提供的产品存在质量问题为由起诉，要求白云公司退货和赔偿，并要求司法鉴定。

我的团队律师最初制作的案件大事记虽然很全面，但缺乏重点，无法传达出催款前后对方态度的转变，我建议对案件大事记标注分类不同阶段，如图 13-1 所示。

首先是设备研发、定制阶段。将对方向我方委托人提出购买意向、签订独家合作协议、明确产品反馈情况、签订销售合同、签订采购合同等事件的时间点均予以注明。从这个阶段来看，我方委托人的产品研发、采购过程是成功的，否则试用合同到期，对方为什么不退货反而要采购、增购呢？

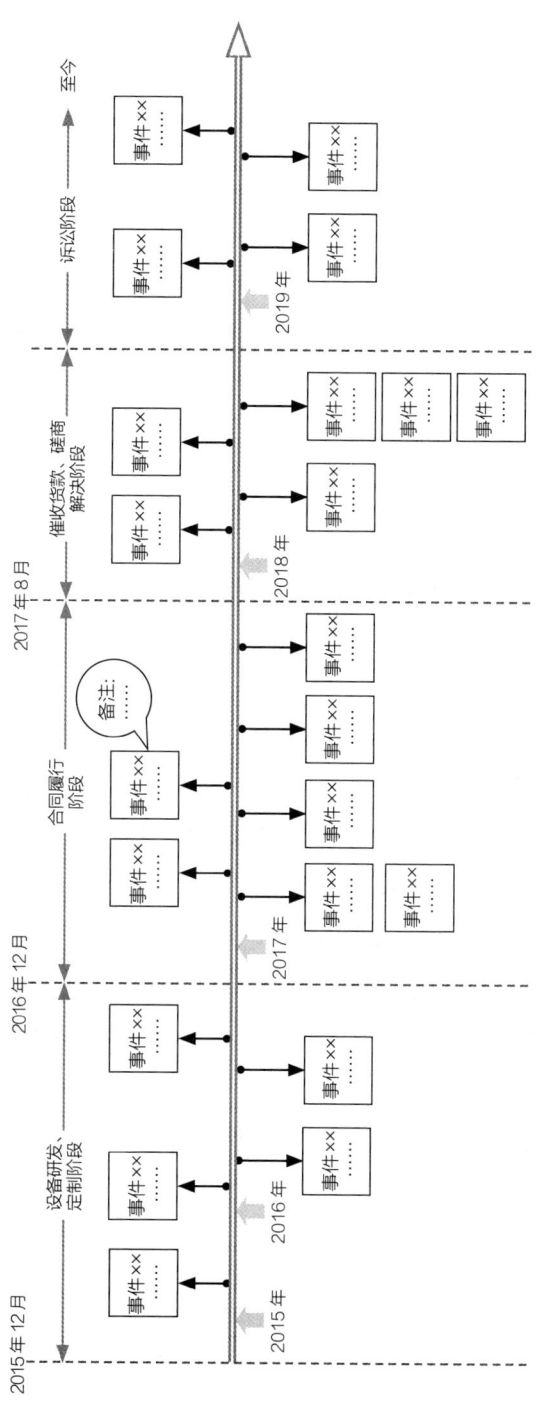

图13-1 标注分类不同阶段的案件大事记

其次是合同履行阶段。注明在本阶段内，我方委托人的发货时间、发货数量、对方欠货款等情况，且无任何产品质量问题。

再次是催收货款、磋商解决阶段。我方委托人给对方发函要求支付合同价款，在等待答复的过程中收到了对方起诉产品质量的诉状。

最后是诉讼阶段。

按阶段梳理案情后，会发现黑土公司行为反常。如果产品质量不合格，会在试用结束后连续4年采购产品且未提出任何质量异议吗？可见对方名为起诉产品质量问题，实为拒付货款。为证明我方产品无任何质量问题，我以轴线图的形式分阶段制作了案件大事记清晰展现各阶段发生的事件，一图胜千言。合议庭通过该图清楚地了解了案情，最终没有支持黑土公司无理的鉴定要求，并判决黑土公司败诉、支付全部货款。

下面总结一下办案流程不同阶段制作案件大事记的技巧。

（二）初级阶段

在办案初级阶段，制作案件大事记的主要目的在于厘清事实、梳理思路。

1. 常见梳理方法

（1）时间主线。以事件发生时间的先后顺序为梳理主线，此方法最为常见、基础，符合大多数人的思维逻辑，适用于梳理初次接触的案件材料。

（2）主体主线。如果案件涉及主体较多，可以不同主体为梳理主线，分析各主体间的法律关系。

（3）法律关系主线。当案件法律关系非常复杂时，就需要分析隐藏在法律事实中的法律关系。

除上述三种方法，还有审判流程主线、诉讼请求主线等（见图13-2）。案件梳理方法不是唯一的，需要根据不同案件"量身定制"。

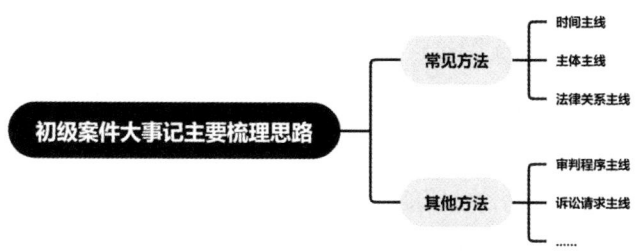

图13-2 初级案件大事记主要梳理思路

2. 基本梳理要求

（1）全面而完整

在初次梳理案件材料时，要在体系思维下对案情做完整梳理，避免因内容遗漏产生错误判断。我们无法练就过目不忘的本领，这时需要用"烂笔头"，全面记录看到的各种信息。

（2）不宜加入过多主观要素

在初次梳理案件材料时应充分客观，避免添加个人主观判断。如"4月8日卖方甲和买方乙签订了总价为20万元的商品买卖合同，并约定5月1日前付款"，不能表述成"4月8日卖方甲和买方乙签订了总价为20万元的商品买卖合同，并约定5月1日前付款，但乙违约未付款"。

乙是否违约，在接触案件初期不需要也无法做出评判。初级阶段需要全面、准确地记录客观情况，过早地加入主观判断易导致方向走偏，影响诉讼策略的制定。

（3）及时标注利弊及疑问

逆风翻盘的契机有时来自律师的"灵光一现"，而这些灵感很有可能来自对案件的第一印象。因此，第一眼看到材料时及时标注疑问、矛盾点十分重要。

"事出反常必有妖。"某事件不符合常理时，需要找到、补足合理解释。通常律师认为反常的事实，合议庭也会有疑问，若缺乏对该疑问的合理解释，律师希望合议庭采纳的事实真实性就会下降。所以在梳理材料的最初阶段，律师就需保持敏锐，不遗漏可疑之处。

（4）不放弃寻找更好的制作主线

在反复修改案件大事记的过程中，有时用时间主线会很清晰，有时用主体主线更清楚。为了找到更适合的案件大事记制作主线，需要进行各种尝试。比如在时间跨度长、法律主体多的案件中，以时间主线为基础，辅以不同主体来分类，就仿佛打通"任督二脉"，使案情清楚明朗。

案件大事记清晰、美观固然重要，但更关键的还是要好用。优秀的案件大事记一定是律师多次尝试和修改的结果。

如何判断案件大事记是否好用，我的建议是，让一个对案件完全不了解的人阅读，如果他能在几分钟内看懂案情，那么初步梳理的案件大事记就是成功的。就好比白居易写诗，写好之后念给老奶奶听，老奶奶懂了，他写的诗才能广为流传，案件大事记也是同理。

（三）策略制定阶段

1. 团队内部研判

在办案初级阶段，对案情的梳理要全面、客观，在策略制定阶段，则需要对案情做分析、筛选与判断。

2. 分析、汇总问题

将案件大事记与团队成员分享后，团队成员可以对案情提出疑问，及时汇总疑问点后，再去核实、分析每一个问题。

3. 调整、校对，查漏补缺

随着不断深入剖析，可能会发现在初级阶段有所遗漏，因此要对案件大事记不断调整和校对，保证其准确性和完整性，以便有的放矢地制定诉讼策略。

（四）案件庭审阶段

1. 删繁就简，重点突出

律师团队内部使用的案件大事记要全面而客观，但呈现给合议庭的案件大事记必须突出案件主脉络，强调重点。如果呈现给合议庭的材料需要法官花半小时以上才能看懂，那就说明我们提交的案件大事记是失败的。为了让法官快速了解案情，律师需要提高提炼案情重点的能力。

2. 将案件大事记调整为思维导图

思维导图是发散性思维的图形工具，它从事件出发推导问题，再以问题为焦点表述解决方案，其呈现简单、高效、实用，是最有效、最常见的可视化工具之一（详见本书第十一章"你不知道的证据之外"）。

一份重点突出、脉络清晰的大事记，可以帮助律师在有限的庭审时间内准确地完成对案件事实的阐述，回应法官提出的细节问题，避免现场翻阅材料或"一问三不知"的尴尬局面。

此外，可以在案件大事记中将已有证据证明的事实明确标注出对应证据的页码，方便法官快速找到目标内容，侧面增加合议庭采信我方证据的可能性。

┃ 青出于蓝 ┃

厘清案件大事记，助力高效办案

张闯岩　执业律师　安徽国梦律师事务所

每次听到邓老师的课，我都会感觉自己在一步步地提升，更多的还有那份期待以及美妙声音的享受。因此，我在与同行交流时常常说："每听一次邓老师的课，我就感觉自己距大律师更近了一步！"

邓老师的每一节课都有其内涵与启发。其中我最想说一说厘清案件大事记对我业务水平提升的意义。

一、如何厘清案件大事记

对于刚执业的律师来说，代理建设工程类案件可以说是相当具有挑战性的。尤其是合同无效、未结算、中途退场的建设工程分包合同纠纷。我曾代理过一起这样的案件。说实话，虽然案件承接下来了，但是对于如何去做好、能否做得好，甚至是诉讼请求能否得到法官的认可与支持，我的心里是打鼓的。

案情还得从仅有的一份《某地块一期工程分包协议》说起。A公司将案涉工程发包给B公司，B公司将此工程部分楼栋分包给C公司，C公司在B公司不知情的情况下，将分包而来的部分楼栋又分包给D公司，接着，D公司、C公司又共同与E个人签订了劳务分包协议。后来，因 D 公司与 C 公司拖欠 E 的工程款，E 欲诉至法院。

对此，我按照邓老师整理出的"案件大事记主要梳理思路"将案情进行了梳理。

（1）析透主体，厘清各主体之间的法律关系

第一步，根据邓老师的讲解精髓确定本案的办案思路：一共有哪些"人"，分别在什么时间干了哪些"事"。

第二步，按照主体主线，也就是将本案存在哪些"人"一一列出，案涉各方是如何一步步将工程分包的？据此画出一幅主体关系图。

第三步，确定主体后，根据各主体的法律地位，对号入座确定他们之间的法律关系。

这样，在当事人叙述完案情后，结合当事人提供的证据，一幅案件导图便清晰明了，就在即将开庭的前夕，法官突然通知追加当事人。第三人又在此基础上提供了很多证据材料，想证明被告并不拖欠我方当事人工程款，甚至认为被告支付的工程款已经远远超过合同约定的金额。

根据课程中学到的方法，我依然首先罗列清楚被追加的两位第三人在什么时间做了什么事情。根据这个线索，我发现他们交谈的内容相当一部分是其他工程的相关事务。据此，"以子之矛，攻子之盾"，不战而屈人之兵！

（2）抽丝剥茧，让证据无懈可击

本案除了主体多、关系复杂外，另一个至关重要的问题便是证据相当不扎实。在我承接本案时，委托人提供的有效证据仅有一份分包协议和收到部分劳务费的银行流水。

这份分包协议中，根本反映不出我方当事人诉求中的材料款。

我首先引导我方当事人整理出自己为提供材料做了哪些事情，再将这些事情中重要的部分串联呈现。按照邓老师的方法，将重要"大事"一个个串联起来，轻松形成一条层次清晰的证据链。

本案在历经简易程序转普通程序后，最终取得了远超预期的效果，判决不仅支持了我方诉求，而且法官完全采纳了我的代理意见。至此，作为律师的成就感油然而生！

二、个人体会

当我在听到邓老师概括出"对一名诉讼律师来说，办好诉讼案件的前提是对案件事实的全面把握"时，我才有种高屋建瓴与醍醐灌顶的感受。原来，当一名律师掌握了厘清案件大事记的能力，并且能够灵活运用这种思维时，能让自己对复杂或是细节烦琐的案情

了如指掌，助力高效办案。

我所体会到的一秒入"戏"实际上是让自己不仅能在极短的时间里掌握案件的基本事实，而且能够将自己所了解的情况清晰、轻松地传达给法官、对方律师以及自己团队的队友等。我认为这不只是高效率、高质量办理案件的前提，更多的是优秀律师素养的体现。

"虹色宝典，邓律金语。"所听之处，皆是风景，寂静光辉的那一刻，每一次提升都被映照得绚丽灿烂。

| 课后感悟 |

刘仲贤

邓老师用通俗易懂的文字向青年律师朋友们介绍了案件大事记这一实用妙招。通过邓老师的讲解，我知道了制作案件大事记是一个化繁为简、去芜存菁的过程，这个过程有助于律师厘清办案头绪，提升律师团队协作效率。此外，一份好的案件大事记能够让法官快速提取最关键的信息，从而快速了解案情、提高案件审理效率，在增进法官好感的同时，还能以一种润物细无声的方式达到传递律师观点的效果，称得上是好看、好用的代表工具之一。

有两个不成熟的建议，一是建议助理小伙伴们分享一下工具的具体操作经验心得，好帮助一些使用不得其法的"笨"小白。二是建议每一课课前用思维导图做一个提纲，一方面打破全是文字的枯燥、丰富表现形式，另一方面可以帮助小伙伴们时时复习。

本节试听

500元专属课程优惠券

第十四章
立案的战术

邓律金句

立案难不难　多问多想不算难

立案是打响诉讼"战役"的第一枪,如果无法立案或错误立案,维护当事人的合法权益就无从谈起。实务中,常遇到管辖竞合、案由错误、立案不畅、法院拒绝立案等难题。

本章我将结合法律规范和真实案例,带领读者化解立案难点和易错点,明晰立案主体、诉求、管辖等问题,提供曲线立案路径以及实操性解决思路,为诉讼胜利奠定坚实基础。

一、规范操作破解立案难题

《中华人民共和国民事诉讼法》第一百二十二条规定,起诉必须符合下列条件:(一)原告是与本案有直接利害关系的公民、法人和其他组织;(二)有明确的被告;(三)有具体的诉讼请求和事实、理由;(四)属于人民法院受理民事诉讼的范围和受诉人民法院管辖。

立案所需条件均在《民事诉讼法》中明文列出。法律规定如此清晰,为何许多律师仍感慨"立案难"呢?主要存在以下原因。

其一,多个法院均有管辖权时,存在互相推诿现象。法院"案多人少"现象突出,超量审理案件又要顾及结案率,因此有时会告知律师去其他有管辖权的法院立案。例如，被告公司注册地址和实际经营地址不一致，当事人选择到实际经营地法院立案，该法院却认为当事人应到被告公司注册地法院立案。现在这种情况已大为好转。

其二，立案审查标准严格，基础证据无法支撑，或者无被告具体联系方式等。

其三，网上立案久无音讯。很多法院接受网上立案，但有时材料上传数月后仍无反馈，很难联系到相关负责人询问进展。

其四，要求诉前调解，不接受诉前保全。

其五，案由不正确。法院因诉状写错案由而拒绝立案的情形并不少见，无奈的是部分法院并未告知正确案由。

为顺利立案，可从以下几方面改进。

（一）加强主体审查，避免遗漏

除"立案难"，还有可能"立错案"。如果出现"立错案"，就不仅是"难"，而是"惨"。不仅搭上一笔诉讼费，更严重的是客户对律师的信任大打折扣，怀疑律师的专业能力。

主体审查包括以下三方面：（1）原告是否具有起诉资格（权利能力）；（2）被告是否正确；（3）共同诉讼中各方的诉讼地位。

就起诉资格而言，我的助理曾将原告的"权利能力"错误地理解为"行为能力"。立案时原告仅需具备权利能力即可，精神病患者和未成年人等均具有原告资格，监护人是其法定诉讼代理人。

《中华人民共和国民事诉讼法》第六十条：**无诉讼行为能力人由他的监护人作为法定代理人代为诉讼**。法定代理人之间互相推诿代理责任的，由人民法院指定其中一人代为诉讼。

同时，在必要共同诉讼中，要审查是否遗漏共同原告或共同被告。

（二）特殊类型案件，审查前置程序

部分类型案件存在前置性程序等特殊要求，具体如下。

其一，股东代表诉讼，需穷尽公司内部救济。法院会审查股东是否在立案前寻

求公司内部救济，即股东是否已向公司董事会或监事会提交请求，而董事会或监事会拒绝提起诉讼。如未履行相关前置程序，股东无法直接代表公司起诉他人。

《中华人民共和国公司法》第一百五十一条第 2 款规定：监事会、不设监事会的有限责任公司的监事，或者董事会、执行董事**收到前款规定的股东书面请求后拒绝提起诉讼**，或者自收到请求之日起三十日内未提起诉讼，或者情况紧急、不立即提起诉讼将会使公司利益受到难以弥补的损害的，前款规定的股东有权为了公司的利益以自己的名义直接向人民法院提起诉讼。

其二，股东知情权诉讼，也需股东内部救济先行，即书面申请查阅但被公司拒绝。如果股东未完成公司内部申请程序，便以知情权为由向法院提起诉讼，法院将不予立案。

《中华人民共和国公司法》第三十三条第 2 款：股东可以要求查阅公司会计账簿。股东要求查阅公司会计账簿的，应当向公司提出书面请求，说明目的。公司有合理根据认为股东查阅会计账簿有不正当目的，可能损害公司合法利益的，可以拒绝提供查阅，并应当自股东提出书面请求之日起十五日内书面答复股东并说明理由。**公司拒绝提供查阅的，股东可以请求人民法院要求公司提供查阅。**

其三，行政诉讼，应查清是否属于行政复议前置的案件类型。

其四，劳动纠纷诉讼，应核实是否经过劳动仲裁程序。

其五，再次诉请离婚和解除收养关系的，需注意判决或撤诉是否已超过 6 个月的期限。

（三）灵活应对，友好沟通

律师经常会在立案窗口遇到各种"超纲"问题。

1. 诉求无法执行

某案件原告要求查阅对方公司的评估报告，而立案庭认为仅依据股权转让合同要求对方提交评估报告，难以执行到位。于是代理人与法官进行了如下沟通。

法官：只要求查看评估报告，不主张钱款支付，不符合立案的条件，诉讼费如何计算呢？

代理人：法官，我方只有看到评估报告后，才清楚应主张的钱款数额。

法官：如果只要求看报告，你的诉求也无法执行。如果判决后对方仍不允许你查看，你怎么办？

代理人据理力争：假如按照可能无法执行就无法立案的说法，那么股东知情之诉都无法立案了。因为股东知情权纠纷案判决后，都有可能面临对方仍不允许查看的问题。

经过很长时间的沟通，最终得以成功立案。

2. 已超过诉讼时效

一些法官认为，案件诉讼时效已过的无法立案。但是否超过诉讼时效并非立案标准。此外，诉讼时效是否重新计算，是实体审查认定的事项，即便诉讼时效届满，权利本身及请求权并不消灭。当事人超过诉讼时效后起诉的，人民法院应当受理。

《最高人民法院关于适用〈中华人民共和国民事诉讼法〉的解释》第二百一十九条：当事人超过诉讼时效期间起诉的，人民法院应予受理。受理后对方当事人提出诉讼时效抗辩，人民法院经审理认为抗辩事由成立的，判决驳回原告的诉讼请求。

3. 案件根本"赢不了"

如果审查法官认为"案件根本没道理，赢不了，不要告了"。

此时，律师应沉着应对并友好沟通："法官，本案我方是有道理的，即便败诉，我方也拥有诉权，应当立案。"

（四）做好准备，规范化作业

要想一次性成功立案，需要做完备的立案准备。

有的法院要求立案时提交保全申请及保全险[1]相关资料。有的法院则是在正式立案后方办理保全事宜。与此类似的还有证据保全、调取证据申请、司法鉴定等。对此，我们应提前摸清情况，准备好应对措施。

---

[1] 全称为"诉讼财产保全责任保险"，指被保险人向法院提起诉讼财产保全申请，如被保险人诉讼财产保全错误致使被申请人遭受损失，由被保险人承担赔偿责任，保险人按照保险合同约定赔偿。

此外，严格检查所备材料是否齐全，这也是立案前的规范流程动作，详细的立案文件备查表可见本书第十七章"避坑的流程管理"。

二、明确管辖，把握立案重点

（一）地域管辖

1. 约定管辖

约定管辖指双方当事人在合同纠纷或财产权益纠纷发生之前（或发生之后），以协议的方式选择解决纠纷的管辖法院。当约定管辖表述不明确或无法准确确定管辖法院时，会被认为约定不清，按法定管辖处理。

我代理的某案件合同履行地在武汉，但双方当事人均不在武汉。合同约定发生纠纷由武汉市法院管辖，标的无法达到中级人民法院管辖级别，由于没有写明哪个基层人民法院，我方至武汉某区基层人民法院立案，法院要求我方证明该合同在本区履行，我方暂时无法证明。碰壁后，至另一区法院立案，该地与合同履行存在联系，法院依然拒绝立案。后来我方提交了大量证据，证明合同履行地在武汉某区，并与立案庭多次沟通，耗费大量心力才成功立案。

当约定管辖与合同或主体无关联时，需要考虑是继续适用约定管辖条款还是按照法定管辖起诉。

2. 一般地域管辖

一般地域管辖中，最普遍的问题是当被告户籍所在地与经常居住地不一致、法人的办事机构所在地与注册登记地不符时，由原告举证证明上述情况，但是往往无法得到有效证明，很难立案。

有效的做法是，自然人的户籍所在地与经常居住地不一致时，可调查其居住证、社保、劳动关系、租房合同等所在地，用上述证据证明其经常居住地；法人的实际经营地与注册地不一致时，可查阅其公众号、官网中的地址，并制成截图提交给合议庭，或者到其办公室地址拍照取证等。

3. 专属管辖

专属管辖，指法律规定某些特殊类型的案件专门由特定的法院管辖。专属管辖具有管辖上的排他性，如不动产纠纷由不动产所在地法院管辖，港口作业纠纷由港口所在地法院管辖，继承遗产纠纷由被继承人死亡时住所地或主要遗产所在地法院管辖等。

法律虽有明确规定，但仍可能存在理解争议。例如，被继承人死亡时，存在住所地和主要遗产所在地两个选择。

被继承人死亡时住所地非户籍所在地。若被继承人跨省异地就医，并在医院去世，医院所在地能否认定为死亡时所在地？若主要遗产包括分别在不同城市的四处房产，哪一处是主要财产？此时可能出现各个法院之间的推脱，律师可以灵活选择最能节省诉讼成本或对执行最有利的法院。

很多人提出，房屋买卖合同纠纷是否可以适用约定管辖？如果诉讼仅涉及合同效力、合同解除等，可适用一般管辖（被告住所地）或约定管辖。如果涉及不动产的权利确认、交付、过户等物权性权利的，则适用不动产纠纷专属管辖，即由不动产所在地法院管辖。

《最高人民法院关于适用〈中华人民共和国民事诉讼法〉的解释》第二十八条：民事诉讼法第三十四条第一项规定的**不动产纠纷是指因不动产的权利确认、分割、相邻关系等引起的物权纠纷**。农村土地承包经营合同纠纷、房屋租赁合同纠纷、建设工程施工合同纠纷、**政策性房屋买卖合同纠纷**，按照不动产纠纷确定管辖。不动产已登记的，以不动产登记簿记载的所在地为不动产所在地；不动产未登记的，以不动产实际所在地为不动产所在地。

4. 特殊问题：合同履行地的认定

有人对"接受货币一方所在地，可以作为原告合同履行地"存在疑问，实务认知也存在些许争议。

《最高人民法院关于适用〈中华人民共和国民事诉讼法〉的解释》第十八条：合同约定履行地点的，以约定的履行地点为合同履行地。合同对履行地点没有约定或者约定不明确，**争议标的为给付货币的，接收货币一方所在地为合同履行地**；交付不动产的，不动产所在地为合同履行地；**其他标的，履行义务一方所在地为合同履行地**。即时结清的合同，交易行为地为合同履行地。合同没有实际履行，当事人双方住所地都不在合同约定的履行地的，由被告住所地人民法院管辖。

很多人认为只要被告欠付资金，原告需要接收货币时，原告所在地视为合同履行地。实则不然，上述条款具有严格的适用限制，即争议标的为给付货币。倘若争议标的非给付货币，例如委托加工纠纷，接受货款仅为其中一环节，此时合同履行地仍为交付定制物一方所在地。

最高人民法院对民间借贷案件的管辖规定，可以帮助我们更好地理解《民诉法解释》第十八条的规定。民间借贷的标的是金钱，如管辖约定不明，可将接受货币一方所在地作为合同履行地。

《最高人民法院关于审理民间借贷案件适用法律若干问题的规定》第三条：借贷双方就合同履行地未约定或者约定不明确，事后未达成补充协议，按照合同相关条款或者交易习惯仍不能确定的，以接受货币一方所在地为合同履行地。

（二）级别管辖

除地域管辖外，级别管辖也是立案应遵从的基本规则。

2021年9月17日，《最高人民法院关于调整中级人民法院管辖第一审民事案件标准的通知》（法发〔2021〕27号）出台，更新了中级人民法院管辖的标准：当事人住所地均在或者均不在受理法院所处省级行政辖区的，中级人民法院管辖诉讼标的额5亿元以上的第一审民事案件；当事人一方住所地不在受理法院所处省级行政辖区的，中级人民法院管辖诉讼标的额1亿元以上的第一审民事案件。

（三）巧妙利用管辖策略

某案件标的4亿元，按照当时规定，一审本应在高级人民法院立案，但高级人民法院对保全要求非常严格，不接受非保险公司的保函。委托人不同意购买保全险，而是用上级金融机构的保函担保，当地中级人民法院是接受该保函担保的。为了成功保全，采取迂回战略。该案有两份合同，用其中一份合同至中级人民法院立案，立案保全完成后，再增加诉讼请求。虽然有点不磊落，但保全了被告的重大资产，委托人非常满意。

反之，可通过增加请求金额提高审级，但需注意诉讼成本的增加。

（四）遇到阻力善于沟通

某婚内财产确权案件，婚前男方以女方名义购买房屋，协议约定该房屋归男方所有。婚后，男方欲将案涉房屋过户至自己名下，但女方不配合。于是男方委托律师诉至法院，要求确认案涉房屋权属并过户。

立案庭认为，应先起诉离婚，然后再确认房屋归谁所有。女方户籍和常住地均在外省，法院不同意立案。

男方不想离婚，只要求房屋过户。

但立案庭坚持不离婚就不能确权。

在该情况下，代理人没有强硬坚持，而是先取回了立案材料，并在网上进行了类案检索，发现该地区中级人民法院有类似判例，即在不离婚的前提下，进行了婚内财产确认。代理人持该判决与立案庭进行沟通，强调上级法院的类似判决，离婚并非确权的前提，最终顺利立案。

三、曲线立案的艺术

【案例 14-1】

委托人白云公司专为企业定制电话机程控机房，但无客户资源。黑土公司是皮包公司，注册地位于河北石家庄，但在石家庄并无真实办公地址，实控人长居北京。

黑土公司有项目资源，与白云公司签订了程控机房的第一份施工合同，工程价值 50 万元，施工地点在鄂尔多斯市某事业单位下属企业。白云公司负责具体施工。随着工作量的增加，双方另行签订了两份合同。三份合同总价值 120 多万元。

白云公司完成了全部工程，但黑土公司拒绝支付剩余 45 万元工程款，故白云公司欲提起诉讼。

这是很多年前我们团队律师代理的一个案件。审阅三份合同后发现：一笔债权约定了三种管辖。

第一份施工合同约定由合同履行地法院管辖，案涉项目在鄂尔多斯市，应由鄂尔多斯市的法院管辖，不仅路程遥远，而且与原、被告关联性不大。

第二份合作协议约定由被告住所地法院管辖，即河北石家庄某法院。但被告实际经营地并不在注册地石家庄，即便石家庄某法院立案，也很难执行。

第三份合同更奇葩，约定由与各方所在地均无关的某仲裁委员会仲裁。

律师询问为何对同一项目的工程款约定三个不同的管辖地，客户回复说，合同是在网上随便下载的模板，未修改约定管辖条款。所以三份合同分别约定了三种处理方式：合同履行地和被告住所地法院审理以及某仲裁委员会仲裁。

【立案思路】

我们经梳理款项支付情况，发现黑土公司分十几次向白云公司支付工程款，金额极为零散，无法辨别每一笔转账对应哪一份合同。

第一份合同价款为 50 万元，第二份合同价款为 30 多万元，第三份合同价款为 40 多万元。经对比，我们发现第三份合同金额与欠款金额相近，所以认为以对方未履行第三份合同的给付义务为由起诉较为合理。

由于去鄂尔多斯市路途遥远，我们放弃在该地立案起诉，需要在某市和石家庄之间选择。我方目标是方便执行，而被告公司是皮包公司，老板长期在北京，在其住所地石家庄起诉也非优选。

最终我们选择了在某市仲裁，这样做有两个好处：其一，仲裁流程快，一裁终局；其二，在仲裁期间，可以尝试与被告达成和解协议。

依据第三份合同在某市仲裁委员会立案后，黑土公司老板承认欠款，但无力还款。此时，如由该仲裁委员会裁决，执行仍是外地执行，我们倾向于在北京申请执行。因此，我们给了黑土公司老板 3 个月的还款期限，选择在达成和解协议后撤诉，并在其中设计了特别约定：如 3 个月内未还款，由北京市海淀区人民法院管辖。

我们预判黑土公司不会还款，果不其然。于是我们按照计划至北京市海淀区人民法院立案起诉，但立案过程并不顺利。

团队律师从海淀区人民法院回来后，满脸无奈地对我说："邓律师，没立上案。"

我很疑惑："怎么了？"

他委屈地说:"海淀法院让我去鄂尔多斯立案,立案庭说这是建筑工程施工合同纠纷,由建设工程所在地法院专属管辖。"

我惊讶地问:"怎么是建筑工程纠纷,不是用还款协议去立案吗?"

他说:"立案庭说第一份合同写得很清楚,是建筑工程,合同实际内容也是工程施工,所以应该去鄂尔多斯立案。"

我问:"你为什么要给立案庭看第一份合同?"

他说:"我把三份合同、仲裁申请以及调解协议这些过程,详细讲述了一遍,让法院了解案情经过,没想到法官听完后就说要去鄂尔多斯立案。"

我听完后,对他叮嘱道:"你明天只需要拿着还款协议去立案,其他合同都不需要携带,而且取完一个号后,隔五分钟再去取一个号。"

为什么要再取一个号,这是经验!如第一个号仍是昨天的法官,很有可能依旧无法立案,这时需要放弃,等待再次叫号,换其他法官则有可能成功立案。现在法院立案基本上是网上预约制,现场取号比较少了。

果不其然,第二天按照我的方法,很顺利地立了案。

有时,立案材料未必越多越好,向立案庭透露的信息越多,可能立案越困难。律师要机敏应变,审时度势,具体情况具体分析,"曲线立案"实现目标!

| 青出于蓝 |

立案那些事儿

吴亚兰 执业律师 北京市京师(上海)律师事务所

"立案难,难立案,年底立案难上难。"立案真的这么难吗?听了邓老师的课,我们年轻律师就"立案时曾遇到过哪些问题"展开了讨论。借此机会我想分享立案中的保全问题和实体审查问题,希望对各位有所启发。

1. 财产保全

(1)立案时是否可以一并办理保全

不同法院有不同的做法。有些法院可以;有些法院需要等正式立案以后联系承办法官办理;有些法院需经审核或满足一定条件才准许财产保全。

（2）对出具保函的保险公司或保函配套材料有无特别要求

有些法院只认可当地保险公司出具的保函。

有些法院对保函配套材料也有自己的要求，比如要求提供保险公司的审计报告、法定代表人身份证明等。

（3）申请财产保全时，法院对原告提供的保全材料或财产线索的要求是否相同

有的法院对于保全支付宝和微信账户的，要求必须提供支付宝和财付通公司的地址；保全微信账户还需提供微信实名认证材料。

温馨提示： 针对上面的保全问题，没有什么处理技巧，唯有保全前通过法院电话、立案窗口、向同行请教等途径，尽可能对保全要求事先了解清楚。

2. 实体审查

2015年5月1日起，立案登记制度全面推行，法院对起诉材料不再进行实质审查（主体资格、法律关系、诉讼请求以及管辖权等），仅对形式要件进行核对。但实务中，有些法院的立案审核还是比较严格的，比如有的立案法官看立案材料认为某个被告不适格会要求当事人撤掉，或者退回立案。

立案登记制不代表法院立案时不作任何审查，大多数法院还是会审核基础事实、管辖和原、被告主体资格的。作为律师，立案前应充分准备（不仅是材料上的齐备，还包括在立案法官发现问题时，能及时、清楚地予以说明）。

"先易后难"。对于立案材料确实有问题的或几经沟通仍未能立案的，可以考虑先以简单诉讼请求立案，再变更或增加诉讼请求；同理，先把明确的主体列为被告，正式立案后再追加其他主体。

此外，我还想提醒各位年轻律师注意以下几点。

（1）有些法院只接受窗口立案，没有网上立案途径，也不接受邮寄立案，只能去当地立案。

（2）原告为自然人的民间借贷案件，有些法院要求立案时原告本人必须到场（需签署承诺书之类的文件），有的法院可以委托代理人立案，但须持有原告的身份证原件。

（3）有些法院可以在诉前或立案时开具调查令，但有的法院只能正式立案后向承办法官申请。

温馨提示： 立案前，特别是异地进行立案的，一定提前做好查询检索工作（可通过当地12368热线或者法院立案窗口咨询电话），以免跑冤枉路。

| 课后感悟 |

李翠兰

掌握了正确的立案"姿势"后,我的工作效率有了巨大的提高。

虽然我只是一名基层法律工作者,但我也希望自己在办理案件的过程中丝毫不输执业律师,为此我也一直在不断地学习。学习了邓老师的本章课程,我立刻被邓老师的专业水平所折服,原来立案还有那么多门道!还有邓老师的精致干练、时尚优雅的外表,简直就是我向往的模样,我也常常为听过邓老师的课程而感到骄傲自豪。希望邓老师以后多推出视频课程、多出书,让我们不断地学习您、跟随您、靠近您,最后越来越像您。

本节试听

500元专属课程优惠券

第十五章
应诉对策"五步法"

邓律金句

应诉不应只被动　三十六计要活用

应诉并非被动挨打，也不仅仅一一驳斥原告的诉讼主张就大功告成，还应找准原告破绽、精准回击。可按照管辖问题、时效审查、诉讼策略、提起反诉和充分准备的"五步法"，有序展开应诉工作。其中，诉讼策略的制定已有单独详解，本章不再赘述。

"五步法"可以帮助律师搭建起流程化、体系化的应诉思维，摆脱被动、机械的困境，争取主动权，达到应诉的理想效果。

一、管辖问题

"五步法"中，应最先考虑和审查管辖权问题。

管辖权异议只能在收到原告起诉状的15日内提出，时间上有很强的紧迫性。关于管辖权异议，青年律师需要注意以下事项。

（一）超过答辩期能否提出管辖权异议

《民事诉讼法》第一百二十八条：人民法院应当在立案之日起五日内将起诉状副本发送被告，被告应当在**收到之日起十五日内提出答辩状**……

《民事诉讼法》第一百三十条：人民法院受理案件后，**当事人对管辖权有异议**

的，应当在提交答辩状期间提出……

根据法律规定，管辖权异议应当在收到起诉状之日起 15 日内提出，超期提出的，法院不予审查，视为接受管辖。

（二）恶意拖延提出管辖权异议

对被告来说，变更管辖权可以为被告争取程序权利，避免在原告有地缘优势的地区诉讼。某种程度上也可以拖延诉讼进程，增加应诉准备的时间。

但要注意的是，已经在被告住所地或明确约定管辖地立案的案件，如果被告仅为了拖延诉讼、争取时间而滥用异议权提出异议，不仅会招致合议庭的反感，而且浪费司法资源。尤其是在法院释明或驳回之后，还恶意提起上诉，严重者会以妨碍民事诉讼被警告或罚款。

【某通报案例】

> 合同约定如发生纠纷，应由 A 法院管辖。A 法院立案后，被告代理律师提出管辖权异议，认为应当由被告住所地 B 法院管辖，该异议被法院裁定驳回。
>
> 被告律师提起上诉，半年后管辖权异议二审仍被驳回，一审法院继续审理。法院认为该律师恶意提起管辖权异议，扰乱正常审理秩序，经法院释明后仍不改正，对其处以 20 万元罚款。

律师应恪守职业道德，若委托人没有正当理由要求提出管辖权异议，律师应及时解释并劝阻。

二、时效审查

法律不保护躺在权利上睡觉的人。诉讼时效期间届满，权利人胜诉权消灭。

《最高人民法院关于审理民事案件适用诉讼时效制度若干问题的规定》第二条：当事人未提出诉讼时效抗辩，人民法院不应对诉讼时效问题进行释明。

被告未提出诉讼时效抗辩的，法院不会主动提示被告，也不会直接以时效届满为由驳回原告的诉求。因此，对于给付之诉，被告代理人首先要审查的就是时效问题。

诉讼时效的抗辩可以起到"四两拨千斤"的效果，对方如无法证明时效中断或延长，即可攻破对方的堡垒。需要注意的是，一审未提出诉讼时效抗辩，在二审期间提出的，原则上法院不予支持。

有的律师在二审阶段方接受委托，而一审代理人未提出诉讼时效抗辩，二审还能否提出诉讼时效抗辩呢？

《最高人民法院关于审理民事案件适用诉讼时效制度若干问题的规定》第三条第1款：当事人在一审期间未提出诉讼时效抗辩，在二审期间提出的，人民法院不予支持，但其基于**新的证据**能够证明对方当事人的请求权已过诉讼时效期间的情形除外。

该条文的但书部分写明了二审支持诉讼时效抗辩的例外——有新的证据证明诉讼时效已过的情形除外。律师在二审才代理案件的，可以寻找新证据来证明对方诉讼时效已过，并向法院做出一审期间未提交该证据的合理解释。

三、提起反诉

应诉要先就原告的诉讼请求进行反驳，如果被告的权利因诉争事实受到侵害，则不仅要反驳，还需要提起反诉。

反诉是在已经开始的诉讼当中，被告借助同一程序对原告提起的与本案具有关联性的新的独立请求。[1]

反驳是被告在本诉中，以各种事实和理由驳斥原告诉讼主张的手段。二者一字之差，含义和方式却完全不同。律师应全面分析案情，评估损失，衡量对委托人的影响，选择反驳或反诉。

---

[1] 毕玉谦.试论反诉制度的基本议题与调整思路[J].法律科学,2006(2).

（一）提起反诉的条件

1. 反诉要件

反诉即便与本诉有千丝万缕的联系，也是独立的新诉，应具备《民事诉讼法》规定的基本要件。

2. 当事人应限于本诉当事人的范畴

如果反诉中不仅有本诉当事人，还有与本诉无关的其他被告，两个案件的当事人范畴没有完全重叠的情况下，应另诉而非反诉。法院认为必要的，可将二案件合并审理。

《最高人民法院关于适用〈中华人民共和国民事诉讼法〉的解释》第二百三十三条第一款：反诉的当事人应当限于本诉的当事人的范围。

3. 具有牵连关系

牵连关系不意味着完全是基于同一法律关系，存在多个法律关系的，应具有诉讼请求之间的因果关系或相同事实。若前述内容均无关联，仅仅当事人相同，人民法院不予受理。

《最高人民法院关于适用〈中华人民共和国民事诉讼法〉的解释》第二百三十三条第二、三款：

反诉与本诉的诉讼请求基于相同法律关系、诉讼请求之间具有因果关系，或者反诉与本诉的诉讼请求基于相同事实的，人民法院应当合并审理。

反诉应由其他人民法院专属管辖，或者与本诉的诉讼标的及诉讼请求所依据的事实、理由无关联的，裁定不予受理，告知另行起诉。

4. 提出反诉的时间

根据《民诉法解释》的规定，反诉的提出时间为本诉案件受理后，法庭辩论结束前。

《最高人民法院关于适用〈中华人民共和国民事诉讼法〉的解释》第二百三十二条：在案件受理后，法庭辩论结束前，原告增加诉讼请求，被告提出反诉，第三人提出与本案有关的诉讼请求，可以合并审理的，人民法院应当合并审理。

在梳理本诉情况后，被告或第三人的诉求主张满足反诉条件的，律师需尽早与委托人充分沟通，提起反诉。

（二）提起反诉的注意事项

1. 代理人要有特别授权

代理人为一般授权的，代理人权限仅限于参加本诉的应诉、接收材料、参加法庭辩论等工作，无权调解也无权反诉。

反诉与否涉及当事人实体诉讼权利的处置，代理人提出反诉应当获得当事人承认、放弃、变更诉讼请求，提起反诉、上诉等的特别授权。

2. 反诉只能向受理本诉的法院提出

受理本诉的法院对反诉需要有管辖权，如果反诉案件属于其他法院专属管辖，本诉的被告只能向有专属管辖权的法院另行起诉。

（三）反诉的利弊

任何制度均有两面性，利弊共存，反诉制度亦是如此。

1. 反诉的利

"进攻是最好的防守"，无论从程序还是实体上看，反诉作为一个独立的诉，力度都远大于反驳。

选择反诉，可以查封对方资产，影响对方资金周转，获得谈判或调解的筹码，或者否定对方在本诉中的请求权基础。

2. 反诉的弊

反诉会增加委托人的诉讼费用及律师的工作量。律师应当在与委托人充分沟通后，根据不同目的选择反诉或反驳。

反诉未必一定优越于反驳，做好反驳也可以取得胜利。

（四）案例解读

下面介绍一个选择反驳而未反诉的案件。

【案例 15-1】

大河在湖北某市有一个酒店欲出售,将酒店的房屋和土地使用权一并处置。我方当事人大山欲购买,由于大山居住在广东,不方便亲自协商,便委托湖北的朋友曾某代为购买,商洽签约事宜均以曾某名义。

案涉酒店在网上的出售信息显示的联系人也不是大河,而是大河的女儿小河,小河表示酒店是父亲的资产,父亲让她帮忙出售。

经过商谈,曾某与小河签订了《整体出售合同》,小河在签名处写上了父亲大河的名字。

合同约定:房屋和土地总价款 650 万元,签订合同当天支付 10 万元定金。1 个月内付 190 万元,付款达到 200 万元后,将酒店的实际运营管理权和使用权转让给曾某;6 个月内,曾某需付清 450 万元尾款,合同价款支付后办理产权、经营权证照的变更手续。

合同签订后,曾某当即转给小河 10 万元定金。首月内应支付的 190 万元也分为三次分别转至小河、大河和大河妻子的账户。

大河一家收到 200 万元后,如约将酒店实际运营管理权交给大山。

此后,大山再次打款 240 万元。此时房地产行情上涨,案涉房屋和土地价格飙升至 1800 万元左右。大河认为卖亏了,欲毁约。大河先对曾某提起诉讼,提出案涉《整体出售合同》并非其本人签字,女儿无权出售案涉房屋,该合同无效。

同时,大河妻子提出,案涉房屋和土地属于夫妻共同财产,转让行为未经其同意,大河和小河无权处分共有物。

【应诉思路】

案件发生在十多年前,当时关于合同效力的认知与现在不同。现在的裁判规则为"若无权处分或越权代理,合同有效但不发生物权变动效力"。而在当时的审判实务中,通常将无权处分且权利人没有追认的合同认定为无效。

对方起诉后,大山不知道最终能否得到房产,所以没有继续支付剩余的 210 万元尾款。

此时，大山面临两个问题需要解决：（1）款项未全部付清，剩余 210 万元是否继续支付；（2）是否提起合同继续履行的反诉。

小河签字时，大山和曾某虽然没看到大河的授权，但我方当事人将合同款项转至大河和大河妻子账户后，大河及其妻子并没有提出异议，不可能不知道该款项的来源。因此应视为小河有授权，且大河妻子也知晓该转让行为。

如果大山要提起反诉，要求大河履行过户手续，则前提条件是付清剩余 210 万元尾款。合同签订已超 6 个月，按照约定应付清全部转让款。大山和曾某只有全部履行合同项下的付款义务，方能反诉要求对方过户。

但是，如本诉败诉，再要求对方返还已支付的钱款，执行起来会难上加难。

因此，我方制定的策略是先反驳，若法院认定合同有效，再向对方支付余款并要求过户，该方案也得到了委托人大山的认可。该案最终认定合同有效，驳回大河的诉求。大山没有提起反诉，同样实现了委托目标。

四、充分准备

我曾听说有的律师第一天接手案件，第二天就匆匆开庭。在一天之内完成案件应诉工作，想必效果不佳。

若需要更多时间准备应诉，可以采取哪些有效措施呢？

（一）与法官沟通

律师可以向法官或书记员礼貌申请延后开庭时间，例如向法官说明原定时间需要参加其他庭审，或申请延期举证等。

（二）是否可以申请追加原告、被告、第三人

一旦申请追加某一方主体，法院就需要重新送达，原定时间就无法开庭，可以实现延期审理的效果。

权利的行使须合理合法，无端、反复地恶意拖延会浪费司法资源，严重的会受到处罚。

五、第三人应诉

需要准备应诉的，除与原告针锋相对的被告外，还有另一个主体——第三人。

民事诉讼中的第三人，是指原、被告之外的利害关系人，因与案件的审理结果有法律上的利害关系，或者对原、被告之间的诉讼标的享有独立的请求权，而参加到原、被告之间已经开始的诉讼中。

第三人除主动参加外，也可能以被动追加的形式参与原、被告之间的诉讼。作为第三人应诉时，应注意哪些内容呢？

（一）第三人的主体资格审查

我曾在某案的起诉状中直接列明原告、被告、第三人。

助理问："邓律师，起诉状不能列第三人。"

我疑惑地问："为什么？"

助理说："第三人是参与到已经开始的诉讼中的人，这个诉讼还未开始，所以不能列明第三人。"

《最高人民法院关于适用〈中华人民共和国民事诉讼法〉的解释》第二百二十二条：原告在起诉状中直接列写第三人的，视为其申请人民法院追加该第三人参加诉讼。是否通知第三人参加诉讼，由人民法院审查决定。

助理的理解既可笑又机械，只了解到法院通知参加诉讼的第三人，而不知道起诉时可直接列写第三人的情形。

（二）第三人能否提出管辖权异议

假设原、被告在 A 地诉讼，法院将身处 B 地的大山列为第三人，大山能否提起管辖权异议？

无独立请求权第三人，无权提出管辖权异议；有独立请求权第三人，分为两种情况（见图 15-1）。

主动参与诉讼的第三人，无权提出管辖权异议。例如，大山认为争议房产归自己所有，主动参与原、被告的诉讼，应视为默认该法院的管辖权，无权提出管辖权异议。

法院依职权通知参与诉讼的第三人，同意参加诉讼的，无权提出管辖权异议；不同意参加诉讼的，可向其他有管辖权的法院另行起诉，向本诉法院表示已另案起诉，无须将其追加为第三人，亦无权对本案提出管辖权异议。

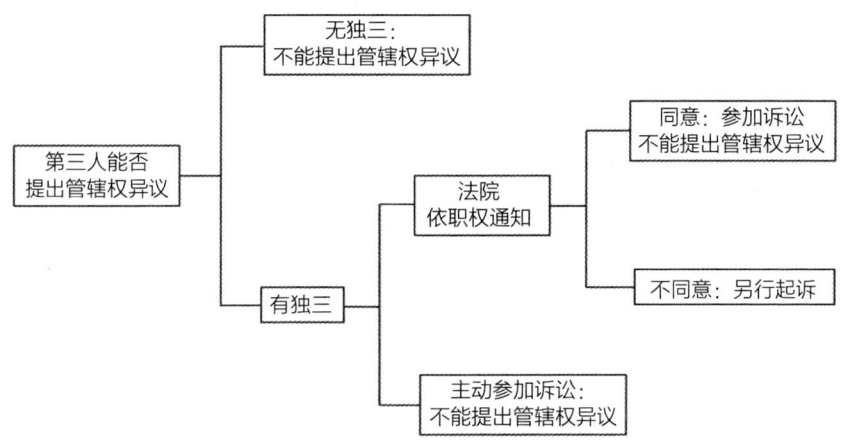

图 15-1　第三人能否提出管辖权异议

六、另案出击

如同三十六计之围魏救赵一般，另案出击指通过提起另案实现对本案的制衡，取得最终的胜利结果。

【案例 15-2】

某公司的员工持股计划为离职或退休时需要将股份退还给公司，公司再转让给其他股东。按照约定，退股价款包含退股后一年的净利润分红，并且公司提供审计报告。

委托人大山离职时退股，根据约定要求查看离职后的审计报告，但公司拒绝提供审计报告。于是，大山将公司诉上法庭，要求查阅审计报告。

本诉过程中，大山突然收到传票，原来公司的另一股东大河起诉大山，理由是公司回购大山的股权有一部分转让给了他，公司与股东的股权定价不合理，要求撤销大山与公司的股权转让协议，并返还大河支付的资金。大河另案起诉后，申请查封了大山个人账户的存款。

大河起诉的目的是什么？是通过另案向大山施加压力，查封资产，让其知晓合同可能会被撤销，并返还股权转让款，希望大山知难而退，撤掉要求查阅审计报告的诉讼。

虽然该案最终以大河自行撤诉结束，但确实给当事人和律师带来了压力和时间成本。

总之，被告或第三人采取各种各样的方法应诉，另案回击是可供选择的方法之一。

青出于蓝

合理利用流程争取时间

张孟月　执业律师　上海博拓律师事务所

如果作为被告代理人，应诉时应如何为委托人争取时间，维护合法权益？这里与大家分享一个案例。在这个案例中，原告虽然强势，但我通过合理利用诉讼流程，为当事人争取了时间，并最终促使双方达成和解。

1. 强势原告，和解无望

委托人张某向某银行借款，双方签订了《个人消费性借款合同》，借款期限自2018年11月至2021年11月，委托人自2020年8月开始未按期足额还款，2020年10月被该银行起诉要求还本付息并承担逾期利息。

张某想与原告谈和解，原因是：第一，张某不想通过判决让本案上网，以免败诉记录影响自己的征信；第二，他想争取3个月以上的时间筹集资金还款；第三，他还想让我帮他争取减免逾期利息。我方当事人的这三个想法对于银行来说都是不可能接受的。

我在接案之初也感觉很难满足委托人的要求，但是我还是竭尽所能去争取。我代理本案时就告诉委托人，银行作为金融机构，处于强势地位，且银行审批严格，在谈和解方案时让步空间较小，更没办法把控调解方案。首先，银行一般不会对本息进行让步；

其次，银行对减免材料要求严格，且要经过审核后才能决定是否减免。但是我们可以通过提出管辖权异议先争取时间。在此期间再与银行慢慢谈和解。

2. 通过管辖权异议争取时间

我的策略是先提出管辖权异议以争取时间，收到管辖权异议驳回裁定后再上诉。意外的是，中级人民法院对管辖权异议的审核周期过长，直到 2021 年 7 月才出二审裁定。也就是说，我通过提出管辖权异议意外地为客户争取到了 9 个月的准备时间。

3. 开庭前多次跟对方律师沟通和解方案

根据当地法院的规定，当地律师开庭一定要穿律师袍。虽然本案是已经确定调解的案件，我也并非当地律师，准备开庭时我还是带上了律师袍。听说我带了律师袍在等候开庭时，原告律师一下子就慌了，她对我说，要是调解不成转正式开庭，她没带律师袍，会被法官口头警告。这让我一下子抓住了调解的主动权。

开庭前，我先提交了答辩材料及被告经济困难的说明材料，再次向法官争取减免利息的调解方案。囿于银行审批严格，经原告律师再次沟通后，仍无法减免利息，但是在庭审笔录中，我将"原告律师明确告知被告，后续可以继续提供经济困难材料申请减免利息，由原告审核后决定是否减免"这句话记入笔录。为被告后续申请减免利息留有余地。

4. 超出委托人预期的案件结果

本案通过管辖权异议，为委托人争取了 9 个月时间，同时和原告谈成分期还款调解方案，调解结案。

5. 个人总结

看似简单的管辖权异议，使用得当可以争取时间，使用不当可能面临处罚，需要律师去把握合适的度。提出管辖权异议后，收到一审驳回裁定时，一定要留意一审法院的裁定或者法官有否告知"如果滥用诉讼权利，会处以一定惩罚措施"，以免直接上诉，被法院惩罚。

| 课后感悟 |

王泽风

面对原告的诉求,我原来的办案思路就是一一反驳,进行应诉准备。听了本章课程,我才明白不能一味被动挨打,该出击时就出击,由被动变主动。本课程让我知道,要办好一个案子,不应仅注重案件本身,还应把与案件有关的因素都掌握清楚,也许就能使出"围魏救赵"的妙招。

对于初入律师行业的我,邓律师的课程使我受益匪浅,少走了很多弯路。

本节试听

500元专属课程优惠券

第十六章
利用好举证责任分配

邓律金句

我主张，你举证　转移责任最上策

举证责任分配被称为"民事诉讼的脊梁"，在重要事实主张的真实性不能被认定的情况下，负有举证责任的一方需要用证据告知法官，法官可据此裁决。

初入行的律师可能会对举证责任分配感到困惑，为何合议庭要求我方对签名申请鉴定？我方已经完成举证责任，为何法官还要求提供证据？

德国著名诉讼法学家莱奥·罗森贝克说过："消除事实问题方面的疑问，是证明责任规范的使命。"举证责任的分配，会影响事实的认定，甚至最终影响案件的胜败。

举证责任的分配原则为：主张权利存在的人，应对权利产生的法律要件事实进行举证；主张权利不存在或消灭的人，应就权利排除进行举证。个案中具体的举证责任分配，由法官根据审理需要进行分配。

一、举证责任转移与倒置

举证责任分配基本原则是"谁主张，谁举证"。换言之，主张法律关系存在、变更、消灭或权利受到妨害的当事人，应当承担相应的证明责任，但机械地遵循该静态原则，极有可能导致裁判不公。因此，实践中举证责任的动态调整才是常态。

（一）举证责任转移

举证责任转移，是指在诉讼中为了证明我方的主张或反驳对方的主张，举证责任由一方向另一方转变的情况。

下面以案例来更具象地说明举证责任转移的实务应用。

1. 案件模型

王某持借据到法院起诉李某，声称李某向其借款 50 万元并逾期未还，借款以现金形式支付。但是，李某坚称未向王某借钱，借据也非其本人签字（见图 16-1）。

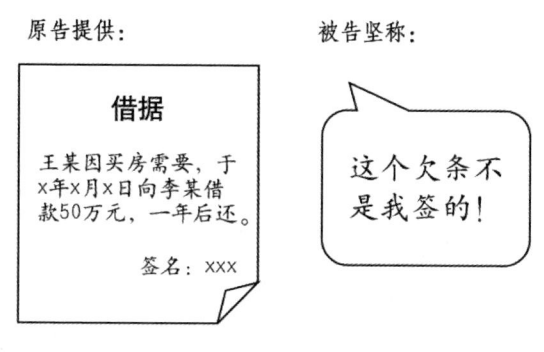

图 16-1　某案件模型

谁来证明借据的真实性，是债权人王某，还是债务人李某？

第一种情况：只有借据，王某无证据证明有款项支付的发生。此时，原告王某负有证明借据真实性的证明责任。

第二种情况：王某有证据证明有款项支付，或有其他证据佐证有金额转移的发生。在王某已经证明款项支付发生的初步事实要件后，不能因为李某不认可借据，简单遵循"谁主张，谁举证"原则，此时举证责任转移，李某应自证清白，承担借据不是其签署以及 50 万元款项非借款的证明责任。

2. 真实案件

该案件模型让我想起承办的某案件。

【案例 16-1】

外国人大山在北京开公司需要资金,但其汉语不佳,便找到中国朋友大河,请求大河帮忙筹借 100 万元。大河称借款人富贵同意借钱,当天上午,大河让大山先签好借据,大河独自拿着 100 万元借据说去找富贵取钱。

等到下午,大河一个人回来,气呼呼地说:"富贵太不讲究,说好的事情不算数,不同意借款。我们吵了起来。"

大山说:"不借就算了,借据还给我吧。"

大河说:"当时我们在争吵,我一生气就把借据撕了。"

由于大山比较相信大河,也欠缺法律意识,这个事情就没放在心上。

孰料 3 个月后,大河持大山签名的借据,起诉大山,要求返还借款及利息。大山表示,大河没有实际支付借款。双方争执不下。

本案发生在 2010 年,那时的支付手段比较落后,现金使用频率较高,原告坚称自己将 100 万元现金给了大山,大山才打的借据。

为证明原告以现金交付的说法不真实,我作为大山的代理人做了以下功课。

第一,进行诉讼可视化操作,前往银行借了 100 万元点钞币,说明 100 万元现金体积之大、重量之重。在经济发达的北京,交付 100 万元现金的可能性极小。

第二,要求原告说明支付借款的时间、地点。其回答后,我方欲调取监控,但借据签字时间段该大楼的监控已被覆盖。

第三,设计问话内容,让大山电话联系大河。比如"你当时说借据已经被撕毁了,你也没有支付给我借款,你怎么骗我呢?",大河的回答很含糊,没承认也没否认,虽然该证据不能完整攻击对方观点,但是我方认为纵观前后可以得出原告没有实际交付借款的结论。

遗憾的是,一审法官依然判决我方败诉,理由是原告持有借据且我方承认借据上签名的真实性,原告的举证责任已完成。

原告的举证责任完成了吗?

我认为没有,原告还应证明如何以现金形式完成交付。法官将举证责任转移给我方，要求我方证明没有收到借款。我们可以证明发生了哪些事实，如何证明某件事情没有发生？本案中我方认为举证责任分配不当。

如果你也遇到了同样的问题，除了和法官沟通争取合议庭的支持，由于对举证责任分配有异议无其他法定程序上的救济途径，只能在等待判决结果出来时选择上诉。因为举证责任由法官根据目的性进行裁量，无法用机械的法条决定每一个案件的责任分配。

（二）举证责任倒置

1. 法定情形

举证责任转移属于法院自由裁量的范畴，举证责任倒置由法律明确规定，二者适用范围不同。

举证责任倒置共有 12 种情况：

（1）因产品制造方法发明专利引起的专利侵权诉讼；

（2）因环境污染致人损害引起的侵权诉讼；

（3）建筑物或其他设施以及建筑物上的搁置物、悬挂物倒塌、脱落、坠落致人损害的侵权诉讼；

（4）因共同危险行为致人损害的侵权诉讼；

（5）因缺陷产品致人损害的侵权诉讼；

（6）医疗行为引起的侵权诉讼；

（7）饲养动物致人损害的侵权诉讼；

（8）高度危险作业致人损害的侵权诉讼；

（9）劳动争议案件；

（10）一人有限责任公司股东需证明公司财产独立；

（11）消费者权益保护；

（12）行政诉讼。

前 8 种情形都是《民法典》中有关特殊侵权举证责任的规定；第 9 ~ 12 种情形分别由《劳动合同法》《公司法》《消费者权益保护法》以及《行政诉讼法》调整。

举证责任倒置，即案件被告承担了普通案件中原告的举证义务。如被告不举证或无法举证,则应承担举证不能的后果。

为何会有举证责任倒置的规定,立法本意是什么呢?

行政诉讼的举证责任倒置是基于被告特殊的行政管理地位,对做出行政行为时的合法性和合理性需要自证。在环境污染致人损害案件中,需要排放者自证合规排放。举证责任倒置均源于法律对特定主体和特殊事件的规范要求在先,因此应自证清白。

并非所有特殊类型案件中的证明事项均倒置。比如,行政诉讼中,原告首先需要证明行政行为与原告具有利害关系,其次才由行政机关证明行政行为的合法性、合理性。

2. 真实案件

【案例 16-2】

我方当事人大山购买某别墅时,与开发商签订了售房合同,开发商赠送了独立院落,但双方未就院落使用权签订书面协议。购房 3 年后,开发商统一为业主办理了土地使用证。由于院落土地使用权系赠送,无须支付款项,因此办证时当事人未签订合同,也未对土地面积进行测量。

几年后,因为其他纠纷的测量数据,大山才发现土地使用证记载面积小于院落的实际面积,随即向不动产交易中心申请变更登记,但不动产交易中心以材料不全不予受理。大山遂提起行政诉讼,要求确认不予受理的行政行为违法,撤销不予受理通知书。

本案的审查重点是不予受理行为是否合法,但是被告代理人未围绕审查重点着重说明,而是对土地使用证记载面积发表意见,并当庭提交一些表格作为证据证明土地使用证的记载内容无误。同时,对方还质疑我方聘请的检测机构出具的报告。

被告在对原告证据批驳时,法官突然说:"现在进行法庭释明,按照《行政诉讼法》的规定,行政诉讼举证责任倒置,应由被告对行政行为合法承担举证责任。"

法官是在告诉被告方向错误,应向法庭证明不受理行为的合法性,而非紧盯原告的证据进行攻击。对方代理人显然将行政诉讼案件当作了一般民事案件在代理。

二、如何避免举证陷阱

（一）克服自动"脑补"的惰性思维

律师自动"脑补"的惰性思维，往往导致错失为对方设计举证陷阱的机会。

1. 案情简介

【案例 16-3】

李某，女性，50 多岁，独居"五保户"，在蓝天村居住 30 余年，没有户口。

李某在村口突遇车祸，被撞身亡，保险公司赔付了 60 万元死亡赔偿金。李某所在村的村委会认为，虽然李某没有户口，但村委会以"五保户"待遇保障其正常生活，死亡赔偿金应归村委会所有。

本村的小王找到村委会要求将李某的死亡赔偿金归其所有。

小王和死亡的李某有什么渊源呢？一切还要从小王的父亲老王说起。

老王的妻子早逝，一人抚育小王。1991 年，20 岁左右的李某流浪至蓝天村。李某虽智力有些障碍，但生活可以自理。经村里人牵线，李某随后与老王共同生活，由于李某没有户口，二人没办理结婚登记。

2010 年年初，老王因病去世。已成年的小王认为自己与李某关系不清不楚，便拒绝李某继续在家中居住。

村委会为李某提供闲置房屋供其居住，并将其列为"五保户"，为其申请了低保。

虽然未对李某进行过精神鉴定，但根据其日常表现，确实存在智力障碍，无法自主支配低保费，村委会便让小王使用低保费为李某购买生活必需品，并送至李某住处。

李某死后，小王认为李某与其父亲老王存在事实婚姻，李某与其之间构成有抚养关系的继子女关系，要求继承李某的死亡赔偿金。

本案的主体法律关系见图 16-2。

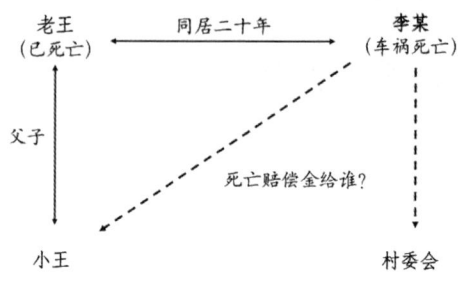

图 16-2　案例 16-3 的主体法律关系

2. 案情分析

作为村委会的代理人，应如何抗辩才能阻却小王得到死亡赔偿金呢？

先来分析小王的举证逻辑。小王找到当年给李某办低保的经办人和村民作为证人，证明在 1991 年李某已和老王共同生活。证据是办理低保时上交给有关部门的材料，真实性无疑，村委会无法否认。小王认为，1994 年 2 月之前，我国存在事实婚姻制度，因此，李某与老王是事实婚姻关系，自己与李某是继母子关系，李某死亡赔偿金应当由其继承。

本案是一个咨询案件。我给村委会出了抗辩主意，将举证责任转移到小王身上。

后来我将此案例在"法小白"模拟法庭中使用。学员在模拟法庭上的抗辩思路比较一致，均不承认事实婚姻的存在，理由是什么呢？

"法小白"们的思路如我所料，理由为李某不具有完全民事行为能力。李某存在智力障碍，与老王共同生活不代表她有和老王缔结婚姻的意愿，事实婚姻不成立。

你也是这么想的吗？顺着这个思路，我们来思考如何完成举证责任。小王已证明 1991 年之后，李某和老王共同生活，直至老王去世。即便李某之后在村委会提供的房屋中居住，也是小王使用李某的低保费为李某购买生活必需品，如果认为小王遗弃李某，理由不充分。

如果村委会以李某不具有完全行为能力，事实婚姻无法成立进行抗辩，举证责任应如何分配呢？村委会应承担证明李某不具有完全行为能力的举证责任。但自然人是否具备完全民事行为能力，无法通过肉眼判断。由于从未对李某进行过精神鉴定，不能依据证人证言认定李某的行为能力。

我在法院工作时曾处理过一个交通事故损害赔偿案件，原告被大货车迎面撞击，虽然伤势不重，但是受到高度惊吓，家属认为货车撞击后引发原告精神障碍，要求进行精神鉴定。诉讼过程中，我们都认为原告看起来状态尚佳，不存在精神障碍。但经过精神鉴定，结论是确定原告存在精神障碍。可见，是否存在精神障碍，不能以一般人的认知判断。

村委会从未对李某进行过精神鉴定，只是通过肉眼判断其存在智力障碍，这不属于可以采信的法律事实。由于小王的举证责任已完成，村委会败诉概率极大。

3. 我的思路

同样的案件，代理思路不同，举证责任就不同，判决结果可能也截然相反。

针对本案，我提出了与众不同的思路。

我也认为李某和老王不构成事实婚姻，但理由不同。我不能确认李某的行为能力，而是对事实婚姻的另一个构成要件提出质疑，即如何证明李某开始和老王共同生活时年满20周岁。我以1991年李某尚未达到法定婚龄进行抗辩，由此将证明李某年龄的举证责任转移至小王。

事实婚姻应具备结婚的实质要件：双方自愿结婚、双方达到法定婚龄、双方均无配偶且不属于直系血亲或者三代以内旁系血亲。

证人都说李某刚流浪至该村时大概20岁，死亡时50多岁。人的年龄和精神状态一样，均不能通过肉眼判断，李某刚来该村时看起来20岁，极有可能只是外表成熟，实际尚未达到法定婚龄。

我方以李某当时不满法定婚龄进行抗辩，就需要小王证明李某开始与老王共同生活时已满22周岁。村民只能证明1991年起二人共同生活，由于李某没有户口，其真实年龄无从知晓，无法证明李某当时已满20周岁，小王自然也无法证明李某符合事实婚姻的年龄要件。

4. 重点总结

小王对事实婚姻的举证责任看似已完成，实则不然。小王只证明了老王和李某共同生活的事实，但参与本案模拟法庭的人，无一例外都认为李某当时20岁，已达到法定婚龄，而我却认为李某的年龄存疑。

为什么我们的思维会出现差异？

因为很多人容易自动"脑补"案件情节。就像讲述某个故事,未讲述的某些细节,听众会通过自我想象完善缺少的情节。律师在分析案情时,任何事实都不能自行判断,应养成"十万个为什么"的质疑精神。审视对方主张和证据时,务必一一查看是否存在漏洞,切忌主动修补漏洞,防止掉进举证"陷阱"。

(二)证据采信的判断标准

律师需明晰举证责任的完成度。在很多案件中,双方举证都存在一定瑕疵时,法官会依据高度盖然性原则,以及内心确认来决定是否采信。

高度盖然性是指法官虽未从证据中形成事实必定如此的确信,但内心形成事实极有可能或非常可能如此的判断。[1]

《最高人民法院关于适用〈中华人民共和国民事诉讼法〉的解释》第一百零八条第一款:对负有举证证明责任的当事人提供的证据,人民法院经审查并结合相关事实,确信待证事实的存在具有高度可能性的,应当认定该事实存在。

律师构建我方的法律事实时,在证明责任完成度上,要使法官对事实的采信达到"高度可能性"的程度——待证事实与客观事实相同或接近,从而做出利于我方的认定或推定。

在面对对方的证据时,应审查以下问题:

(1)对方证据链是否完整、是否指向唯一;

(2)是否每一环节都具有足够的证明力。

多数民商事案件在诉讼时,证据或多或少都存在漏洞或链条不完整,这就为反驳留下了发挥空间。

首先,应对案件争议焦点的证据链进行完整检视,试图找出证据链的断裂之处。例如,案例16-3原告没有完成法定婚龄要件的举证责任,事实婚姻的成立不再具有确定性。

其次,衡量对方每一环节证据的证明力,比较我方与对方证据的证明力大小,

---

[1] 相庆梅.两大法系民事诉讼自由心证的司法适用及其启示[J].江西社会科学,2017(03).

试图寻找证明力更大的证据论证争议事实。

最后，攻击对方证明过程的漏洞，方能达到"远其强而攻其弱，避其众而击其寡"的效果。

三、如何破解证据鉴定与调查令的困境

启动证据鉴定和申请调查令，均是不确定因素，很多情况下申请事项会被法官驳回或者不予理睬。

（一）是否申请鉴定

举证责任中鉴定环节十分重要。经常会遇到原告认为应由被告申请鉴定，可是法官释明：原告是否要求申请鉴定？如不申请需承担相应法律后果。

此时，原告代理人心中没底，不知是要申请还是不申请。

原告代理人认为己方待证事实的举证责任已完成，被告进行抗辩，应由被告承担申请鉴定的责任。又担心法官可能认定己方未完成举证责任，如不申请鉴定，万一视为举证不能又有极大损失。

这时需要律师判断举证责任是否完成，如确信已完成，可表明不申请鉴定，请求法官明确举证责任应由对方承担，并说明如对方对证据存在异议，应由对方申请鉴定，这是较为规范的操作方法。

如把握不准，可向法官询问：如您认为我方未完成举证责任，我方则申请鉴定。若法官不表态，并让律师自行判断，可向法官表示需要考虑庭后提交意见，庭后与团队综合评判后做出决定。

（二）申请调查令

承担举证责任时，证据可能由第三方保管，因此需要申请调查令。

1. 启动方式

启动方式一：当事人申请。

具体要求：（1）申请期限：举证期限届满前；（2）证据类型：部门保存档案、

保密隐私材料、不能自行收集的证据；(3)申请材料：《调查取证申请书》，包括被调查人姓名或单位名称、住所地等基本情况，所要调查收集的证据名称或内容，需要由人民法院调查收集证据的原因，要证明的事实，以及明确的线索。

某案中，对方当事人在起诉前曾将我方产品送检某检测机构，检测结果为合格，但报告在对方手中。我方去查阅该报告，检测机构表示报告不能出示给非检测申请人，除非法院出具调查令。为此，我方向法院申请调查令，但是一审法官拒绝了我方的申请。

申请调查令时，应当与法官进行良好沟通。如该申请合理，法官依然拒绝开具调查令，需要考虑该要求是否合理，或是否存在其他因素。对法官不予签发调查令的情形，没有法律规定如何救济，只能多次沟通。

启动方式二：法院依职权。

依职权调查，指法官认为某证据较为重要，主动调取。适用于：(1)涉及可能损害国家利益、社会公共利益的；(2)涉及身份关系的；(3)民事公益诉讼；(4)当事人有恶意串通损害他人合法权益可能的；(5)涉及依职权追加当事人、中止诉讼、终结诉讼、回避等程序性事项的。

2. 第三方不配合怎么办

法院开具调查令后，存在第三方机构不配合的情况。

一种是"硬"不配合，虽有调查令，仍然要求法官亲自调取证据。很多机构不接受调查令，称内部规定要求法官亲自到场，类似问题令人苦恼不已。

另一种是"软"不配合，声称时隔太久、档案搬迁，难以找到档案。我曾到某房产局调取档案，该部门称台风导致档案被水浸泡，后又搬迁，档案已灭失无法提供。

针对第三方机构无理拒不配合的情况，可以告知法官，法院可责令其履行协助义务，情节严重的可对责任人处以罚款、拘留等处罚。

| 青出于蓝 |

利用责任分配击败对手

张怡坤　执业律师　内蒙古大法扬律师事务所

有幸学习到邓老师的课程，通过邓老师的讲解，我了解到举证责任在庭审中并非一成不变，而是会转移的。我通过最近代理的一个案件，和大家分享举证责任分配相关的问题。

1. 基本案情

原告在2019年借给被告30万元，因双方不在同一城市，所以原告将借款合同邮寄给被告，被告答应签署后回寄给原告，但最后未回寄。原告手里有两个证据：一是银行转账凭证（备注"借款"），二是双方之间的微信聊天记录（内容可证实原告已将借款合同邮寄给被告，被告多次表示"已签署，将于日后回寄"）。

2021年，原告诉至人民法院，请求被告返还借款30万元并支付利息。被告辩称：首先，原告支付的款项不是借款而是投资款，原告是原告公司的会计，款项由原告替原告公司支付。其次，原告公司与被告公司之间是合伙关系。原告公司出资，被告及被告公司出力，共同开拓市场，赚取的利润由原告公司再分给被告公司或被告。最后，原告公司控制被告公司的利润，原告已通过原告公司将上述款项扣回且已超额扣款30多万元，双方未清算，应驳回原告起诉或诉讼请求。

被告提供了原告公司与被告公司、被告之间的多份邮件及原告公司的工商登记信息。邮件内容显示被告或被告公司需向原告公司提供相应金额的增值税发票，以及原告公司分给被告或被告公司的利润总额，部分邮件备注"扣欠款+货款"。庭审查明，原告公司与被告公司未签署合伙协议或投资协议。

2. 举证责任

本案中，原告提供银行转账凭证和微信聊天记录作为民间借贷的证据，原告已完成初步的举证责任。被告提出了合理抗辩并提交了相应证据，同时被告主张原告仅有转账凭证，无其他能证明借贷关系成立的证据，如借据、收据、欠条等，依据《最高人民法院关于审理民间借贷案件适用法律若干问题的规定》第十六条的规定，此时举证责任应转移至原告，原告仍应就借贷关系成立承担举证责任。

被告说得对吗？

答案是，原告提供的证据不是只有银行转账凭证，还有微信聊天记录，原告已完成初步的举证责任。此时,举证责任应转移至被告,被告应就其合理占有上述款项提供证据证明,本案中被告未能提供证据证明双方系合伙关系,即被告不能证明其观点,应由被告承担举证不能的不利后果。因此,举证责任不应再转移至原告。最终,一审法院支持了原告的诉讼请求。

3. 心得体会

在法官认为原、被告双方各有一定道理而案件事实处于真伪不明时,需看举证责任分配至哪一方。本案中原告胜诉的原因是合理利用举证责任分配,告诉法官本案案情与法条所述情形不一致,不应适用《最高人民法院关于审理民间借贷案件适用法律若干问题的规定》第十六条的规定,被告未能提供证据证明其主张,因此,举证责任未转移,仍应由被告对其抗辩举证,如无法举证证明,应由被告承担举证不能的不利后果。最终,法官认可原告的主张,即举证责任不应转移至原告。总之,利用好举证责任分配,能取得良好的庭审效果。

| 课后感悟 |

董红欣

听邓老师的课程,是一种知识盛宴的全方位享受,该课程从授课内容、形式、风格都堪称完美。在工作中,我利用邓老师传授的关于举证责任分配的知识,即举证责任完成度、证据链条是否完整、是否每一个环节都具有足够的证明力,三个维度让我快速找到代理思路和方向。邓老师的课程涉及的法律知识、诉讼技巧和方法对我来说真是太有用了,太接地气了!

本节试听

500元专属课程优惠券

第十七章
避坑的流程管理

邓律金句

"流程化" = "少犯错"

诉讼并非一蹴而就,而是"路漫漫其修远兮"。完整的诉讼由诸多环节构成,各环节工作内容及重心均不同。为确保案件各流程无一缺漏、协作分工明确、规范,在以律师团队协作为主的大环境下,应对诉讼流程管理予以足够的重视。

流程管理,顾名思义就是以办案流程为导向,贯之以科学的管理方法,实现诉讼流程的清晰化和高效化。好的流程化管理就像美丽的珍珠项链,每个流程是珍珠,办案进程就是那条串起珍珠的线。在日常工作中设计管理模板,逐步形成一套诉讼流程管理文件,将抽象的管理方法具体化。

流程管理有助于把控流程节点,帮助发现和控制相关法律风险。也可利用各种管理软件提高案件把控质量。

一、划分案件诉讼流程及管理指引

(一)案件诉讼流程管理图

要想实现诉讼流程管理,首先需要清楚诉讼流程包含哪些环节。我根据办案经验和习惯,绘制了案件诉讼流程管理图(见图17-1),将完整的诉讼流程大致划分为接谈、分析、庭审和结案四大阶段,每阶段列有详细的工作内容。

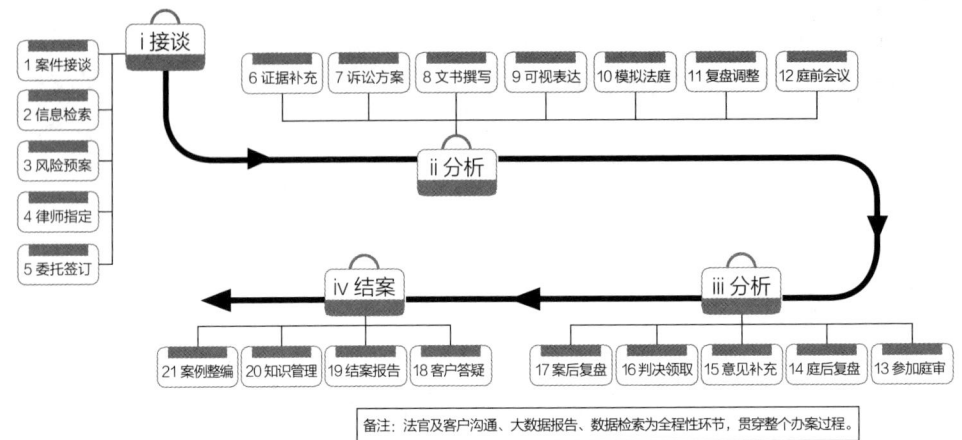

图 17-1 案件诉讼流程管理图

第一阶段：接谈阶段。包括案件接谈、风险预案、委托代理等前期准备内容。

第二阶段：分析阶段。包括证据补充、诉讼方案、文书撰写、模拟法庭、各种庭前准备等核心内容。

第三阶段：庭审阶段。开庭审理是当事人行使诉权进行诉讼活动和人民法院行使审判权进行审判活动最集中、最生动的体现，该阶段需要学习各种庭审技能，如表达和对抗。

第四阶段：结案阶段。就判决书内容对客户答疑解惑，并以结案报告形式发给客户。此外，从个案复盘总结案件得失，从个性精髓上升至共性经验，并录入知识管理库用于分享、学习。

另外需要说明的是，拆解诉讼流程可以帮助律师把控诉讼中可能出现的风险，但不必过分拘泥于流程中的条条框框，流程并非绝对完美，也并非一成不变，应学会灵活选取为己所用的部分，像拼图一样有序拼接。流程环节划分也并非固化，每位律师可根据自身经验和习惯制定适合的方案。

例如，一般案件中，我们会先与客户进行商谈，接案后再展开检索、分析、制定策略等工作。但有的案件，我们在接触客户前已经通过转述得知案情，并知晓客户的诉求。为赢得客户信任，抓住成案机会，可将后续工作内容前置，提前列出大事记、做好法律及案例检索、制定初步诉讼策略、列出报价方案等。相信完成了以上工作,我们已完全有能力说服客户。无论成案与否,这些都将是宝贵的经验积累。

(二)民事诉讼办案全流程指引

为帮助青年律师更好地理解和适用诉讼流程管理图,也为便于我的团队规范化协作,我根据案件诉讼管理流程图制定了详细的办案流程指引。

民事诉讼办案全流程指引

第一章 案件受理前:简要分析论证

第一节 案件登记

第一条 与案件当事人取得联系,初步了解诉讼主体和案情,查询是否存在利益冲突。根据案件基本情况填写案件咨询表,具体内容包括日期、咨询人、联系方式、案由、基本案情、标的、案件来源、跟进律师、是否为异地代理等。

第二节 会见当事人的前期准备

第二条 会见前与当事人沟通,获取案件相关文件及证据。

第三条 初步了解案件事实、案由、争议焦点。

第四条 根据案件焦点查询基本法律规范,包括实体法、程序法以及相关司法解释。

第五条 检索相关及类似案例,总结案由、裁判依据和各方观点。

第六条 对比判例和待接案件,整理出基本思路,包含法律适用、争议焦点、案件可切入角度、案件难点和风险。

第三节 约谈当事人

第七条 与当事人确认会谈时间,预定会议室,确定参会律师及辅助人员。

第八条 制作会谈笔录。

第九条 查看相关证据,如有必要,需要核对证据原件。

第十条 询问当事人,尽可能获取更多信息,从而深入了解案件细节。

第十一条 明确在会谈笔录中进行案件风险提示。

第十二条 明确在会谈笔录中对当事人陈述真实性予以确认。

第十三条 要求当事人对会谈笔录内容予以确认并签字。

第十四条 对于企业客户(高级客户),不直接出具代理费用价格,会后根据案情制作代理方案及报价方案呈交客户。

第二章 案件受理后：精耕细作

第四节 完成代理合同的签订

第十五条 邮寄或现场签订代理合同、出具授权。

第十六条 确定主办和协办律师，案件相关事务由主办律师统一分工，协办律师遵照执行。

第十七条 协办律师负责案件录入管理系统、建立档案、填写案件登记表等。

第十八条 委托方支付律师费，律师事务所确认收到后，及时根据委托方要求开具发票（专票或者普票），原则上先付费后开票。

第十九条 对发票进行扫描、复印，留存电子版和复印件。同时与委托方进行现场交接，如果不能现场交接的，应当在邮寄发票原件的同时附送发票签收单，由委托方签字或盖章予以确认并回寄。

第五节 团队协作，合理分工

第二十条 协办律师对客户提供的证据材料进行扫描、电子归档。

第二十一条 主办律师安排梳理基本案情、制作大事记。

第二十二条 主办律师针对案件基本情况主持召开第一次会议，明确各阶段工作大致内容，并分配当前任务到个人，记录工作日志，设置工作截止时间。

第二十三条 主办律师召开第二次会议，对上一阶段工作进行总结，并安排下一阶段工作，同时主办律师负责或安排起草工作呈报递交给委托方（根据案件情况，第二十一条至第二十三条步骤可包含证据调取、联系法官、联系当事人等工作，上述步骤可灵活调整、交叉循环进行）。

第三章 庭前准备：全力以赴

第六节 文书准备

第二十四条 开庭前1~2周，根据案件情况完成以下文件：

（一）案件大事记、案件关系图

（二）法律、案例检索

（三）起诉状/答辩状

（四）证据目录

（五）质证意见

（六）辩论意见

（七）代理意见

（八）损失明细及计算方式（以清单或者表格等形式清晰呈现）

上述文件由主办律师安排起草，确定具体文件负责人及最终定稿的时间。

第七节　庭前辅助工作

第二十五条　开庭前事务性工作：

（一）开具律师事务所函、准备出庭律师的执业证复印件

（二）检查、完善授权委托书

（三）文件按照用途整理分类并分别贴标签

（四）准备开庭大礼包（中性笔、铅笔、记号笔、标签、夹子、U盘、庭审笔录）

第二十六条　准备工作完成后，协办律师对庭前已完成的准备工作进行检查校对。

第二十七条　针对证据原件，原则上委托方自行携带，并在开庭前将证据目录发送给委托人，委托人可根据证据目录整理证据原件。如因实际情况需要，需由律师亲自携带原件，则应与委托方做好交接，签订证据原件交接单，开庭后尽快返还，并收回原件交接单。

第四章　庭后总结：善始善终

第二十八条　开庭后，主办律师进行庭审总结，并向委托方进行庭审工作汇报。

第二十九条　主办律师修订代理意见，并经委托人审阅后提交给法院。

第三十条　协办律师及时和主办法官沟通案件进展，并做好记录。

第三十一条　收到结案文书后，立即向委托人汇报。如为一审判决，需与委托人沟通是否上诉，并做好后续准备。

第三十二条　分析判决或裁决书，制作案件结案报告，整理卷宗。

第三十三条　结案后将案件主要材料制作案件卷宗。胜诉案件可提供给委托人一份完整卷宗。

二、诉讼流程管理配套模板文件

（一）与客户相处的艺术

诉讼律师办案，不仅是在书写个人的职业生涯传记，也是在陪伴委托人度过一段特殊的时光。面对委托人的信任，恪尽职守地维护委托人的合法权益自然不言而喻，同时也应考虑与委托人建立有效沟通联络机制，一方面便于获取案件信息；另一方面可以为委托人呈现高质量的工作成果，与委托人形成良性互动。

如何良性互动，相信很多律师都有自己的妙招。在此，我从客户接待、工作汇报及材料交接三个互动高发环节，为大家提供所需的文件模板，帮助大家查漏补缺

或提供灵感，希望能让大家为客户提供更好的法律服务。

1. 会见客户——事前充分准备，会见客户从容淡定

模板 17-1

会见客户准备工作备查表

序号	文件	数量	备注	是否完成
1	名片	按客户人数准备		
2	笔	按客户人数+律师人数准备		
3	本	与会律师自带		
4	纸	每人2页，按客户人数准备	用律师事务所单页夹夹上	
5	水	与会人员一人一瓶/杯		
6	电脑	协办律师自带	记会谈笔录	
7	会谈笔录	预备格式电子档		
8	前期收集的案件材料	2份	如无则不需要准备	
9	个人著作或案例选（如有）	1~2本	视情况而定	
10	律师事务所宣传册	1~2本	视情况而定	

会见客户时，小至水、纸等基本物品，大至个人著作、律师事务所宣传册按需准备，注重内容的全面性。

2. 案件进展呈报——主动向客户呈报，彰显责任感与专业性

模板 17-2

关于 ×× 公司与 ×× 公司 ×× 纠纷
工 作 呈 报

致：×× 公司

　　×× 律师事务所接受 ×× 公司（以下简称贵司）的委托，依法指派本所 ×× 律师担任贵司与 ×× 公司 ×× 纠纷一案诉讼代理人。

　　目前，本案已被 ×× 法院受理，我团队已于 ×× 年 ×× 月 ×× 日完成财产保全措施。×× 年 ×× 月 ×× 日，我团队向 ×× 法院递交了 ×× 材料。现将我团队近 × 个月来针对本案取得的成果和下一步工作安排呈报贵司：

一、本案目前进展

（一）

（二）

……

二、下一阶段工作安排

（一）

（二）

……

附件：

××律师事务所
××律师团队
____年__月__日

无论客户要求与否，案件进展到一定阶段，律师均应主动制作案件呈报文件并送达客户。优质的呈报文件包括立案、提交证据、保全措施等目前进展情况以及后续工作安排等内容。切忌流水账式表述无关痛痒的事项，以免适得其反。

呈报文件本质是书面梳理案件进展，相比口头表述更为规范、严谨，更能展现律师事务所管理工作的规范性和律师认真负责的工作态度。

3. 发票签收单——细节决定成败，规范隔离风险

模板 17-3

发票交接签收单

现收到××律师事务所开具的编号为 NO.____ 的增值税普通发票原件×张（如上图），共计××元。

特此说明。

签收单位（盖章）：_____
签收人（签名）：_____
签收日期：_____

客户按合同约定向律师事务所支付律师费，律师事务所为客户开具相应金额的

正规发票，这不仅是行业准则，也是法律的明文规定，律师应对此严格遵守，切记不可私下收费。

按常规操作，律师事务所应当在客户付费后再开具发票。但在实践中，不同客户类型可能提出不同的要求，比如有些企业希望在收到发票后再行付款。对此，律师可以先征询律师事务所的意见，如同意则可先开票，并协调客户在一定期限内将相应费用付至律师事务所指定账户。

发票开具后一般由承办律师移交至客户，此时我提醒各位青年律师务必做好发票管理，书面固化发票移交痕迹，做到有据可查。为什么强调发票管理，我给大家讲一个我亲身经历的故事来说明。

曾经有客户突然联系我，要求开具律师费发票，由于当时该案件已结案半年之久，发票一定是开过了，可是客户财务坚持说没有收到。我的团队律师立即翻阅卷宗，找到了客户签字盖章的发票签收回执，证明发票原件早已移交至客户手中，最后查清是客户公司财务找不到发票引发的乌龙事件。

试想如果我没有做出让客户签收发票这一规范动作，上述事件的责任可能就难以厘定。发票是重要的财务凭证，担负着入账、抵税等功能，一旦遗失，受各种现实因素影响无法确定能否补开，且极有可能造成委托关系紧张。

4. 文件签收单——交接留痕迹，避免生遗患

模板 17-4

文件移交签收单

基于××需要，××年××月××日 A 将下述文件交付 B 保管、使用（开庭举证使用）。现 B 悉数归还，具体移交文件清单如下：

序号	资料名称	原价/复印件	份数/页数	备注

文件签收			
接收文件单位		移交文件单位	
接收人		移交人	
日期		日期	
备注			

制作文件签收单的目的在于降低律师执业风险。律师携带证据原件出庭后一定要及时归还,避免丢失给客户造成不可挽回的损失。

我刚入职法院时,老庭长就语重心长地提醒我:"钱包可以丢,但卷宗绝对不能丢,丢了就无法弥补。"同样的道理,律师对保管的案件材料一定要提高警惕,尽量不保管原件。即便特殊情形需要保管,也应及时归还。

在归还客户原件材料时,应与客户共同核对并签署文件移交签收单,明晰材料交接过程,避免产生不必要的纷争。

(二)案件制胜基本功

众所周知,文笔是律师重要基本功之一。对客户,书面汇报必不可少;对法官,更需要展现自己有理有据。在整个诉讼过程中,律师需要撰写和制作各种文件,比如案件大事记、检索报告和证据目录等。这些文件有着重要的作用,在本书的其他章节中已进行具体展开。

此外,还要根据诉讼环节不同时点,总结形成实用的辅助文件,如案件登记表、立案备查表等,以便进一步细化流程管理,同时为团队协作提供了极大的便利。

1. 民事案件登记表——为案件做"收纳管理"

模板 17-5

民事诉讼案件登记表（一、二审）

收案	案由审级			收案时间	
	合同情况	份数：	盖章：	合同编号	
	是否交费			发票编号	
	备注				
案件基本情况	委托人		联系人		联系电话
	地址				
	对方当事人		法定代表人		职务
	地址				联系电话
	其他联系人		联系电话		
	案情介绍				
进度					
诉前调解	受理法院			案号	
	承办人			地址	
	联系电话			备注	
立案	受理法院			案号	
	联系电话			地址	
	诉讼费金额			缴费期限	
	是否保全		保全费：	保全到期日	到期注意续保
	举证期限			需补交材料	
	承办人			联系方式	

（续表）

案件审理情况	一审程序	审理程序		转换程序时间		
		主审法官	电话：	书记员	电话：	
案件审理情况	一审程序	其他法官	电话：	对方当事人	电话：	
		反诉时间		举证期限		
		追加当事人		举证期限		
		第一次开庭时间		庭审纪要		
		第二次开庭时间		庭审纪要		
		结案方式		判决或裁定时间		
案件审理情况	是否上诉			上诉期限		
	二审程序	受理法院		案号		
		立案时间		审理方式		
		主审法官	电话：	书记员	电话：	
		其他法官	电话：	对方当事人	电话：	
		第一次开庭时间		庭审纪要		
		第二次开庭时间		庭审纪要		
		结案方式		判决或裁定时间		
	是否申请强制执行			申请期限		
执行程序	受理法院			案号		
	承办法官			联系方式		
	强制措施					
	财产线索					

模板 17-6

民事诉讼案件登记表（再审）

再审立案		受理法院		案号	
		联系电话		地址	
		举证期限		需补交的材料	
		承办人		联系方式	
		备注			
	听证程序	主审法官		联系方式	
		书记员		联系方式	
		其他法官		联系方式	
		对方当事人		联系方式	
		听证时间		庭审纪要	
		裁定时间			
		主审法官		联系方式	
		书记员		联系方式	
		其他法官		联系方式	
		对方当事人		联系方式	
		第一次开庭时间		庭审纪要	
		结案方式		判决或裁定时间	

模板 17-7
仲裁案件登记表

仲裁立案	受理仲裁委员会		案号	
	联系电话		地址	
	诉讼费金额		缴费期限	
	是否保全		缴费期限	
	举证期限		需补交的材料	
	仲裁庭秘书		联系方式	
	备注			
案件审理情况	审理程序		转换程序时间	
	首席仲裁员		联系方式	
	书记员		联系方式	
	仲裁员		联系方式	
	仲裁员		联系方式	
	对方当事人		联系方式	
	追加当事人		举证期限	
	第一次开庭时间		庭审纪要	
	第二次开庭时间		庭审纪要	
	结案方式		裁决时间	

案件与登记表格一一对应，表格内容全面且不应忽视，如表格注明的保全到期日。我代理的一起案件，就曾由于未及时续保导致查封的现金被转移，所以我特别强调保全到期日。经此教训后，我对保全到期日制定了严格、明显的提示，希望大家避免犯同样的错误。

此外，我要求助理每次更改案件材料，必须及时填写记录。这样做不仅有助于了解自身的工作内容，还能帮助客户了解律师工作量之大、压力之重，打破客户心中"律师仅仅开个庭"的偏见。

2. 立案文件——传授经验，助你立案马到成功

模板17-8

民事诉讼立案文件备查表

序号	文件		数量	备注	完成
1	起诉状		1+被告数	当事人签字盖章	
2	证据目录及证据		1+被告数	**给法官和自用的要划重点、贴标签**	
3	律师事务所函		1份	为保险起见，法院和日期可立案现场填写，以免存在不必要的更改	
4	授权委托书		1份	委托人签字或盖章	
5	律师证复印件		律师各1份	须带原件供核对	
6	委托人/原告身份证明文件	若为公民：身份证复印件（正反面）	1份	是否需要**提供原件核对**，不同法院做法不同，应提前了解	
		若为法人或其他组织： A.单位营业执照副本复印件 B.法定代表人身份证明 C.法定代表人身份证复印件 D.或授权人员身份证明及其身份证复印件			
7	被告身份信息	若为法人或其他组织：工商登记信息或其他登记信息	1份	法人被告信息可在工商信息网查询打印，自然人被告在知道身份证号码的情况下，可在人口管理公众号调取户籍信息	
		若为公民：身份证信息或户籍信息（可调取）			
8	送达地址确认书		1份	填写律师事务所的地址和律师的联系方式，并拍照存档	
9	其他与案件相关的文件		1份	如需给对方则应多准备几份	

（续表）

序号	文件	数量	备注	完成
10	中性笔、铅笔、夹子若干、U盘、电脑		如对立案把握不大，建议携带，以便根据实际情况现场调整或修改	
11	提前了解法院立案渠道，如现场立案，注意是否需提前预约			

立案文件应尽可能全面、具体。注意证据目录及证据是否勾画重点需要视接收对象而定。

建议随身携带中性笔、铅笔、夹子若干、U盘、电脑等工具，以便根据实际情况现场进行调整或修改。

3. 开庭文件——法庭是律师的主战场，装备齐全是基本素养

模板17-9

民事诉讼开庭文件备查表

序号	文件	数量	备注	已完成
一、案件材料				
1	原告立案材料	1套		
2	代理词/答辩状	2+被告数量		
3	原告补充证据/被告证据	2+被告数量		
4	其他诉讼材料（如申请书等）	至少2份		
5	**证据原件**	核实原件由出庭律师携带，还是通知当事人携带		
二、U盘（内含如下电子档材料）				
6	起诉状	1份		
7	证据目录	1份		
8	代理意见/答辩状	1份		
9	计算方法	1份		
10	**我方引用的法律法规**	1份		
11	**对我方有利的案例**	1份		

（续表）

序号	文件	数量	备注	已完成
三、开庭大礼包				
12	律师事务所开庭记录	每位律师1份	填写基本信息并打印	
13	签字笔、记号笔、铅笔	若干		
14	长尾夹	若干		
15	回形针	若干		
16	分页标签	一套		
17	白纸	若干		
18	电脑		出庭律师视情况自带，备份案件电子档	
四、授权文件及其他				
19	律师事务所函	1份		
20	授权委托书	1份	仅限于立案时未提交授权材料或变更授权、作为被告首次出庭的情况	
21	委托人身份证明文件	若为自然人：身份证复印件（正反面） 若为法人或其他组织： A.单位营业执照复印件 B.法定代表人身份证明书 C.法定代表人身份证复印件	1份		
22	律师证原件	出庭律师自带		
23	律师袍	出庭律师自带	部分法院或庭审直播要求穿律师袍。出庭前应做充分了解，建议着律师袍	

开庭文件属于核心文件，需要予以重视。注意提醒委托人携带证据原件，携带U盘拷贝电子材料用于补充纸质材料，同时方便法官或书记员使用我方电子材料。

4. 律师出庭笔录——为你的庭审写一部日志

模板 17-10

庭 审 记 录

（第____次开庭）

案 由：_____

原告/上诉人/申请人：_____

被告/被上诉人/被申请人：_____

第三人：_____

开庭时间：____年____月____日____时____分至____时____分

开庭地点：_____法院_____法庭；

合议庭组成人员：

审判长：_____

审判员（或人民陪审员）：_____

审判员（或人民陪审员）：_____

书记员：_____

出庭人员（诉讼参加人）：_____

承办律师：_____　　记录人：_____

辩论（争议）焦点：

1._____

2._____

3._____

庭审记录：

_____

_____

_____

庭审需要全程全神贯注，及时记录辩论焦点，方便庭后复盘总结。

5. 庭后文件——庭后不意味着诉讼结束，奋斗是贯彻始终的主旋律

模板 17-11

庭后复盘及管理备查表

序号	文件	数量	备注	已完成
一、庭后材料准备——法院				
1	庭审笔录	/	向书记员询问是否可以拍照	
2	地址确认书	/	向书记员再次确认文书邮寄地址	
3	补充代理意见	1份	针对庭审焦点进行说明	
4	补充证据	3份	待核实、待补充、待解释的问题	
5	庭后与法官沟通记录与提纲	/		
6	庭审中尚待进一步说明的问题	1份		
二、庭后汇报与确认材料——客户				
7	庭审工作汇报	1份	包括庭审工作、待核查事实征询、风险提示、下一步工作等内容	
8	判决书邮寄（附裁判报告）	/		
9	案件结案报告	1份		
三、律师结案				
10	律师结案报告	委托手续	委托代理协议	
			授权手续、发票	
		案件材料	原告/上诉人/申请人材料（起诉状、证据材料……）	
			被告/被上诉人/被申请人材料（答辩状、证据材料……）	
			法院材料（传票、判决书）	
		办案总结		

庭审结束或收到判决书不等于诉讼的完结，庭后复盘也是"重头戏"之一。有效的复盘需以完整的庭后文件为支撑，注意需要根据不同接收对象准备不同的庭后文件。

（三）助力非诉项目

本书虽以商事诉讼为主线，但我相信青年律师在案源拓展时也会触及非诉业务。因此我将从顾问单位工作内容、商务谈判及招投标等方面传授个人经验并提供相应模板供大家使用。

1. 常年法律顾问文件——服务内容可视化，增强客户体验

模板 17-12

顾问单位信息登记表

单位名称						
住所						
办公地址						
法定代表人		电话		手机		邮件
负责人		电话		手机		邮件
法务联络人		电话		手机		邮件
其他联络人						
服务期限		交费情况			发票	
合同管理		续约情况			其他	
工作记录：						

日期	对接人员	工作内容及完成情况	登记	备注

模板 17-13

顾问单位日常工作内容登记表

联络人	姓名		职务		所属部门	
	固定电话					
	手机					
	电子邮箱					
服务方式		咨询解答	合同审核	合同起草	当面约谈	入场解答	参会培训
咨询时间		回复时间		工作用时		
事务主题						
联络人服务需求						
顾问律师解决方案及解答						

模板 17-14

顾问单位案件代理工作记录表

案件编号：

受理机构	名称		（　　）审		
	地址				
	邮编		传真	案号	
	承办法官		电话		
	E-mail			合议庭	
	书记员		电话	其他	
一审结案结果：				缴费情况：	
日期		工作内容		备注	费用

除诉讼业务外，常年法律顾问业务也需利用文件模板规范管理，需要及时记录

工作内容、对接人、工作完成情况，并定期向顾问单位做工作呈报，避免发生因未及时记录导致遗忘重要事项等情况。

此外，顾问单位的案件代理工作也需单独记录，便于自身及顾问单位了解案情进展概况。

2. 商务谈判——扎实的准备成就谈判艺术，而不是谈判事故

模板 17-15

商务谈判文件备查表

序号	文件	备注	已完成
1	名片	视情况准备版本和份数	
2	谈判材料	含根据客户提供的材料写的谈判方案	
3	笔	钢笔或高端一点的签字笔	
4	笔记本	职业、商务一些	
5	电脑		
6	录音笔		
7	PPT	如有，先拷贝进U盘，如无则8、9项也无须准备	
8	转换头	本项非必需，视情况而定	
9	翻页笔	本项非必需，视情况而定	
10	其他与谈判有关的材料	视情况而定	

注：随行人员也应着商务正装，形象整洁干练。

常年法律顾问或非诉专项客户委托我们与其合作伙伴、竞争对手或可能起诉对象进行商务谈判时，由于律师本人并非会议组织者，可能不清楚会议环境、会议设备等具体情况。为保证会议的顺利进行，律师必须考虑周全，做好万全的准备。

律师需要随身携带名片、谈判材料、录音笔、翻页笔等。携带录音笔方便谈判结束向客户汇报，携带翻页笔避免出现约见单位未做会务准备等突发情况。

如以 PPT 形式表述观点，可能存在所携带电脑与投影设备不适配的情形，提前准备好转换头是非常明智的选择。

随行人员即使全程不参与谈判交流也应着商务正装,保持整洁干练的形象,这是对自己也是对客户的尊重。

希望青年律师们牢记"细节决定成败",将认真负责的工作态度贯穿办案的每一时刻。

3. 投标文件——为你的投标准备工作亮灯指路

模板 17-16

投标文件示例

序号	文件	备注	已完成
一、投标书应包含的内容			
1	开篇函/感谢函		
2	律师事务所简介及荣誉		
3	律师团队成员简介	履历及业绩,重点突出主办	
4	案情分析及我们的优势	如为非诉则改为法律服务方案	
5	报价方案及工作说明		
6	结束语		
二、律师事务所资质文件1套(按照招标要求准备,以下仅为参考,均须盖律师事务所公章)			
7	律师事务所执业许可证(正本复印件)		
8	律师事务所执业许可证(副本复印件)		
9	律师事务所登记事项及登记变更事项(复印件)		
10	机构信用代码证(复印件)		
11	法定代表人身份证明书(原件)		
12	法定代表人身份证(复印件)		
13	法定代表人授权委托书(原件)		
14	团队律师执业证(复印件)		

（续表）

序号	文件	备注	已完成
三、其他物品			
15	全新 U 盘	拷贝标书电子版	
16	A4 大信封	密封标书	
17	律师事务所宣传手册	视情况而定	

注：打印装订后按照招标人要求数量每册单独封装（封皮写明文件内容，封口处签字或盖章）、再将所有投标书一起寄出或递交

4. 律师函登记表——为自己出具的每一份法律文书负责

模板 17-17

××律师团队律师函登记表

序号	委托方	函告方	事由	函告期限	律师函编号	发出时间	妥投时间	快递单号	备注
1									
2									
3									
4									
5									
6									
7									
8									
9									
10									
11									

除律师事务所制作的律师函登记表外,团队也需制作表格并单独记录。客户咨询发函时间、期限等情况,如果一问三不知,会给客户留下不专业、不负责的印象。若每次都询问律师事务所行政人员,相当于变相增加他人工作量。做好团队内部"工作台账",是提高工作效率与增强客户体验感的奠基石。

(四)个人拓展及推广

1. 讲课文件——从学习到分享,不断扩大自身影响力

模板 17-18

讲课需备物品

序号	文件	备注	已完成
1	PPT	(受众不同,适用不同的版本,有的放矢。事先拷贝进 U 盘)	
2	电脑		
3	转换头		
4	翻页笔		
5	名片	20 张左右,备用	
6	主办律师著作、案例选	根据实际情况确定	
7	水杯		
8	相机		
	注:随行人员最好能多方位拍好照片		

讲课是律师展现自我专业能力、自我宣传的方式。我经常受邀讲课,团队助理会及时携带讲课会用到的物品,并及时删除拷贝到对方电脑中的课件 PPT,做好保密工作。

2. 录制节目文件——心有多大，舞台就有多大

模板 17-19

录制节目准备物品

序号	文件	备注	已完成
1	名片		
2	节目内容文稿	2份	
3	服装、配饰、化妆品		
4	水杯		
5	相机		
6	电脑	视情况、非必须	
7	形象照	拷贝进U盘	
8	其他相关材料	视情况、非必须	
注：随行人员做好拍照和录像，以便宣传使用			

我录制节目时，团队成员会按照"录制节目准备物品"内容提示我携带相关文件及物品。同时，随行人员需跟随拍照记录，做好宣传资料的储备。

3. 办会流程文件——充分发挥组织协调能力
模板 17-20

办会流程指引及准备工作

会前准备	确定活动时间、基调及大致流程			
	预定会议室			
	宣传			
准备物品	序号	文件	数量	备注	已完成
	1	宣传单页	根据与会人数	提前沟通后,印刷需5天时间	
	2	桌签	根据与会嘉宾	与行政人员沟通	
	3	横幅	视情况定	与行政人员沟通	
	4	引导牌	视情况定	与行政人员沟通	
	5	水	视情况定		
	6	水果	视情况定	自行购买,之后交给行政人员装盘	
	7	文件夹	视情况定	带有律师事务所LOGO	
	8	纸笔	视情况定		
	9	签到台	1	与行政人员沟通	
	10	幕布	视情况定	与行政人员沟通,"大图"制作	
	11	背板	视情况定	与行政人员沟通,"大图"制作	
会后工作	新闻稿(与文品团队协商)				
	会议文件归档:电子版和纸质版各一份				
	会议照片归档				
	账目结算				

注:表格列数以"准备物品"区为准,其他区单元格合并。

律师需要组织各种会议和研讨论坛等,会议前后工作涉及与行政人员的沟通协调,该办会流程文件可提示各细节事项,各方在共同配合下完成会议承办工作。

课后感悟

贾迎军

"避坑的流程管理"一章通篇透出的工作理念是细致和严谨。从办案全流程指引到案件登记表,再到文件移交签收单、开庭文件备查表……每一个模板都在力求把法律服务的每一个环节、每一件小事做精、做细、做到极致。这些文书模板容易上手,易学易懂,即学即用,帮助我将文书内容化繁为简,精准避坑。感谢邓老师的倾囊相授!

本节试听

500元专属课程优惠券

第三部分

攀登之路

第十八章
了解法官思维

邓律金句

学会法官思维　破解当局者迷

法官思维系以请求权为基础，居中分析案件诉求，结合证据材料运用法律、公正裁判的思维方式。律师思维和法官思维都属于法律思维，均应以权利义务基础为考量，运用法律规则解决争议事项。

同一案件，不同人来评判得出的结论各不相同，因为思维角度不同，利害关系不同。法官思维是以客观、公正的裁决者视角对法律条文、合同条款进行理解运用。而律师的代理人身份使其容易从己方视角出发，与法官在裁决时考量的立法意图、社会公平和利益冲突时的权衡取舍存在思维差距。

律师了解法官思维就像"照镜子"，可以从中发现与法官的思维偏差，更好地按照法官思维呈现案件事实，弥补漏洞，及时调整诉讼策略。法律思维的建立非一日之功，需要不断实践磨砺。

案例重现——做具备法官思维的律师

此前章节中，很多人反映我讲述的案例难度较高，本章我特意分享其他优秀律师代理的案件，想告诉大家从简单案件中也可以学习法官思维。

吴律师在一起购货合同纠纷案中的固有思维，是很多年轻律师的通常思维。

【案例18-1】

甲公司与乙公司签订购货合同，向乙公司购买一台价值300万元的生产设备用于生产熔喷布，但生产出的熔喷布过滤及防护效果不符合医用口罩要求，无法实现制成医用口罩的合同目的。

甲公司要求解除合同并退货，乙公司拒绝，双方协商无果，甲公司遂起诉乙公司，要求解除合同。

吴律师代理甲公司，她认为本案胜券在握，300万元一定可以索回。其办案思路如下：

（1）该设备生产出的熔喷布质量不合格，被下游客户退货，原因是过滤效果无法满足医用口罩的使用要求；

（2）乙公司销售的生产设备不合格导致甲公司使用该设备生产的熔喷布产品质量不合格；

（3）产品质量不合格导致合同目的无法实现，即乙公司所售设备导致甲公司无法实现制成合格医用口罩的合同目的；

（4）合同目的无法实现，符合合同解除的法定条件，甲公司有权解除合同并退货，有权要求乙公司返还设备款300万元。

吴律师的代理思路没有大问题，很多人也认为本案应退货并返还300万元。但我认为本案核心事实的举证责任尚未完成，会有变数。理由如下。

（1）甲公司仅凭下游客户的退货，就得出生产出的熔喷布质量不合格依据不足，建议先由权威机构对产品质量进行检测。

（2）假设熔喷布经过检测证明质量不合格，甲公司还需证明除设备不合格之外不存在其他可能影响产品质量的因素，比如排除因公司员工操作不当、熔喷布原材料质量不合格等。

（3）假设设备确实存在缺陷，但退货非唯一解决方案。应确定究竟是设备的零部件损坏，还是生产线出现问题导致熔喷布质量不合格，若能通过替换、调整零部件解决产品质量，判决乙公司全额返还300万元的可能性极低。

（4）即使判决合同解除，甲公司已使用设备长达数月，设备折旧、磨损等一系列问题也会影响判决最终结果。

我与吴律师的办案思路不同，产生差异的原因是，她作为甲公司的代理律师，希望案件朝有利于甲公司的方向发展，很难主动设想可能发生的不利结果。其实这也是包括我在内的很多律师的共性问题，看不到或者潜意识屏蔽了可能存在的不利事实。

很多人会认为我方是有理一方，只要大方向正确，即使存在小瑕疵也不影响法官判决。可所谓的大方向正确是真的正确吗？是否已经偏航？案例18-1案情虽然简单，但断言胜诉还为时尚早。

思维方式非千篇一律，我之所以能提出吴律师未考虑到的问题，是因为我站在旁观者的中立视角。"当局者迷"，律师容易陷入固定思维旋涡。

想成为具有法官思维的律师，须跳出思维定式的怪圈，将自己定位成旁观者来评判案件。当我遇到疑难案件时，团队成员分别代理原、被告开展模拟法庭，将合议庭可能问到的案件事实，有利、不利的案件观点、疑点列出并提前准备好应对方案。若发现某个问题无法回答或无充分证据支撑，则需准备符合法官认知的合理解释。把这几步走扎实、走沉稳，相信法官会听到你想让他听的、会看到你想让他看的法律事实。

吴律师还讲述了一起加盟合同纠纷案件，该案最终在法官努力调解下结案。

【案例18-2】

甲自创了某麻辣香锅品牌并创造了良好的经营效益。乙欲加盟，与甲签订加盟合同约定：合同签订当天乙向甲支付200万元加盟费。甲在合同签订之日3个月内辅助乙进行店面装修、原材料采购，并将核心技术教授给乙。若乙未在3个月内（9月30日前）实现开业，则可以主张解除协议，甲需将加盟费全额退还乙。

乙支付了200万元加盟费后，承租了南京某中心地段的商铺用于开店，并于9月29日举行了开业典礼，开始试营业，但未取得卫生许可。然而店铺试营业不足一个月，经营惨淡，损失极大。乙欲退出加盟，要求甲返还200万元加盟费，被甲拒绝，乙遂将甲诉至法院。

本案争议焦点为店铺是否在 9 月 30 日之前开业，双方对此争执不下。

吴律师作为甲的代理人，她认为南京店铺已于 9 月 29 日正式开业，客流量照片、原材料采购单、账户流水账单均可证明。乙认为店铺未开业，因为仅办理了工商营业执照与字号，未办理开业必备的食品卫生许可证明。

根据类案检索结果显示，多数法院认定开业需符合国家政策、地方性行政法规规定。南京地方性法规明确规定：餐饮行业若未取得餐饮经营许可不得营业，否则会受到行政处罚。

仅以店铺客流量、账户流水账单等难以完全证明店铺已开业，且开业手续未办理完毕，存在违背行政管理的漏洞。但从一般人认知角度，举行了开业典礼、存在客流量即视为开业，若完全依照法律和政策判断是否开业，对甲而言显失公平。

以客观的第三方视角分析，200 万元加盟费是否应退还呢？若不退还，乙投入大量成本，包括但不限于加盟费和店面装修费用等，但店铺存续不足一个月，对乙来说不公平；若退还，对甲不公平，因为双方签订的加盟合同真实有效，甲如期履行合同约定义务，应获得全额加盟费，乙对店铺生意应自负盈亏。主审法官认为本案最适宜的解决方案是协商调解，最终调解结案。

如果双方拒绝调解，法官会如何判决呢？假设我是法官，我会将案件重点放在乙店铺未合法开业的原因，究竟是甲方技术原因还是乙故意未办理食品卫生许可证明。若是第二种情况，乙属于恶意阻却开业条件成就，根据《民法典》第一百五十九条规定，乙恶意阻却条件成就应视为店铺已开业。反之，如果因为甲提供的技术设备和生产方式导致乙未开业，我会转换思路以规避行政法规的限制，判决退还一定比例的加盟费。

《中华人民共和国民法典》第一百五十九条：附条件的民事法律行为，当事人为自己的利益不正当地阻止条件成就的，视为条件已经成就；不正当地促成条件成就的，视为条件不成就。

"一千个读者心中有一千个哈姆雷特。"对同一案件，律师和法官存在不同认知不足为奇。我们应客观理性地看待差异，建立法官思维并灵活转换，实现最佳诉讼效果。

一、法官思维下案件事实的呈现方式

"司法裁决活动应当以事实和法律为基点和根据,而不是主观任意地进行的,它不仅应包括对案件客观事实的理性认识过程,也应包括对规则的发现、解释和适用等,只有这样,司法裁决才具备了确定性。"[1] 简而言之,法官判案不是凭空想象,而是以事实为依据,以法律为准绳。此处的事实是指法律事实,法官没有穿越时空的技能,无法回到争议发生的时间和地点去了解客观事实,只能根据各方呈现的碎片事实还原成连贯合理的法律事实。

我们首先需要了解法官希望律师如何呈现案件事实,才能"对症下药",做到有备无患,在庭审中交一份满意的答卷。

(一)呈现完整的案件事实

法官认为,律师总是侧重陈述对其有利的事实,对不利事实一概不论,即使陈述不利事实,律师也会千方百计地解释。而当事人缺少庭审陈述技巧,无法判断回答的问题或陈述的事实是否对其有利。因此,当事人出现在庭上时,法官会强调:律师不要发言,让当事人自己回答。

法官思维下的事实是完整事实,而不是修饰过的法律事实。但若律师毫无选择地表述全部事实可能对各方都不利,所以多数律师会在某些情况下选择性地说真话,利用部分真相构筑一个看似完整的法律"故事"。

(二)陈述真实的案件事实

1. 反感虚假陈述事实

法庭上可以回避不利事实,但不能做虚假陈述和伪造证据。比如公司流程管理不规范,股东会未举行,为了诉讼临时撰写股东会决议,法官询问会议细节时,就以不清楚来搪塞。看似蒙混过关,实则法官早已看穿。

---

[1] 朱力宇、林鸿姣."以事实为根据,以法律为准绳"原则的形成和发展[J]. 法律适用,2013(02):45.

在我代理的某房地产合作开发案件中，法官询问对方代理人"为什么后续没有开发行为？"

对方代理人反复强调"是原告不配合！"

法官面露不悦，不耐烦地说："好的，请向法庭提交你方要求对方配合，但对方未配合的证据。"

对方代理人顿时哑口无言。显而易见，法官清楚知晓对方代理人指责我方不配合履行合同是虚假陈述，才会对他提出如此要求。

2. 厌恶不加甄别地全盘否认事实

在一起土地开发合同纠纷案中，对方主张二审改判合同继续履行，我方在审理期间将已转让给对方的土地予以抵押，属违约行为。

严格讲，我方的抵押行为确实存在一定问题，因此我没有否认土地抵押的事实，而是向法官承认我方确实已将土地抵押，但抵押时间是在一审判决合同解除后，没有预料的是二审改判合同继续履行，我方不存在故意抵押土地的恶意。

全盘否认对方的证据容易招致法官厌恶。比如对方举证时，律师不加甄别地全盘否认证据的"三性"，包括银行加盖公章的流水证明。法官会认为律师在狡辩且缺乏专业素养。

不管做人还是做事，道理是相通的，无理搅三分的做法不可取。

（三）解释陌生领域案件事实

法官对案件会形成独有的判断标准，判决结果符合法官的世界观、价值观。若法官对某类事实很熟悉，律师表述出不符合法官认知的观点，法官会下意识认为律师在扭曲事实。但法官没有三头六臂，对其他专业、新生领域事实不甚了解很正常，律师需要做法官的助手，将陌生领域的专业术语转化为通俗易懂的语言。

比如在某车载电池包案件中，对方拒收定制的电池包，客户主张巨额损失，我很疑惑，难道不能将加工完成的电池包卖给其他客户吗？拆解的电芯不可以二次利用吗？我有疑问，法官也一定会有疑问。为此，我多次实地走访工厂，了解电池包生产全流程和产品构造，计算产品成本。

我想呈现给法官的事实是，定制的电池包产品一旦被买方退货，就不存在任何可利用价值，我方主张全损具备合理性。我成功帮助法官了解了陌生专业领域的案件事实，也成功让法官建立了与代理人主张相同的思维结论。

（四）明确指出边缘事实

商事诉讼的特质之一是极少有 100% 的有利证据。因为商事纠纷主体是合作伙伴，合作的目的不是打官司，所以很多商务活动没有留下完整的证据，此时边缘事实就成为影响法官判断的重要因素。

边缘事实需要律师引导呈现。

在我代理的某土地开发合同纠纷案中，案件争议焦点为合同是否应解除。我方主张对方已无履约能力，符合法定解除条件。原一审判决合同解除，二审法院改判合同继续履行。我方申请再审，高级人民法院撤销二审判决，发回一审重审。

举证环节，我对法官说："法官您好，对方一直称有土地开发的能力，但我检索案例时发现，虽然对方二审改判继续履行，但对方连 50 万元律师费都无力支付，被二审律师起诉至法院并强制执行。"法官听完后，表情耐人寻味。

我将上述看似与争议焦点无关的事实告知法官，侧面说明对方连 50 万元律师费都无力支付，何谈几亿元投资的土地开发能力。

二、多维度观察法官

（一）从问话中反推法官的内心想法

预判法官对案件的判决思路有诸多方法，其中之一是关注法官的发问内容，通过问话内容反推法官的真实想法。比如，我刚刚讲的土地开发合同纠纷案。

关于合同解除问题，法官问对方："取得规划许可证后的 4 年内，办没办理施工许可证？"

对方代理人支支吾吾地说："不知道。"

法官："办没办证不知道？"

对方代理人这才如实回答说："没办许可证。"

法官又追问了对方代理人几个关于办理施工许可证的问题。通过问话，我们能推断法官的内心想法是，是否属于约定期限内不履行办证义务，导致合同目的无法实现的情形。

此外，在某产品质量合同纠纷案中，对方购买并使用我方所售高精仪器达两年半之久，其间未曾提出产品质量问题。我方发律师函催促对方支付货款时，对方突然起诉所售产品质量不合格，要求退货。

庭审刚开始，法官直接询问对方："产品是在哪使用的？使用产品过程中的数据合格吗？"

对方答："不合格！"

法官随即又问："既然产品不合格，那你们现在准备怎么处理？"

对方一脸无辜地答道："法官，可以申请鉴定证明产品质量不合格，以及我方要求退货的合理性！"法官遂同意申请鉴定。

我们能在这段对话中发现话中话吗？对方主张产品质量不合格，但在没有任何佐证的情况下提出鉴定要求，法官立即同意对方的鉴定请求，可以判断法官潜意识中已认定产品质量不合格。

若法官将矛头对准使用产品过程是否规范、数据不合格的基础证据是否可以提供，我自然会有截然不同的感知。

假设法官问原告："你们使用案涉产品达两年半，这期间你们是否向被告提出产品质量不合格？是否催促被告履行维修义务？"如果这样发问，能得出法官内心的想法是：使用产品两年半未提及质量问题，对方发律师函催要货款后立即以质量问题提起诉讼，是否存在蹊跷，需进一步查明。

若法官一直锁定某一方发问，说明法官认为该事实重要，或对相关陈述内容不信任，或该方未完整表述，或该方陈述内容缺乏证据支撑。

（二）观察法官的神态变化

在"四合院一房二卖"连环案中，对方代理人发表代理意见长达37分钟，法官听得不得要领。轮到我发言时法官拿笔开始记录。从法官的动作变化，能看出我强调的内容引起了他的注意。

（三）了解法官的办案风格

每个法官都是独立的个体，办案风格必定存在差异。有的法官要求律师快速、简单地表达观点；有的法官要求律师详细陈述，不追求快速。如能提前对法官进行检索，了解其庭审风格、类案认知，做到对法官有一定预判和了解，相信对庭审十分有益。

我曾经的一次开庭中，法官明确要求按照他总结的争议焦点顺序举证，而我准备的证据顺序自成体系，很难快速与法官总结的争议焦点无缝对接。我要求按照证据目录举证被拒绝，导致举证混乱。三个半小时仍未完成举证。法官是庭审的主导者，我们只能尊重和配合他的办案风格。

很多年前，在一起简易程序审理的案件中，独任审判员未总结案件争议焦点，询问事实与争议事实偏差较大，我便忍不住提醒："法官，我认为应该查明的事实是……"

法官脸色瞬间变了，大声喝道："我是法官还是你是法官，怎么审理案件需要你来教我吗？"

我好心办错事，采取的方式不合时宜，惹怒了法官。因此，律师应了解、尊重法官的办案风格，并在合适的时机通过法官可以接受的方式提出合理建议和意见。

三、练就换位思考的能力

（一）巧用模拟法庭，预判法官的办案思维

由团队成员分别担任法官、对方当事人等各种角色，模拟庭审现场，有助于避免个人思维局限性，提高思考分析能力、逻辑思维能力，从而发散思维，发现遗漏点，全面预判法官的办案思维。

（二）大量阅读判决书，寻找类案支撑

律师阅读判决书时应有所甄别，尽量阅读公报案例、典型案例、最高人民法院指导案例。此外，阅读判决书应掌握技巧，首先了解原被告陈述内容和案件证据。

了解大致案情后，先不要直接看结果，先自行预判法官的判决思路与结果，再与判决书对比，分析自身思维与法官思维的契合度与差异性，逐渐建立法官思维。

（三）理解法官，珍惜法官时间

员额制改革下，法院"案多人少"现象突出。法官的时间与精力有限，为协助法官在最短时间内理解案情，律师应言简意赅、快速精准地发表观点。

法官非常反感"复读机式"的律师，因此我们需练就3分钟内提炼文书重点和脱稿陈述的能力，即使无法脱稿，也应提前准备提炼重点后的文稿，以高效利用庭审时间。

法官会在律师陈述的黄金时间内大致判断出律师的专业水平：（1）根据综合业务能力判断律师资历深浅；（2）观察律师对案件的用心程度；（3）陈述内容是否有法理支撑。

| 青出于蓝 |

了解庭审之外的法官思维

田甜　执业律师　广东济方律师事务所

作为一个负责任的律师，在开庭前反复研读案卷，对法官在庭审中可能会提到的问题进行充分的准备是必不可少的。然而，法官不仅仅是在庭审中，在庭审外也可能会针对性地了解案件情况，代理律师对庭审外可能影响法官审判思维的情形也需要谨慎应对。

案件的审理并不是从法官敲法槌的那一刻开始，也不是在法官宣布庭审结束的那一刻结束。关于这一点，我在代理的一起二审案件中深有体会。

1. 基本案情

A公司于2020年诉至广州某法院，请求于2007年被吊销营业执照但未进行清算注销的B公司的股东及法定代表人黄某，对B公司拖欠A公司的货款承担连带赔偿责任。黄某一审并未委托律师，而是委托其丈夫宋某代为出庭应诉。后一审败诉，一审法院判决黄某赔偿A公司货款损失200余万元并承担案件受理费、保全费等。一审判决后，黄某和宋某委托我作为代理人提起上诉。

2. 庭审之外的法官思维

二审开庭结束后,我在签笔录时,法官问我:"上诉人,你们这个公司(B公司)现在是否还可以进行清算?"法官问这个问题,是因为根据《公司法》及相关司法解释的规定,若公司被吊销之后,因股东怠于履行清算义务导致公司无法进行清算的,公司的股东需要对公司的债务承担连带责任。

法官提到的这个问题在我的预料之中,我原想法官会在庭审过程中提出,没想到会在开完庭之后提出,我慎重地回复说:"虽然黄某是公司的股东及法定代表人,但黄某并不是B公司的实际控制人,公司的实际控制人是李某(二审已经提交证据予以证明)。据当事人和李某所了解到的情况,公司应该是可以进行清算的。"

法官又提出:"你们这个案件要不要撤诉,撤诉还可以挽回一半的诉讼费损失。"这个问题一提出,我和当事人心里都咯噔一下,但经过与当事人短暂沟通后还是坚定地回复:"我们不撤诉。"后来不到一星期的时间,这个案件的二审判决书就出来了,二审法院判决撤销一审判决,驳回A公司的全部诉讼请求。

3. 个人体会

无论是庭审开始前还是庭审结束后,回答法官的问题一定要谨慎,不能因为不是在庭审中而随意作答。法官在庭审中可能没有看到他想看到的证据或没有得到他想要的回复,在庭审外,法官可能会出其不意地提出。一旦法官的内心确信得到证实,案件的结果就可能会出现偏转。

虽然至今我仍不太明白,为什么庭后法官建议我们撤诉,但是作为代理人来说,不要因为法官主动建议撤诉而认为"法官都建议撤诉了,案件肯定赢不了"。在案件有法可依、有理有据的情况下,建议与当事人充分沟通后坚定立场。

| **课后感悟** |

来 静

　　作为一名实习律师,在认真听了邓老师的本章课程后,收获良多。比如,通过搜索办案法官的同类判例去归纳总结该法官的审判思维,从而围绕该思维去寻找自己经办案件的支撑点及走向,为获得法官支持做充足准备。

　　非常感谢邓老师精彩、专业地讲解和传授,让我对法官思维有了更深的理解!

本节试听

500元专属课程优惠券

第十九章
全局诉讼策略

邓律金句

战略加战术　干就完了

外行以为诉讼最精彩的部分在于庭审环节的对抗，而内行知晓庭审前制定的诉讼策略才是重中之重。

诉讼策略来源于对案件的反复研究，是律师头脑风暴及实战经验的沉淀和结晶。作为整个诉讼的精神内核，诉讼策略汇集了碎片化、复杂化的案件材料之精髓，以全局视角掌控攻防之道。

若将诉讼比作一场战役，诉讼策略就是作战方案，律师就是整个诉讼战役的总指挥。诉讼策略不当，极有可能满盘皆输，律师需要对诉讼策略进行不断研判、反复推演，方能克敌制胜。

"纸上得来终觉浅，绝知此事要躬行。"本章结合我多年执业经验和真实案例，讲解如何围绕起诉目的、法律关系、思维方式、诉求路径等制定诉讼策略的方法，助力优势案件完胜，逆风案件翻盘。

一、明确委托人的合理需求

制定诉讼策略首先要明确起诉目的。一般情况下，诉讼请求就是委托人委托律师的最终目的，特殊情况下，委托人希望通过本次诉讼实现其他商业目的或为后续诉讼做基础准备。

（一）明确起诉目的

诉讼主张不仅要选取最优解，且应与委托人的起诉目的高度贴合。例如，案件出现侵权和违约两个法律关系竞合，此时应提起侵权之诉还是违约之诉，需要根据利益最大化、举证责任难度等确定诉讼请求。

委托人的诉讼目的分为以下几类。

1. 诉求即最终目的

诉求是希望法院予以支持的请求。律师需了解客户期望通过诉讼达成何种目的，再确定诉求。一般情况下，委托人的诉求与最终诉讼目的是一致的。

2. 冻结对方资产，增加谈判筹码

有的当事人希望通过申请财产保全，冻结对方资产影响对方现金流、降低被告的商业信誉，以利于达成调解或实现其他要求。

我曾代理一起土地合作开发纠纷案件，由于对方未在约定期限内支付费用，股东均被列为失信被执行人，企业被列为经营异常状态。据此，我方有理由认为对方公司无力继续履行开发合同，合同目的无法实现，遂要求解除合同。

孰料对方公司反诉我方违约，要求赔偿对方损失达2亿元，法院查封了我方正在开发的其他项目。由于查封的建筑物设有抵押权，迫于转贷压力，必须谋求尽快解封，否则将承担巨额违约风险。

对方明知反诉请求不合理，不能胜诉，仍然进行反诉，其目的就是通过查封资产影响我方资金流转，增加谈判砝码。

3. 为后续诉讼做准备

有些案件当事人提起确认合同效力之诉，看似要认定合同效力，实则在为执行异议之诉做证据准备。原告依据判决合同有效的生效裁判在执行异议之诉中提出享有民事权益的事实主张，理由是该项民事权益已由生效裁判文书确认，原告无须再行举证证明。

此类将最终目的拆分为多个诉讼支撑的做法，可谓深谋远虑，谋定而后动。即便诉求得不到法院采信，但往往可以起到助力另案的作用。

4. 宣泄私人恩怨

人是感情动物，即使是在充斥理性思维的诉讼活动中，也难以将感性的冲动隔离在外。委托人希望通过诉讼解决个人恩怨，宣泄不满情绪。此种起诉目的在民事案件中较为多见，商事案件中合作股东因利益分歧而反目成仇的情况司空见惯，不论案件胜诉与否，执意提起诉讼。

（二）引导委托人提出合理需求

代理律师的作用是依法维护委托人的合法权益，常言道："干活不由东，累死也无功。"尊重委托人的选择，以委托人的需求为导向是律师职业的商务属性要求。

但是，委托人作为非专业人士，不擅长提出精准合理的诉讼请求，律师应引导委托人拟定合理可行的诉讼目标，切忌一味盲从。如委托人仍坚持不可行的诉求，律师此时应制作书面谈话笔录，将合理诉讼方案及委托人要求的方案可能引发的不利后果和法律风险予以告知，做好律师执业的风险防控。

曾有一位李阿姨诉开发商的房屋买卖案件，一审、二审、再审均判李阿姨败诉。她很委屈，也很疑惑，始终认为自己有理，向我咨询败诉原因。案情如下。

【案例 19-1】

浙江的李阿姨在大连旅游时看中一套海景房，于是与大连某房地产开发公司签订《房屋预售合同》。合同约定：房屋价款为人民币 40 万元，李阿姨于合同签订日支付 2 万元定金，合同签订之日一个月内以全款方式支付尾款或办理按揭贷款，否则视为单方解除合同。房款付清后，合同双方网签了《房屋买卖合同》。

李阿姨选择按揭贷款的方式购房。按揭贷款要求夫妻二人共同前往银行办理，李阿姨的丈夫在浙江，没时间前往大连，因此李阿姨电话询问销售人员王某能否将贷款办理期限延长至 3 个月。王某声称需要向领导请示，并向李阿姨发送内容为"我们可以等您一段时间再来办理贷款"的短信。李阿姨就此认为该房产公司同意延期办理，遂在 1 个月内未去大连办理贷款，也未支付 38 万元尾款。

临近签约 3 个月，李阿姨的丈夫仍无法前往大连办理贷款，李阿姨遂联系销售人员王某，欲以全款方式交付 38 万元尾款，但得知房子已经被卖了。原来该房产公司认为《房屋预售合同》约定的 1 个月期限已过，李阿姨没有交付尾款，认为李阿姨单方面解约，遂在第二个月就将房屋售给他人。

李阿姨认为王某发送的短信内容表明该房产公司同意等待其办理贷款，合同付款期限已变更为 3 个月。该房产公司在第二个月就把房子卖给他人，而且未及时履行合同解除的告知义务，该房产公司严重违约。

双方争执不下，该房产公司表示同意退还 2 万元定金，而李阿姨坚持要买房子，遂将该房产公司起诉至法院，要求继续履行《房屋预售合同》。

通过分析不难得出，李阿姨接连败诉在预料之中。

首先，李阿姨一直未委托律师维权，认为自己退休前是财务人员，懂得房屋交易规则，未在纠纷发生第一时间委托专业律师维权，导致提出的诉求不合理，自然无法得到法院支持，从而丧失可能获得补偿的机会。本案中的李阿姨如果变更诉求，主张该房产公司赔偿损失也许会得到法院支持。

其次，李阿姨提供的证据有重大瑕疵，仅依据销售人员发送的一条意思表示不清晰的短信，无法认定该房产公司同意变更尾款交付期限。

律师对案件要有所取舍，也要考量委托人的诉求是否合理。比如李阿姨坚持要获得房屋所有权，这个要求既不合情也不合理，最后诉讼效果一定不尽如人意。只有委托人与律师相互配合，综合各种因素权衡利弊，选择最合理的诉求，才能增加胜诉概率。

二、厘清各方的法律关系

（一）复杂问题，简单处理

一位律师朋友在线上交流群分享过一个房改房[1]确权案例，群内同行们纷纷发表意见，提出各种不同的诉讼方案。

---

[1] 房改房又称为已购公房，是指城镇职工根据国家和县级以上地方人民政府有关城镇住房制度改革政策规定，按照成本价或标准价购买的已建公有住房。

【案例 19-2】

多年前,大河与前夫离婚,离婚协议中约定在前夫名下的房改房归大河所有。后,大河将房屋卖给大山,双方签订了《房屋买卖合同》。大山按照合同约定支付了全部房款,虽未办理产权证,但大山支付房款后一直居住于案涉房屋。

其间,大山多次要求大河履行过户义务,大河称虽房改手续已办完,但无法完成过户。因为房改房产权证只能办至单位员工即其前夫名下,大河无法联系到其前夫配合履行过户义务。

大河若真想履行过户义务,即便无法联系到其前夫或其前夫不配合,大河也可以到法院确认案涉房屋归大河所有,依据法院出具的判决书申请强制过户。

大河之所以未采取法律手段,原因是案涉房屋即将拆迁,拆迁补偿款或置换的房屋价值会翻数倍。前夫不配合过户只是大河的借口而已,解除协议获取高额拆迁补偿款才是大河的本意。

案例 19-2 的法律关系见图 19-1。

若你是大山的代理律师,会如何帮助大山获得案涉房屋的物权呢?交流群中律师同行们提出了各种解决思路:

(1)大山只能要求大河继续履行合同,如果履行不能,大河承担履行不能的责任;

(2)大山起诉大河恶意转移财产;

(3)大山诉请解除合同,要求大河承担违约金并赔偿损失;

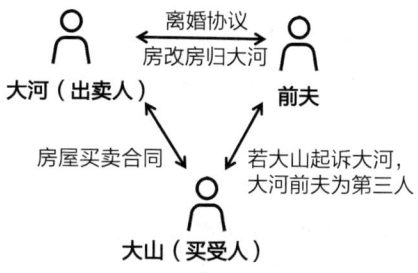

图 19-1 案例 19-2 的法律关系

（4）本案除非大河前夫同意，否则无法实现大山的过户要求；

（5）履行行政诉讼程序，大山起诉房管局撤销将案涉房屋登记至大河前夫名下的行政行为。

可见，对同一个案件，律师们的处理思路千差万别。

我提出的建议为：房屋买卖合同有效，大河前夫仅为案涉房屋名义上的所有人，大河为案涉房屋的真实权利人，原告大山享有物权期待权，可直接起诉大河，要求其履行房屋过户义务，同时将具有协助过户义务的大河前夫列为第三人。

由于大山实际居住在案涉房屋，而且支付了全部购房款，大山的诉求会得到法院支持。若法院不支持过户诉求，大山可以变更请求，要求解除合同，但大河应根据房屋的现值赔偿大山经济损失。

案涉房屋面临拆迁，拆迁补偿款高于房屋现价，大山看似委屈，但他明知案涉房屋未登记在卖方大河名下，而且房改房在没有完成房改时是不允许交易的，仍选择购买案涉房屋，就要承担无法过户的法律风险。

（二）警惕貌似"简单"的法律关系

有些案件的法律关系看似简单，却易忽略或混淆。案例19-3是我的团队面试应聘律师助理时用的真实案例测试题，用于检验应聘者对基础法律关系和诉讼思维的掌握程度。

【案例19-3】

村委会与郑某签订《土地租赁协议》，约定村委会将三亩闲置土地出租给郑某用于建造厂房。厂房建造完成后，郑某与王某共同改造厂房用于开设公司，得知不久后厂房面临拆迁，于是双方签订《拆迁协议一》，约定双方各得50%拆迁补偿款。不久，王某和郑某反目，郑某从公司撤资，王某独自经营公司和使用厂房。

两个月后，村委会通知郑某其租赁土地上的建筑物拆迁，并与郑某签订了《拆迁协议二》。王某得知后向村委会提出异议，称郑某已经不是公司的经营者，厂房拆迁补偿款应归属王某一人所有。郑某称应依据《拆迁协议一》的约定，拆迁补偿款各得一半,王某不同意。

村委会认为王某与郑某二人针对拆迁补偿款分配比例无法达成一致意见,遂将案涉拆迁补偿款存于村委会账户,称待二人协商一致或法院判决后再予以交付。

于是郑某与王某共同委托律师,要求:(1)尽快从村委会取得拆迁补偿款;(2)由于王某单独经营案涉公司时对厂房进行了改造,对拆迁款分配比例无法协商处理,均同意由法院判决拆迁补偿款的分配比例。

案例 19-3 的法律关系见图 19-2。

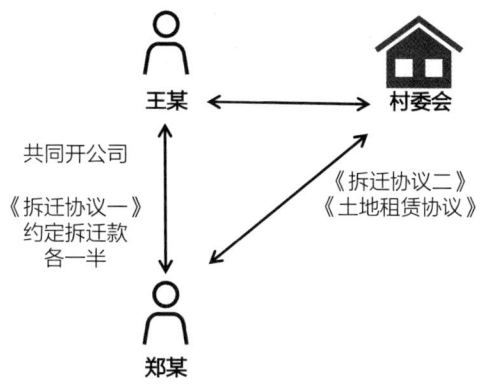

图 19-2　案例 19-3 的法律关系

笔试要求是:假如你是代理律师,你可自选一位或两位当事人作为委托人,为实现委托目标,根据选择的诉讼主体确定正确案由和诉求,撰写一份起诉状。

结果,应聘者提交的起诉状五花八门,对诉讼主体的认定和分析思路正确的不足 1/3。

首先,要分析王某和郑某谁做原告,不同的原告享有的权益不同,被告自然也不同。

(1)如果选择王某作为原告,被告应为郑某,将村委会列为第三人。起诉依据是厂房为公司资产,要求郑某支付厂房拆迁款,郑某为被告。因为郑某与村委会签订了《拆迁协议二》,因村委会实际控制拆迁补偿款,负有配合交付拆迁款的义务,因此村委会应列为第三人。

（2）如果选择郑某作为原告，被告不应是王某而应是村委会。因为郑某与村委会签订了《土地租赁协议》和《拆迁协议二》，根据这两份协议，村委会有义务将拆迁补偿款交付给郑某，因此应将村委会列为被告。由于王某是案涉厂房的实际经营者，因此王某应列为本案第三人。

（3）如将王某和郑某作为共同原告，村委会作为被告，要求村委会支付拆迁款，并请求法院予以分配。

本案看似简单，但很多应聘者选择以郑某为原告，却将王某和村委会列为被告，王某并没有占有拆迁款，如何返还？还有的以王某为原告，直接起诉村委会，王某与村委会之间没有直接合同关系，与王某发生法律关系的是郑某，所以王某诉村委会是不当的。还有的将主体列对了，但给出的理由文不对题。

三、形成全局观视角

诉讼是由众多局部"战斗"组成的"战役"。局部战斗代指案件诉求、法律事实、证据、争议焦点等必不可少的内容，如何谋篇布局实现"战役"的最终胜利，需要整体把控，以全局观视角分析案件争议焦点。

（一）抓大放小，有针对性地取舍

为什么民商案件最能锻炼律师的应对能力？因为这类案件中很少存在某一方绝对有理，另一方绝对违约的情况。争议双方往往是商业合作伙伴，没有严格的防范意识、缺少完整的证据支撑，合作协议中存在表述模糊、前后矛盾等情形。

委托人往往只表述和告知律师对其有利的事实，律师需要判断其表述内容的客观性和合理性，并引导其讲述完整事实。

在大多数商事诉讼中，双方各有软肋，各有坚持。若律师认为己方是绝对有利的一方，对对方举证内容不加甄别、不讲原因地全盘否认，法官会认为律师恶意应诉。所以律师应有所取舍，明晰哪些要坚持，哪些要放弃。

我曾代理一起车载电池包承揽合同纠纷案件，该案是对案件争议焦点有的放矢的很好诠释。

【案例 19-4】

黑土公司委托我方委托人白云公司定制车载电池包,双方签订《车载电池包销售合同》。合作过程中,黑土公司主张调整销售价格,但多个邮件中的协商价格不一致。我方委托人交付部分电池包后,黑土公司再次主张变更价格,同时拒绝接收剩余电池包(已完成加工,未交付)。我方委托人遂起诉黑土公司,要求其赔偿因其违约行为给白云公司造成的损失。

关于单价问题,虽然出现 3 个不同的价格,但 3 次调整幅度均不大,单价均在 63 000 元至 66 000 元浮动,即便按照最低价计算,也只相差 40 万元左右,对于诉求上亿元的货款,这些微小差价的重要性较低。

案件庭审时,对方主张价格经过 3 次调整,由于调整后的价格有高有低,法官对于依据哪个单价确定赔偿额也是一头雾水。我方采取的诉讼策略是,确认未交付的产品数量及赔偿标准是我们的重点,不在争议较小的单价问题上纠缠。我方同意按照最低报价计算,获得了法官的好感,但是对总金额影响较大的问题,我方坚决不让步,最后以我方的全面胜诉告终。

有针对性地取舍,看似妥协让步,实则步步为营,最大程度地维护了委托人的合法权益。

又如,下文我们还会提到的"四合院一房二卖"连环案,我方是出售方,与第一买家签订《合同一》并收取了 500 万元定金后,又与第二买家签订《合同二》。第一买家起诉称我方与第二买家恶意串通,要求确认《合同二》无效。

一般律师的代理思路是既不承认恶意,也不承认串通。我不按常理出牌,发表代理意见时,我说的第一句话就是:"法官,我方'一房二卖'确实不是善意的!"我方当事人、对方代理人和法官都惊讶地看着我。但我话锋一转,强调我方与第二买家没有串通,第二买家不知道"一房二卖"的事实。

对方代理律师准备了长篇大论,欲说明我方如何恶意"一房二卖",我直接承认我方"确实不是善意的",反而打得对方措手不及。由于我方愿意支付 500 万元违约金而不想给第一买家交房，承认单方恶意但没有和第二买家串通，这样对第二买家的权利没有任何不利影响，反而让法官认为我方很坦诚。

（二）注重全局，维护委托人的核心利益

制定策略需瞄准"战役"的最终目标。

某公司发生劳动争议纠纷，该公司主张已解除与劳动者的劳动关系。经审理，法院判决劳动者败诉。

但没想到的是，法官问及案涉公司的经营模式，该公司的代理律师如实陈述了该公司的用工方式后，法官认为该公司的用工方式存在违规，于是向有关部门发出司法建议，该公司被监管部门责令整改并进行了处罚。看似赢了官司，实则给公司带来的损失远高于劳动争议的标的。因此，代理人需要权衡利弊，避免因小失大。

（三）打破桎梏，练就法官思维

律师进入代理人角色后，因是当局者，很难全面而客观地看待案情，这时应学习法官思维，从高处俯瞰案件。法官思维是以请求权为基础，分析案件诉求、适用法律、证据材料的思维方式（详见本书第十八章"了解法官思维"）。

法庭上，法官座位在上居中而坐，原、被告座位较低并分布法庭两侧，这样的布局有助于法官从第三者视角分析。

代理人应避免先入为主地将注意力集中在对己方有利的论点中，忽略对方的反驳意见；而是要改变思维方式，以法官思维制定策略。

（四）反向思维，推演最坏的结果

凡事均有两面性，有利必有弊。律师打响诉讼"战役"前，需要推演一旦己方主张无法实现将会产生的最坏结果，并制定相应的对策。

比如，若主动提起诉讼后对方反诉，需承担反诉带来的后果，这类情形并不少见。律师需要权衡利弊制定诉讼策略并及时与委托人沟通，确保委托人对最坏的结果有足够的心理预期。

制定诉讼策略好比下象棋，必须预想到对手可能采取的反击，深思熟虑地选择

一条最佳路径。部分案件诉讼路径具有多样性,并且随着案件走向不断变化,律师需要根据情势及时调整诉讼方案。

四、设计最佳诉求路径

律师设计诉求路径可谓"八仙过海,各显神通"。合理诉求往往不是固定的、唯一的,律师需要从合理诉求中选择最佳方案、实现最大利益。

比如,是以合同解除还是确认合同无效为案由?是以一个诉还是多个诉搭配解决纠纷?是开门见山提出诉求和事实理由还是进行多重铺垫实现"曲线救国"?对于这些问题,我无法给出准确答案。每个案件的案情错综复杂,某一具体诉讼策略无法适用于所有类案,具体的诉讼策略需要随着案件走向不断调整优化,但不同诉讼策略的精髓是相同的。

"授人以鱼,不如授人以渔。"我将结合多年执业经验,分享分析和解决问题的方法,希望对读者有所助益。

(一)明确诉求路径

对前文提到的"四合院一房二卖"连环案,我将转换角度分析我的对手原告大河的诉求设计路径是否合理。

【案例 19-5】

我方白云公司有某四合院的处置权。将案涉四合院出售给大河,签订了《转让合同一》,但大河仅支付了 500 万元定金。半年后,白云公司又与第三人黑土公司签订《转让合同二》,出售价格不变,黑土公司在支付全款后与白云公司经过诉讼出具调解书,法院依据调解书将案涉四合院过户至黑土公司名下。

此时,四合院价格已翻番,大河得知"一房二卖"后,为得到四合院产权,先后提起三个诉讼:

一是要求白云公司履行《转让合同一》,支付合同约定的 500 万元违约金,将争议房产过户至大河名下;

二是以白云公司与黑土公司恶意串通，损害其合法权益为由请求法院确认《转让合同二》无效，并查封了已过户到黑土公司名下的四合院；

三是以《转让合同二》无效为由，请求法院撤销我方当事人与第二买家的调解书和过户行为。

本案大河采取的诉讼策略是继续履行《转让合同一》、打掉《转让合同二》，最终拿到四合院。

然而，大河的诉讼策略存在以下问题。

（1）大河要求白云公司继续履行《转让合同一》，并支付500万元违约金。首先，四合院已转让至黑土公司名下，大河获得四合院的难度极大，存在履行不能的情况；其次，《转让合同一》约定如果房屋中途转让他人需要向大河支付500万元违约金。案涉四合院房价在诉讼过程中从2500万元暴涨至1亿元，大河仅提出500万元违约金的诉求，如果继续履行的诉求被驳回，其经济损失高达7000万元。

（2）大河要求确认《转让合同二》无效，理由是恶意串通。但现实中很难获得直接证据证明第二买家与卖家串通。

对第一买家来说，若改变策略，主张我方委托人违约将案涉四合院出售给第二买家，导致第一买家需额外支出7500万元购买相同位置的同品质房屋。由于约定违约金500万元远低于实际损失7500万元，法官极有可能考虑到第二买家获利巨大，第一买家获赔过少，综合考量之下，判决赔偿金额数可能远高于500万元。

《中华人民共和国民法典》第五百八十五条第2款规定：约定的违约金低于造成的损失的，人民法院或者仲裁机构可以根据当事人的请求予以增加……

第一买家在赔偿款和四合院产权之间选择了四合院产权，事实上，选择要四合院产权就不能同时主张高额赔偿款，"鱼和熊掌不可兼得"，最终第一买家只获得500万元赔偿款。

采取不同的诉讼策略会得到截然不同的结果，因此谨慎选择诉求、合理设计路径是律师成功之道的必然要求。

（二）设计诉求时应考虑的因素

1. 委托人的需求

律师行业为服务行业，委托人的需求至上。律师应尊重第一买家获得房屋所有权的诉求，根据案件实际情况设计合理路径，将不同选择的最坏结果和合理建议告知委托人，由委托人权衡利弊选择诉求。

对于多方主体或多起诉讼纠纷，法律关系往往不唯一，此时需要评估诉讼策略与法律关系的契合性。案涉四合院已过户至黑土公司，此时可以转换角度，以高额赔偿金入手提出诉求。

2. 举证责任

考量举证责任大小。根据民事诉讼"谁主张，谁举证"原则，第一买家主张卖家与第二买家恶意串通，可这类证据往往具有私密性，对于大河来说，举证串通的难度过大，选择稳妥方案有助于增加胜诉概率。

五、另辟蹊径努力争取

有的案件由于当事人的在先行为导致法律关系混乱，委托人诉求虽于情有理，但于法无据，这种情况下，律师为实现诉讼目的，在对诉讼路径别无选择时，通过非常理"出牌"，有时也可解决问题。

下面是一位"法小白"学员律师分享的车辆买卖合同案件，最终结果就超出了诉前预期。

【案例19-6】

委托人大山欲购买一台4S店标价为30万元的××牌汽车。大山的朋友大河得知此消息后，称其与4S店存在代理关系，购买汽车可以享受八折优惠，可省6万元购车费。

于是，大山将24万元购车款交付给大河，大河自留5000元介绍费，将剩余购车款转交给汽车代理公司业务员阿三。

随后，阿三用汽车代理公司的格式合同与大山签订了 24 万元的《购车协议》。后来大山迟迟取不到汽车，方意识到上当受骗。经查，该汽车代理公司是皮包公司，无固定资产也无偿还能力。

大山为挽回损失，要求大河承担责任，大河以银行转账流水单证明自己仅自留 5000 元介绍费，剩余购车款转交给了汽车代理公司的阿三。大河表示愿意退还大山 5000 元，但购车协议的签订主体是大山与汽车代理公司，与大河无关，剩余购车款不能要求大河归还。

大山随即联系案涉汽车代理公司老板富贵，富贵表示大山支付的购车款未入公司账目，应要求业务员阿三归还，与老板无关。而阿三表示未收到购车款，各方互相推诿责任。

汽车代理公司没有钱，阿三找不到人，只有大河有偿付能力，可是大河已经将 5000 元介绍费返还了。如何维权？

下面分析本案的法律关系。从合同关系看，大山应将汽车代理公司作为被告，阿三作为共同被告。大山的诉讼目的是追回购车款，若仅起诉阿三与富贵，即使胜诉也很难拿回购车款。大河作为介绍人赚取的少量介绍费已经返还，又与大山没有合同关系，该如何处理？

这位律师将大河、阿三、汽车代理公司和富贵作为共同被告一同告上法庭，要求对购车款的返还承担连带责任。依法律规定来分析，富贵和大河承担连带责任是没有法律依据的，但本案最终在法官的调解下达成调解协议，大河、阿三和富贵三人按一定比例返还了购车款。

诉前，这位律师对案件结果没有把握，但本案最终以调解方式顺利结案，实现了大山的诉讼目的。"山重水复疑无路，柳暗花明又一村。"当对案件没有选择时，律师适时、适当的魄力也是诉讼策略的一种。在庭审"战场"上，不能轻易"缴械投降"，"乱拳打死老师傅"的情况也不少见。

青出于蓝

巧定案由，筛选证据，搞定管辖

张龙刚　执业律师　北京市京师（上海）律师事务所

在学习本章课程时，不由地想到了我之前办理的一个真实案件。这是一个考虑诉讼成本和客户预期，以目标为导向，倒逼律师依托现有材料做出最优选择的案件，以下和大家做个分享。

1. 基本案情

我方当事人杂志社是一家全国知名期刊杂志社，注册地在上海市徐汇区，自2009年起，该杂志社与吴某签署合作协议，约定吴某在某省代为杂志推广发行征订和广告业务等，对每年的发行和广告目标有具体约定。吴某自设杂志社办事处，以杂志社名义征订，将收取的杂志款上交杂志社，杂志社安排邮寄杂志、发票，双方每年定期核对结算款项。

此后，因吴某运营不善，截至2016年年底，累计欠杂志社80余万元杂志款，并向杂志社出具了书面说明，写明了累计应该上交的杂志款，以及按时支付拖欠款的承诺。之后，吴某依旧未按时支付款项，杂志社找到我们，想诉讼解决。

2. 法律分析

本案中，杂志社想就近选择法院解决纠纷，减少诉累。杂志社与吴某之间的法律关系判定直接影响后续立案及管辖。本案合作协议中没有约定管辖，从协议内容来看，双方类似委托代理关系，实际上吴某也一直以杂志社办事处名义开展对外征订工作。经检索，确实有法院对类似案件以委托合同纠纷处理，但若以委托合同纠纷思路走下去，本案管辖将会是被告住所地法院，不符合委托人预期。

于是我转换思路，结合本案的证据及杂志发行流程，吴某在获取征订单及杂志款后，一般应直接向杂志社支付款项，杂志社安排运输杂志和发票，后由吴某自行发放给各征订客户。

杂志社和吴某之间独立经济往来、财务核对，双方更符合买卖合同的法律关系，可从《民事诉讼法》关于合同履行地的规定入手，解决本案管辖问题。

3. 最终处理

在起草起诉状时，我将双方关系定义为买卖合同关系，而不提及合作协议，直接以吴某拖欠杂志社款项为由起诉。在向法院提交证据时，将吴某给杂志社的书面说明作为证据。

前往法院立案时，面对立案法官问询，我也未主动提及双方有合作协议的事实，而是说明双方系买卖合同关系，杂志由原告安排发货，原告住所地当然是合同履行地，选择合同履行地管辖。最后，因事先准备充足，应对灵活，案件顺利立案，符合委托人期望，案件最后也得到了胜诉结果。

| 课后感悟 |

牛银平

以前代理案件时，下意识认为法律法规的适用比较重要。通过学习本章内容，我才发现诉讼策略更为重要！比如我代理的一起案件中，中介合同纠纷涉及的合同条款约定不明，为了达到胜诉目的，我按照邓老师的诉讼策略思维，将诉讼策略制定为：根据《民法典》相关条款，结合居间人没有尽到告知义务，要求其返还费用，同时主张居间人合同违约，承担违约赔偿责任。虽然这个案件因证据缺失而败诉，但就我本人而言，诉讼能力得到了质的提升，非常感谢邓老师！

本节试听

500元专属课程优惠券

第二十章
庭前备战料敌制胜

邓律金句

未雨绸缪占先机　斗智斗勇显奇志

广义的庭前准备是从接受委托起就有序开展。此前章节中所提及的各项工作，本质上都是围绕打好庭审"战斗"做的功课。

开庭传票是发起总攻或防御战的号角，己方的证据是否已熟练掌握，一旦"亮剑"杀伤力如何？是否会"杀敌一千，自损八百"？

本章从狭义庭前准备的角度，继续揭晓如何做好"战前特训"。

一、知己知彼，百战不殆

诉讼中此"彼"不单指对方当事人，也包含合议庭。合议庭的关注点和看法才是决定案件结果的关键。因此，庭前准备不仅要琢磨对方的意图做好预案，还要分析合议庭可能会关注的问题。

（一）预判争议焦点

诉讼进行至庭审前夕，无论是原告还是被告均已了解案情，或多或少知晓了对方的观点。一些复杂案件在正式庭审前就进行了证据交换或谈话，已完成初步的互相试探和意见碰撞。证据交换过程中，经验丰富的律师凭借敏感度可以捕捉到法官的关注点和对某一观点的态度。

优秀的代理律师此时对案件的研究已了然于胸，可提前预判争议焦点。就像在战前圈定重点打击目标，以便排兵布阵，有的放矢。

也许有律师会问，总结争议焦点不应该是法官做的吗？庭审时法官总结争议焦点，并组织各方围绕争议焦点展开庭审工作毋庸置疑，但代理律师提前总结争议焦点至关重要。法官在总结争议焦点后会询问各方代理人的意见，这时，如果律师发现法官遗漏了对己方有利的问题，可以要求增加审查争议焦点。例如，原告称被告违约且丧失履约能力，要求解除合同。法官总结的争议焦点是"土地合作开发合同是否具备继续履行的可能"。而这个争议焦点过于笼统，原告可以要求增加"被告是否具备土地开发的资金实力"。

如果代理律师自行总结的争议焦点和法官总结的一致，无疑事半功倍，庭审中可顺应法官的思路从容面对，自然会取得不错的庭审效果。如果代理律师与法官总结的争议焦点不完全吻合，说明代理律师对案情争议问题没有分析到位，待证事实和辩论意见也会发生偏差。

（二）列明重点问题

除争议焦点外，还存在一些关键问题，或者说争议焦点需要以查明某些问题为路径。案件的基本事实、关键数据、产品价格、合作期限等问题可制作思维导图提示。核心问题应记入脑海并能对答如流，对合议庭可能问到的问题，要有所准备。

以产品质量纠纷案为例。二审阶段，上诉人（一审原告）更换了代理律师，40多岁的律师和一位年轻助理一同出庭，他们的策略就是以一审未进行鉴定为核心，以发回重审为目标。

当这位代理人大谈特谈本案是产品质量纠纷，一审没有鉴定等问题时，二审法官问："你方诉求退货的同时退还50多万元货款，是如何计算的？理由是什么？"

对方律师立刻愣住，小声嘟囔："我也不知道怎么算出来的，反正就欠这么多钱。"

可见，对方代理人的庭前准备就是以鉴定为突破口，要求发回一审重审，而对退货数量和要求返还50万元货款的事实完全忽略。他自己也感到作为代理律师实属不该，立刻提出庭后补交书面材料说明。想必读者也能感受到这位律师的尴尬和法官的无奈吧。

因此,作为代理人,对诉讼请求、事实理由、证据、法律规定等必须做到全面掌握,随时可以提取。

法官在庭审中经常会问到庭前没有准备的问题,因为法官是旁观者,思维方式和审核重点与代理律师不一样,有些问题我们认为不需要说明,可能法官认为很重要。

根据庭审不同环节总结出法官关注和发问的方向,具体如图 20-1 所示。

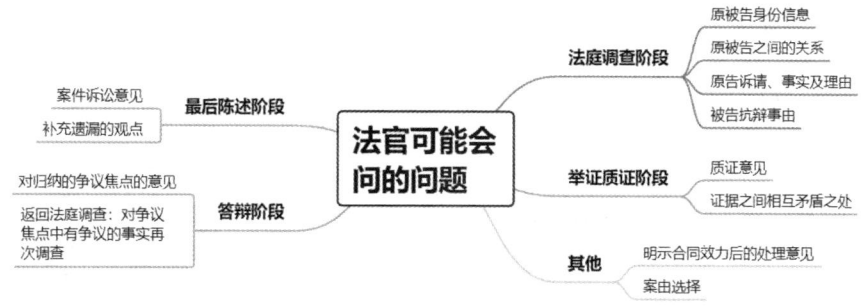

图 20-1　法官关注和发问的方向

在法庭调查阶段,原、被告之间的法律关系需要查明。而他们之间的其他亲情、恋情和特殊的朋友关系等也是法官要了解的"边缘"事实。比如对股权代持纠纷,法官会问:为什么不自己显名,代持人与实际股东是什么关系?

在该阶段,很多律师没有准备向对方发问的问题,而有些事实的查明,需要对方确认。提前准备发问问题,如果法官没有问到,可在法官允许下自行发问。

如果有证人出庭,需要对证人进行辅导,也要准备好对证人的发问提纲。

针对诉讼请求,原告必须做到精准掌握,特别是涉及给付内容的,更要细化到金额的计算方法、计算过程和依据的约定等方方面面。

对于抗辩事由,被告应着重说明抗辩的合理性。通过举证、说明,或者反向利用原告证据等方式加以证实。

在举证质证阶段,提前准备质证意见,列出对方证据与己方证据之间的矛盾,或对方证据中有利于己方之处。

在答辩阶段，除了对法律依据进行整理，还需要准备法律适用的观点、判例等，关注法官是否会根据案情进展追加共同被告或第三人。

（三）反向思维

当大多数人朝着固有的思维方向思考时，另辟蹊径反向思维往往可以更有效地获取结果。

逆向思维方式对法律人具有十分重要的意义。当某起案件陷入死胡同时，尝试换一种思维方式，说不定会有重大收获。

在重大疑难案件开庭前，为加大胜诉的把握可组织模拟法庭，以寻求更多思路的碰撞，将代理工作落实到最优解，同时挖掘对手可能使用的攻击方法，检验自己的代理思路与证据是否存在漏洞，是否能做出有力的回击。

【案例20-1】 先行起诉的杀伤力

黑土公司拖欠白云公司280万元货款，业务员多次催要无果。白云公司委托律师发律师函给黑土公司，告知其如果仍不付款就起诉。白云公司没有直接起诉是为了时间进度，也可节省律师费和诉讼费的开销。

律师函果然引起了黑土公司的重视，黑土公司法务主动回复：需请示领导，两周内回复。

两周后，白云公司没收到货款，却收了法院传票。黑土公司居然在河北某法院提起诉讼，称白云公司生产的产品存在质量问题，要求退还全部货物并返还黑土公司此前已支付的货款。

双方合同约定，管辖地在原告所在地。白云公司所在地为广西，作为追索货款的一方，本案应当在广西审理。

而黑土公司注册地为河北，实际办公地点在北京，黑土公司反将一军抢先在河北法院立案，虽然白云公司随即在广西提起了诉讼，案件最终仍被移送到河北法院并案审理。

本案中，黑土公司采用拖延战术，导致白云公司立案在后。不仅白云公司要长途奔波到河北应诉,而且黑土公司对用了 3 年的设备可以不付款,还会给对方扣上产品质量有问题的帽子。黑土公司走了白云公司的路,让白云公司无路可走。虽然该案最终以白云公司全面胜诉为结果,但是 3 年的应诉时间,一审、二审、发回重审、申请鉴定,一路下来,黑土公司先行起诉所带来的杀伤力,给白云公司带来了很大维权成本。

【案例 20-2】 预判对方选择,提前准备变更诉求

承揽合同纠纷案。白云公司是接受委托的工厂,定购方是黑土公司。白云公司完成全部承揽货物的加工,并按黑土公司的要求分批次交货。部分货物交付后,黑土公司不再要求白云公司交货,导致白云公司大量成品货物滞存,损失惨重。

我代理白云公司起诉黑土公司,追索欠款。

立案时,白云公司并不清楚黑土公司对滞存成品的态度,因此主张交付剩余货物,黑土公司支付全部货款。

通过深入调查和分析,我发现黑土公司不再接收定制设备,是因为其使用案涉货物生产的产品已停产。于是我提前准备了变更诉求申请书,将该部分未交货的货款变更为赔偿损失,虽金额未变,但金额的性质和先交货后付款的适用条件已大不相同。

根据《中华人民共和国合同法》第二百六十八条的规定(该案审理时《民法典》尚未出台),定作人可以随时解除承揽合同,造成承揽人损失的,应当赔偿损失。

庭审中,如我所料,黑土公司明确表示拒绝接收滞存成品。我方提交了准备好的变更诉讼请求书,为最后的胜诉结果奠定了基础。

(四)回答法官问题的"正确姿势"

1. 态度端正

态度端正,尊重法庭和法官是对代理律师的基本要求。

我在执业初期,因潜意识代入曾为法官的角色,庭审时曾直言审理方向偏差,

导致与法官发生不愉快的摩擦。也正因如此，我重新思考并调整与法官的相处之道，慢慢获得了法官的认可。

2. 简明扼要，问啥答啥

在回答法官提出的问题时，原则是先给答案，再简明扼要地解释。不要讲了半天，最后才得出结论。

例如在某案件庭审中，法官问第三人与原告之间是何种法律关系？是承包、施工还是开发合作关系？这是该案最核心的问题。

由于案件确实复杂，无论代理律师认可上述哪一种关系都可能构成后续不利的自认。因此第三人代理律师选择非正面回答问题，而是侧面解释合作的背景，讲了接近3分钟，法官非常不悦，语气严厉地说："请你直接回答问题，不要绕圈子。"

面对类似情况，我建议如实直接回答后再解释，比如回答说"法官，我认为三种关系可能都不是，因为各关系之间的界限是模糊的"。然后再具体解释。

3. 禁止反言

反言乃庭审大忌，特别针对事实部分，因为事实是唯一的，如前后陈述不一致，很容易给合议庭留下虚假陈述的印象。在法律关系方面，反言意味着对案件研究不透彻，律师要为自己的发言负责。

4. 不轻易自认，不确定的事项庭后补充

如果对某一问题不知情，既不可一味绕圈子企图蒙混过关，更不可在慌乱中盲目自认。"知之为知之，不知为不知"，诚恳地如实回答才是正确的选择，同时也需要一些补救的小技巧，比如告知法官自己将在庭后核实后提交书面材料。

5. 敏感问题，慎重回答

对于法官很可能会问的敏感且不利于己方的问题，代理律师务必提前和委托人沟通，提示风险并商议好稳妥的回答。

代理律师可以选择不回答，但不可以虚假陈述欺骗法庭，这是尊重法庭的要求，更是律师的执业准则。

二、提前准备案件提纲

庭审现场犹如战场，充满变数，考验律师对案件的研究程度及应变能力，对于"法小白"而言更加压力重重。如何以不变应万变，答案就是要做好充足准备。案件提纲就是最好的准备。

案件提纲以文字、图片等形式将脑海中对庭审的预演固定下来，涉及庭审全部流程及方方面面，应做到重点突出、详略得当。在开庭时放在手边，起到提示思路的作用，减少思考的犹豫不决与停顿，也省去了翻卷的手忙脚乱，让庭审表现游刃有余。

开庭前再次调整符合自身习惯的案件提纲，一方面可以起到再次梳理案件的作用；另一方面可以建立律师对庭审的自信，"手中有粮心中不慌"，这对"法小白"来说十分重要。

案件提纲并非正式的法律文件，没有统一的规范格式。年轻律师可先借鉴前辈们的作品，结合自身习惯，归纳出适合的模板。

案件提纲最常见的制作方式是以庭审流程为主线展开，包含审查主体、争议焦点、举证质证、法庭发问、法庭辩论和法律适用等。

庭审中使用的案件提纲应突出主要事实或核心证据。在呈现形式上，可以选择幕布、Xmind 等软件，比较常用的是 Word 或 WPS，方便排版、插入图片、添加各种标识。

三、准备完善的出庭文件

尽心尽力地完成上述准备工作后，可能已用尽你的洪荒之力，但开庭最大的事故莫过于遗漏重要资料。

由团队律师对出庭所需资料进行归纳，列出清单以备查，既保险又高效（详细清单可见本书第十七章"避坑的流程管理"）。

| 课后感悟 |

王雪凤

初学本章课程时，我还是一名对律师职业有着无限憧憬的在校生。当时认为理论就如弹药，"弹药"足，就可以和实务迅速实现无缝衔接，脑子里经常浮现的也是律政题材影视剧中激烈的辩论场景，未对庭前准备工作加以重视。

再学本章课程时，我已是一名刚踏入律师行业的律师助理。这时才感受到自己知识和阅历的浅薄，邓老师毫无保留地分享的各种庭前准备细节，让我明白精彩的庭审表现都是建立在细致的准备工作之上的。准备充分，方能制胜。

本节试听

500元专属课程优惠券

第二十一章
法庭调查张本继末

| 邓律金句 |

法庭调查是核心　回答问话要拎清

法庭调查是庭审的核心，占据庭审的半壁江山。

法庭调查需要与法官交流、和对手博弈，这对律师的庭前准备、专业能力是考验。初入行的律师有时难以与法官保持同步，与法官沟通不畅，无法将有效信息传递给法官。

本书其他章节已单独论述了法庭调查中的举证、质证等内容，本章结合情景示例，分享如何围绕争议焦点将事实、证据、理由阐述清楚，展现专业能力，实现高效沟通。

一、做到内外兼修

法庭调查的目的是查明事实，分为陈述、答辩、举证、质证、询问、发问及庭后补正。很多人认为开庭结束法庭调查即已结束，实则不然，如果某些证据不足需继续提交，或法官询问问题需要核实等，仍属于法庭调查范畴。

律师应如何把握法庭调查这一核心环节呢？内外兼修，缺一不可。

（一）建立良好的第一印象

代理律师在法庭调查的有效沟通中给法官留下的第一印象十分重要。

在庭前工作环节，律师多是埋头准备，或者与法官电话沟通，在法庭调查环节，律师则要与法官当面沟通，因此，律师的专业能力、表达、着装的重要性不容忽视。好看的皮囊、有趣的灵魂、专业的能力是优秀律师的必备特质。

在某交通处罚行政诉讼案件中，我是原告代理人，被告代理人是某公安分局法制科工作人员。

庭审后，被告代理人问我："邓律师，您是做哪方面案件的？"

我说："商事诉讼为主。"

他惊讶地说："我以为您专门承办行政诉讼案件，您展现的专业能力和职业形象，让我看到了律师应有的样子。"

从对方的称赞内容可以看出，"职业范儿"的外在形象可提高律师的印象分。

律师出庭时，若法院要求着律师袍，则必须听从；即便法院没有要求，正式开庭也应着律师袍。即使非正式开庭的听证、谈话等环节，也应该穿职业西装。

男律师的专业形象很容易通过西装领带实现，头发利落即可。女律师需要化淡妆，不建议浓妆艳抹。

（二）核心观点提前表达

法庭调查阶段主要围绕案件事实，对事实认定以及相关观点需要在法庭调查阶段发表。

我作为法官审理案件时，除非有重大事实未查清或需补充证据，一般情况下在法庭调查结束后、发表辩论意见前，就已经对案件的结果基本形成意见。

如果将重要的观点放在法庭辩论阶段表述，法官的关注度会减弱。所以作为代理律师，应在法庭调查环节配合庭审流程，寻找恰当时机发表观点，从而打好案件基础，如果根基不牢，法庭辩论阶段亦难弥补。

（三）听懂法官的话外之音

庭审中要仔细观察合议庭的反应，捕捉法官的微表情，充分理解法官的问话，方能让法官给予高度评价。

如果感觉没听懂法官的话外之音，为避免出现理解偏差，可向法官请教："法官，我执业时间较短，没能领会您的意思，您能跟我说得更清楚些吗？"

（四）关键事实可适当重复

如果我们发现一些关键事实没有引起法官重视，可适当强化，但不要多次重复。

建议简单交代案情，并提纲挈领地在两分钟内说明该案一审、二审情况。但重点事项或易引发歧义的内容，应尽量细化说明。

有时我在法庭上也会滔滔不绝，一旦法官提醒不必对重复事项反复强调，我就会马上调整。如果重点问题还没讲完，我会请求给我 3 分钟时间，简单讲述。

如果代理人发言时多次被法官提醒简单讲述，而依旧喋喋不休，庭审效果一定不佳。

二、如何回答法官询问

法庭调查中法官会对重要问题或不清晰的事实询问案件当事人。有的案件进入法庭辩论后，若一方提出重要观点，法官发现事实遗漏，则会恢复法庭调查继续询问。因此，询问环节至关重要，律师应掌握回答技巧，从容应对法官询问。

（一）正面回答

例如在某合同纠纷案的法庭调查中，法官要求被告提供评估报告，被告拒绝。

法官问被告代理人："是否有该项报告？"

被告律师："应该有。"

法官："为什么不提供？"

被告律师："我不清楚，大股东不让。"

在法庭上讲话要符合律师身份、做出明确答复、如实反映案情，"如实"不是要将对我方不利的事实也全盘托出，而是让合议庭认为律师已"如实"陈述案情。切忌出现"应该有""我不清楚"这类模棱两可、不负责任的回答。

（二）结论前置

回答法官问题时，建议直接回答，结论前置之后再进一步解释。

若法官问："合同是不是你们公司签订的？"

比如实际情况是，合同虽已签订但未实际履行。针对此类问题，有的律师可能会说：当时由于某种特殊原因签订合同，但我们签订后已经通知解除……因此，我方才签订该合同。

我们无法得知法官是否能听懂该律师的长篇大论。

正确的做法应是，明确说明合同是我方公司与对方签订的，但需说明签订合同的背景。若法官表示不用解释，律师可表明："法官，我认为这一点很重要，能否给我一分钟，让我简单说明一下。"

一般来说，法官会给律师解释的机会。若法官仍不允许，律师应尊重法官，停止发言，不应执意继续讲述，但应在庭审记录中及时记下未表达的观点，在法庭辩论环节继续陈述。

（三）回答发问需谨慎

我坚持"不该说的不说"与"该说的一定要说"两大原则。

回答法官的发问时，律师要态度诚恳且不啰唆，简明扼要陈述，并且观察法官的表情，判断其对陈述内容是否已经明了，如果法官已经清楚，律师应及时停止发言。发问内容很重要，回答时如果辅以声音、神情等细节，可以得到更好的效果。我对此深有体会，倘若双方陈述或证据出现冲突，难以辨别真伪时，法官会观察律师的微表情，试图探知真相。

回答问题秉承"可以不讲，但不能说谎"的原则，对不清楚或无法回答的内容进行技巧性回避。

三、把握"互问"机会

法庭调查中，当事人可以互相发问。如法官给予双方互相发问的机会，一定要充分利用。每次庭审前，围绕以下几个方面拟定出需要向对方发问的问题：

（1）对方刻意回避，而我方没有证据证明的内容；

（2）法官没有关注的"边缘事实"；

（3）对方曾做出自认的不利于对方的事实；

（4）希望引导出有利于我方观点的问题。

互问前，已经过举证、质证和法官发问，因此重复的问题不要再问。发问方尽量中立，避免明显的倾向性。例如：关于某问题，请问您有什么证据提供吗？关于您说已履行支付义务，请问采用的支付方式是现金、转账还是其他？

不建议用引起对方反感的定义性语言，例如：你们违反约定，拒不提供报告的原因是什么？

初入行的律师可以多观看庭审直播，领会法官的发问方式，学习如何把握发问节奏。在发现对方漏洞或有利己方的回答时，可放慢速度、提高音量，立即提醒书记员记录方才的内容。

四、应对各种情况

（一）法官总结的争议焦点，可以提出不同意见

法官总结争议焦点后，很多律师认为不够完整、准确，但担心惹怒法官而不敢轻易提出意见，这样的做法容易"吃哑巴亏"。

当法官总结的争议焦点与律师预期的存在较大差异且可能影响庭审走向时，律师可以请示法官能否增加焦点或对焦点进行细化。我代理的某土地开发纠纷案件中，法官总结的争议焦点为"合同是否解除"，我提出希望细化争议焦点，增加合同解除时间和原因、土地恢复原状诉求的意见。法官接受后，书记员做了记录。

（二）法官询问对方，己方不要抢先回答

在某案件的法庭调查中，法官问对方有关事实问题，对方代理人明显没想好如何回答，支支吾吾搪塞时，同我一同出庭的助理却突然插话说："我知道这件事情。"我的助理不仅为对方解了围，还导致法官转而询问我方，而且助理并不能陈述清楚，场面一度十分尴尬。

法官问对方的问题，无论对方能否回答，原则上都不应由我方代为回答。

（三）对方陈述不实，不要贸然打断

庭审中，如果认为对方的回答毫无根据，切勿莽撞打断，而应当尊重法庭规则。

正确的做法是迅速记录不合理之处，在法官询问对方结束时，向法官举手示意，并提出："法官，我想补充一下，刚才您问对方的问题，我能否进行说明？"得到许可后，说明我方观点，及时消除对方不当陈述带来的潜在不良影响。如果错过时机，再想"翻案"，效果会大打折扣。

但是，如法官说："等问你们时再陈述。"此时，律师也不要强求，记下问题，等待法官询问。如果法官结束对对方的询问，忘记对我方发问，应把握时间节点及时提示法官。

（四）对方自认的内容，书记员没有记录怎么办

对方自认重要事实，书记员未记录或记录不完整的情况偶有发生。很多律师认为对方发言内容，我方没有权利提出异议，实际上这种想法有所偏颇。

我曾与法院书记员发生争执，原因是我的座位前电脑黑屏，我不清楚书记员是否记录完整，最终签笔录时我发现对方自认内容未记录，便向书记员提出补充。书记员认为我方没有权利修改他人的记录，但我坚持认为书记员的遗漏记录行为会影响事实的认定，最终书记员同意完善笔录内容。

（五）法官提问，是否可以请旁听人员解答

我代理的某土地开发纠纷一案，在法庭调查环节法官询问我方为土地开发做准备的前期投入，由于我不清楚这项具体支出，于是申请是否可以请旁听席上的公司员工回答，得到法官同意。

庭审时旁听人员应保持安静，禁止发言。但在法官允许的情况下，旁听人员可以对所知晓的事实发言。

五、真假公章案

1. 案情简介

背景信息：白云公司与蓝天公司系母子公司关系，主营阀门生产业务。白云公司是母公司，负责生产；蓝天公司是子公司，负责北方地区的销售。原告大河曾任蓝天公司总经理。

大河在任职蓝天公司总经理期间，以其弟弟名义成立与白云公司经营项目一致，名称也类似的黑土公司。黑土公司对外称是白云公司的子公司，大河利用职务之便将白云公司生产的阀门低价卖给黑土公司，再由黑土公司高价卖给白云公司的客户。

后来，黑土公司干脆委托其他工厂生产阀门，谎称是白云公司产品，直接销售给白云公司的客户。

由于假冒阀门出现质量问题，客户要求白云公司提供维修服务。白云公司方得知黑土公司的侵权行为，大河的行为被发现。

于是，白云公司将大河辞退。

提起仲裁：大河被辞退时没有异议。孰料一年后大河申请劳动仲裁，要求白云公司给付劳动关系存续期间的销售提成200万元。由于劳动争议仲裁超过时效，大河的请求被驳回。

首次诉讼：2014年，大河以劳动争议为由起诉蓝天公司，要求蓝天公司给付其业绩提成，并向法庭提交了无公章、无经办人、无大河签字的业绩提成计算表，称该表是蓝天公司副总经理通过电子邮箱发给他的，但是该电子邮箱并非公司邮箱，大河无法证明邮箱的使用人。

该表中无公章、无签字，且大河与蓝天公司的劳动合同中也不存在业绩提成条款，大河第一次诉讼败诉。

二次诉讼：2015年，大河又提起诉讼，起诉白云公司，案由是代理合同纠纷。证据是白云公司曾出具给大河的授权书尾部有"白云公司与大河之间，按照业绩回款×%计算提成"的手写条款。

作为白云公司的代理人，我认为白云公司在给客户的授权书上增加大河享受业绩提成的条款不合常理，明显系大河利用空白授权书伪造合同。

同时，大河提供的提成款证据仍是首次诉讼时的提成计算表，该表中内容仍为大河 2009～2013 年的提成汇总。令人错愕的是，2014 年大河起诉时提交的提成计算表中未加盖公司公章，而在本次诉讼中却提供了加盖白云公司公章的提成计算表原件。针对如此明显的反常现象，我通过证据收集和法庭发问，让对方现出原形。

我方调取了首次诉讼的完整卷宗，将此前的提成计算表向合议庭展示。

我向大河发问："请解释为什么两次向法庭提交的提成计算表，一次有公章，一次没有公章？"

大河："上一次开庭时没有找到加盖公章的提成计算表。后来找到了有公章的就提交了。"

我继续追问："本次提供的原件，是谁在什么时间给你的？"

大河回答："记不清楚。"

我说："这么重要的证据，你需要向法庭说明证据的合法来源。"

大河说："时间太长，记不清楚了。"

我追问："你首次诉讼时，以该提成计算表起诉蓝天公司，称业绩提成。本次还是这个表，起诉白云公司，理由为代理提成。请问你哪一次的主张是虚假的。"

大河说："我拒绝回答。"

实际上，白云公司并没有人给提成计算表加盖公章，我方认为大河私刻了白云公司印章。

但是法官并未因为证据来源不合理而不予采信，反而释明我方是否申请鉴定。为了证明印章是虚假的，我方申请了鉴定，鉴定意见是提成计算表上的公章是假的，非备案公章。

本以为大河会知难而退，谁知大河又提交了一份白云公司与某企业之间的购销合同，并称白云公司有多份公章，称该合同上的公章与提成计算表上的印章是一致的。

大河也申请对购销合同中的某企业公章的真实性进行鉴定。经比对，该合同上的某企业印章是真的。

大河的诉讼策略是，购销合同中某企业公章是真的，而白云公司在该合同中加盖的印章与提成计算表上所盖印章相同，以此得出提成计算表上白云公司公章真实的结论。

大河的新招数也着实让我们一度被动。明知大河手中有假公章，可为何假公章出现在真合同上？

经调查，方得知白云公司与某企业的合同签订流程有漏洞。

合同先由某企业盖章，然后发给白云公司四份，白云公司盖章后将两份发回某企业，其余两份一份由财务部门保管，一份由销售部门保管。蓝天公司作为白云公司的销售公司，大河负责合同的盖章审核，在审核过程中，有机会接触该合同。

2. 破局分析

2014 年首次诉讼时，提成计算表上没有公章，2015 年二次诉讼时却出现公章。大河于 2013 年离职，此时无法拿到真公章，提成计算表上只能是 2014 年败诉后，大河加盖的假公章。

假公章之所以出现在真合同中，应该是大河在该笔业务中预留了对方合同原件，并加盖了假公章，为自己"留后手"。但白云公司无从知晓大河何时拿到的合同原件，并加盖了假公章。

为此，我方将与该企业的所有合同全部提交法院，以证明其他合同均加盖的是合同专用章，只有这份合同是假公章，是违反交易习惯的。

3. 判决内容

一审法院认为：购销合同中某企业公章是真，加盖于同一份合同的白云公司公章应认定是真实的，所以提成计算表中的公章也是真的。

一审判决我方败诉，我方提起上诉。

二审法院审理期间，合议庭关注到一审中我方多次强调但法官不予审查的授权书。虽然授权书上的公章是真的，但公司内部的代理提成比例约定，为何没有代理合同，而是在给客户的授权书上手写提成比例？这明显不符合销售授权书的对外使用用途。该格式授权书中的手写内容，无法证明是白云公司的真实意思表示。

真实情况是，大河在蓝天公司任职期间，作为母公司的白云公司曾向大河出具多份空白授权文件，委托其代表白云公司签订销售合同。

二审法院认为，合同中的一方加盖真实印章，不能推定另一方公章的真实性。

我方对大河提起两次诉讼中的提成计算表从无印章变有印章，证据来源不清等诸多不合理之处提出质疑，同时说明代理提成约定出现在格式授权书中亦不合常理。最终，法院认为认定代理合同关系证据不足，改判驳回原告诉讼请求，我方胜诉。

大河提供的证据看似形成了完整的证据链，但是对关键事实闭口不谈。法院法庭调查应对违反常理之处尽到审查义务，责令其做出合理解释。该案虽历经艰难，终还原案件事实。

| 青出于蓝 |

加强对当事人庭审语言的辅导

田军　执业律师　镇江新区大路法律服务所

我今年代理了一起民间借贷案件，让我认识到庭前对当事人庭审语言辅导的重要性。

很多律师可能都代理过民间借贷案件，觉得这类案件很简单。借条对于大家来说并不陌生，一般当事人都会认可借条的真实性，但这些看似简单的民间借贷案件却可能蕴藏着复杂的法律关系。我代理的这起案件就由于我方当事人对借条的不当陈述输了官司。

对于民间借贷案件，法院都会要求原、被告双方本人必须出庭，因为这样有利于法庭查明案件事实，否则视为权利的放弃。特殊情况除外。我代理的这起民间借贷案件，双方当事人都参加了庭审。以下我方简称为甲方，对方简称为乙方。对于乙方举证的借条，甲方当事人当庭陈述借条的内容是乙方代理律师提前打印好的，字是其本人签的，遂认可借条的真实性、合法性，而对具体金额没有重点反驳，只是陈述知道有这个几百万元的借款金额，并且也认可有向乙方付款的记录。

我作为甲方代理人也没有对借款金额的组成进行反驳。然而就是因为甲方当事人的这些陈述，一审认定借贷法律关系成立。后来我方收到判决书，总结整个过程时才发现对当事人庭审语言辅导的重要性。

本案中，甲方当事人和我对借条内容、涉案金额的真实性、合法性未能准确表达怀疑，导致一审败诉。后甲方不服，进行上诉，在二审质证期间，我们亡羊补牢，甲方陈述借条签字在形式上是真实的，是其本人签字的，但借条的具体内容并不真实、不合法。借款合同只是当时甲方因与乙方有特殊关系，甲方出于好心在乙方代理人提供的格式合同上仓促签字。后甲方通过申请调查令，结合借条签订过程、乙方当事人收入、证人、借款金额等一系列证据，重点攻击借条内容及借款金额组成部分的不真实性。

由此可见，越是看似简单的案件，我们越要审慎。要注意自己庭审的语言表述，也要对当事人在出席庭审现场前进行语言辅导。既不能随便肯定陈述，也不能随便否定陈述，要根据民事案件的主要事实部分进行合理陈述。

课后感悟

王巧灵

听了本章课程，我意识到，有效的沟通才能传递有效的信息，继而取得良好的庭审效果。然而很多时候我以为做到了与法官的有效沟通，实则不然。邓老师在本章直击痛点，提出了很多与法官进行有效沟通的方法和注意事项，每一点都很实用，带给我很多启发，我要在以后的庭审中实践起来。非常感谢邓老师。

本节试听

500元专属课程优惠券

第二十二章
法庭辩论有的放矢

邓律金句

法庭辩论有理有据，有的放矢挥洒自如

法庭辩论是最能体现律师综合能力的环节，为实现与法官的互动、与对手的抗衡，律师需要全面调动思维逻辑、口头表达、快速反应等能力。

法庭辩论环节需实现哪些目标？如何精简规范发言、记录对方观点、适当表露情感、争取发言机会、应对不利局面？如何确保法官愿意听取并接纳己方观点？法庭辩论后有哪些必备的"加分"工作？

本章结合实战经验帮助年轻律师提升法庭辩论技巧，获得法官认可、赢得对手敬佩。

一、正确认识法庭辩论

（一）巧用代理意见

很多律师在开庭前撰写好所需文件，法庭辩论环节照本宣科。还有的法官认为法庭调查环节已经说清楚了，辩论环节走个过场，要求庭后提交代理意见。

法庭辩论绝非机械宣读代理意见，应根据实际情况对前期的代理意见删改增补，以口语化的表达方式发表辩论观点，达到与法官互动的效果。

法庭辩论是律师在庭审时发表意见的最后环节，为充分保障当事人的诉权，法官不会轻易打断律师的第一轮发言。因此，律师可以抓住时机对未表达清楚的重点或对在法庭调查阶段被法官打断的发言进行补充。

（二）法庭辩论的任务

庭审中法官一般会组织一至两轮法庭辩论，庭后提交书面代理意见。

1. 第一轮：亮观点、补漏洞

在法庭辩论的第一轮，要开门见山地亮明己方核心观点。例如"我方认为被告严重违约，且我方已发出解除通知，合同应于某年某月某日解除"。

如果在法庭调查环节存在不完善之处，回答法官的提问未达到理想效果，则在法庭辩论环节需要及时弥补漏洞。

2. 第二轮：重反击、讲依据

法庭辩论第一轮是"竖盾牌"，第二轮则是"刺长矛"。第一轮时，对方可能抛出诸多我方不认同的观点，第二轮时，我方需主动攻击对方第一轮发言中的不实表述和不恰当观点。需注意的是，评论对方观点不当的同时应说明判断依据，这里的"依据"并非推理和主观臆断，而是已查明的事实或经法庭质证的证据。

可采用类似"话术"：对方称其已履行交付义务是不符合实际的，我方证据一、证据二均能证明其未交付或未完全交付。

3. 第三轮：书面意见

法官在庭审中组织第三轮法庭辩论的情形较为少见，一般要求庭后提交书面意见。在本书第八章，我会讲解如何写好代理意见。

（三）法庭辩论之实战剖析

【案例 22-1】

我方委托人白云公司为信托公司，出借给黑土公司信托贷款 4 亿元。黑土公司以煤矿采矿权为担保，双方签订贷款合同和担保合同，但未办理抵押权登记。

未办理抵押权登记的原因有二：

其一，当时国家对煤矿进行技术改造，需要黑土公司缴纳近 7000 万元的技改费方颁发长期采矿权证,黑土公司仅缴纳了部分技改费,所以颁发的采矿权证为临时证照,有效期仅为3个月,因此无法办理抵押权登记。

其二,黑土公司涉及其他民事案件,该采矿权被其他法院查封。

【辩论思路】

争点一:白云公司对未办理抵押权登记的临时采矿权证是否享有优先受偿权?

难点:虽然各方均认为担保合同有效,但未办理抵押权登记。同时,临时采矿权证照已过有效期,但该采矿权证并未作废。

不动产未办理抵押权登记,无法享有优先受偿权,但采矿权这一特殊权利的抵押是否依据登记设立,双方对此进行了激烈的争论。

法官询问采矿权的状态,我方回答按照当地规定,黑土公司只需缴清技改费,就可以续期证照或变更为长期证照,虽然当时黑土公司已负债累累,无力付清费用,但不影响该采矿权证照的有效性。

为说明该问题,我方代理律师专程前往当地自然资源厅详细了解政策,将相关情况形成书面意见提交法庭,法官也前往自然资源厅询问该证照是否具备办理抵押权登记的条件,得到的回复与我方向法庭陈述的一致:只要补缴费用,理论上可以用该证照办理抵押权登记,持证人仍享有相关采矿权权益。

辩论环节,黑土公司认为未登记就不存在优先受偿权,而我方坚持认为未登记并非表明优先受偿权不存在,只是不能对抗第三人。

法院观点:虽然黑土公司名下的采矿权证已过有效期,但未作废和吊销,之后补足费用仍可办理延续登记,因此黑土公司仍享有证照中列明的采矿权权益。白云公司虽未办理抵押权登记,但并不存在过错,且白云公司提供证据证明其多次要求办理,但黑土公司原因未能成功办理。

因此,《担保合同》有效,虽未办理抵押权登记,但由于该采矿权项下未涉及第三人的担保物权,故酌定待相关查封解除次日起7个工作日内,双方办理抵押权登记手续,白云公司可据此对该采矿权折价、拍卖、变卖的价款享有优先受偿权。

争点二：财务顾问费是"砍头息"[1]**吗？是否应扣除对应的贷款本金。**

贷款合同签订的同时，白云公司的子公司与黑土公司签订了《财务顾问合同》，约定子公司就黑土公司融资提供财务顾问方案、交易结构设计及策划，协助黑土公司融资。财务顾问费用 1500 万元，首期贷款到账后一次性付清。

对此问题，债务人未进行抗辩，但连带担保人认为该 1500 万元财务顾问费，属于变相"砍头息"，应折抵借款本金。

难点：白云公司的子公司为黑土公司提供了哪些财务顾问服务？能否举证，证明力如何？

我方观点是该笔费用不是"砍头息"，依据合同性质可知是财务顾问费，并且《财务顾问合同》与本案借款合同的主体不同，与贷款纠纷是完全不同的法律关系，如果认为用《财务顾问合同》变相收取"砍头息"，应由债务人另案主张，担保人抗辩不成立。我方在一审法庭辩论中的观点得到一审法官支持，本金仍按照 4 亿元贷款金额认定。

但二审时，《九民纪要》出台，根据该纪要第 51 条的意见，财务顾问费极有可能被认定为变相"砍头息"，导致借款本金减少。

《全国法院民商事审判工作会议纪要》第 51 条：【变相利息的认定】金融借款合同纠纷中，借款人认为金融机构以服务费、咨询费、顾问费、管理费等为名变相收取利息，金融机构或者由其指定的人收取的相关费用不合理的，人民法院可以根据提供服务的实际情况确定借款人应否支付或者酌减相关费用。

同时，二审法官认为案涉《财务顾问合同》与借款合同并非相互独立的法律关系，虽然合同代号、签约主体不同，但该《财务顾问合同》中提供服务的主体是白云公司全资子公司，两份合同属于一体下的系列合同。

二审法官提出核心问题：收取 1500 万元财务顾问费后，白云公司的子公司提供了哪些服务？很遗憾，白云公司无法说明任何实质性服务内容，仅能提供《财务顾问合同》与收据。此种情况下，律师无法说服法官。

---

[1] 给借款者放贷时先从本金里扣除一部分钱，这部分钱被称为"砍头息"。

法院观点： 二审法官认为白云公司未能举证证明其子公司为黑土公司提供过实质性财务顾问服务，应认定其未能提供财务顾问服务，所以该1500万元应认定为以顾问费名义预先收取的利息，并在计算借款本金时予以扣除。

《中华人民共和国民法典》第六百七十条：借款的利息不得预先在本金中扣除。利息预先在本金中扣除的，应当按照实际借款数额返还借款并计算利息。

要点总结： 法庭辩论应围绕法官总结的焦点进行。一审中我对两个法律关系做了很好的剥离，《财务顾问合同》是另一法律关系，与本案无关，若存有异议须另诉。但二审法官认为同属于一个法律关系，此时需要结合二审法官提出的新要求举证，但我方无法提供相关证据，即便律师想方设法发表意见，也无实际效果。

二、法庭辩论的正确打开方式

（一）法庭辩论的基本操作

1. 围绕法官总结的争议焦点辩论

实务中，有的法官不总结争议焦点。我曾遇到类似情况，我方是被告，提出希望法官总结争议焦点，以便双方围绕焦点发表意见，但法官坚持认为并非所有案件都需总结争议焦点，此时我方无法执意坚持，而是应转换思路，根据自身总结的争议焦点辩论。

2. 重要观点前置，言简意赅

庭审发言需要符合重要观点前置、语言精练、声音响亮的要求，同时注意与法官保持眼神交流，充分展现内心的坚定与真诚。很多律师辩论时音量、气势越来越小，自己讲得都没底气，更难得到法官支持。

此外，律师应以准确、连贯的口头语言表达核心观点，切忌机械地重复文书内容。口头表达和书面表达的最大区别是口头表达更生动形象，可以利用语速、语调、停顿等技巧，着重说明部分内容。

一般而言，要根据内容的复杂性、重要性决定是否需要重复说明。对易理解的内容无须多次重复，对重点内容重复两遍即可，否则法官会疲乏和反感。

3. 保持饱满与适当的情绪

我曾参与某股权纠纷案件庭审,我方当事人在场,对方只有代理人和两位旁听人员出庭。辩论环节,我未宣读代理意见,而是以具有感染力的声音搭配适当情感发表了一段有温度的答辩意见。

对方律师听完我的发言后,向法官提出回应的请求。可能是受到我发言情绪的感染,对方律师突然以激动高昂的情绪开始了发言"表演",没想到却被法官立即制止:"原告代理人注意你的发言,不要掺杂表演成分。"

对方代理人认为我的发言有影响法官情感的成分,所以希望在气势上压过我,情绪过于激动,没有控制好的夸张表演被法官一眼看透。

在某巡回法庭的庭审中,对方代理人声音较小,我无法听清,便向法官提出能否让对方提高音量或靠近话筒讲话。我的话音未落,对方代理人突然靠近话筒并大声说:"我声音小吗?姐姐!"在法庭上以这样的语气称呼"姐姐"是极不规范且不专业的,存在一定贬低意味。对方代理人说完后,法官立即提醒她注意发言语气,并予以训斥。情绪化发泄虽然能解一时之气,但会给法官留下不好的印象。

4. 关注细节,及时记录

在法庭上及时记录是律师应做的工作,也是容易被忽略的细节。我与某律师同为共同被告的代理人,他和助理除应提交的答辩状和证据,未携带任何纸、笔。

我十分疑惑地问:"您不带纸、笔用于庭审记录吗?"

他无奈地回答:"我以为助理会带,大意了。"

"好记性不如烂笔头。"我们团队有专门的"开庭大礼包",其中包括纸、记号笔、便利贴、自制庭审记录表等。我在这里分享一下如何利用好"开庭大礼包"。

首先,我会认真记录庭审内容。例如,在对方发表观点过程中,如果我不宜打断进行反驳,这时我一定会记录下来,提醒自己选择合适的时机进行解释。庭审时间短、信息量大,很难全部记住对方陈述的观点,导致遗漏相关问题。做好关键点记录,能有效避免这一问题。

其次,我会用不同颜色的笔或不同形状的符号勾画、标注内容,起到重点提醒的效果。例如用红色的笔记录对方的不恰当观点,或者在对方表述的某些内容前标注三角形和感叹号等特殊符号,方便我在大量记录中快速找到该内容,重点回击。

（二）法庭辩论的难点

1. 如何应对不利局面

法庭辩论时对方突然提出对我方不利的观点，应如何化解？

若对该问题无从下手，立即回应极有可能越描越黑，倘若观点不成熟，立即回应可能会给对方攻击己方漏洞的机会，所以这时不妨将问题先行搁置。

2. 如何争取发言机会

有时法官会问代理人是否有书面代理意见。如有，法官一般希望代理人仅做简单表述，再提交书面意见。此时代理人的境地十分尴尬。如说有，法官反而会减少代理人的发言时间；如说没有，法官可能认为代理人工作不到位。此时应如何争取发言机会呢？

建议举手示意，得到允许后向法官说明，仅占用两三分钟时间简明扼要陈述己方观点。一般而言，如果律师态度诚恳且不啰唆，法官会允许律师说明情况。然而，若在法官已掌握案情并明示律师无须继续发言时，律师继续喋喋不休只会自讨没趣。

3. 对方律师提出文书中未提及的意见

若对方律师在举证质证环节未提供相关证据，但在法庭辩论环节提出毫无根据的意见，是否应做出回应呢？

我认为应分情况处理。

第一种情况，对方发言极其荒谬，则无须辩解和回应，法官自会分辨。例如，开庭时某代理人说："我提示一下对方代理人，你懂不懂执行异议和执行异议之诉的区别，你作为代理人到底明不明白？"这类表述十分不得体且无法打压对方气势，反而让法官认为发言方缺乏专业素养。

第二种情况，对方意见可能影响法官心证，则必须回应。建议采用以下"话术"："对方代理人提出的意见，在举证质证环节未提供任何证据支持，我方认为对方观点属于主观臆断、虚假陈述。"

三、尊重法庭辩论的主导者

在法庭上逞一时之快占据气势优势，未必能赢得诉讼。律师应设法吸引法官的注意，牢记法官才是法庭主导者。

（一）切忌自说自话，长篇大论

庭审时间十分紧张，发言应有理有据，以摆事实、讲道理的方式发表观点，切忌恶意占用庭审时间。有的律师专业素质高，既能清楚地表明己方观点，又能精准全面地反驳对方观点；有的律师恰恰相反，在法庭上激动叫嚣。法官心中对律师有相应评判标准，对情绪化、自说自话的律师自然难以认同。

（二）得理也饶人，忌咄咄逼人

律师的法庭表现应张弛有度，得理也要饶人。担任代理人的目的是帮助委托人讲清道理，既然双方诉至法院，就达成由法官主持公道的共识。

在多年开庭经历中，我曾遇到许多令人欣赏的对手。其中，印象较深的是最高人民法院某再审案件的庭前谈话。该案系广东省高级人民法院二审，向最高人民法院申请再审，负责审查的法官恰逢出差广东，于是组织双方当事人和律师在广东省高级人民法院进行庭前谈话，希望可以促成调解。

虽是庭前谈话，但程序与开庭基本无异，对方代理律师是一名中年男律师，讲话很斯文。由于该案件争议较大，法官未调解成功。休庭后，主审法官表示："这是我30多年审判生涯中，最为舒服的一次开庭，双方代理人的表现都很优秀，表达流畅，观点清晰，谢谢你们令我在今天的开庭过程中感到十分愉悦。"

这是法官对我们双方的赞赏。律师在法庭上不是冤家，虽然各为其主、观点相悖，但律师之间应互相尊重，不相互攻击，不做情绪化的过激行为，"死磕"做派在商事案件的代理中不宜采用。

（三）不要让法官听觉疲惫

有时庭审时间很长，法官虽已全面了解双方观点，但基于庭审程序不得剥夺双方发表辩论意见的机会，只能坚持听完双方发言。这种情况该如何应对呢？

我曾代理的某再审案件，法官组织原、被告庭前交换证据，我明显感到法官已充分阅卷，对案情争议已有了解。由于证据较多，质证时法官多次强调只需说明是否认可证据的"三性",无须解释原因,相关细节可以在后续环节说明。

但是代理人都想对证据进行进一步解释说明,导致质证环节长达 3 小时。轮到我发言时,我只表述对"三性"的观点,只要观察到法官听懂点头,就不再继续展开,这种做法得到了法官的赞赏。而另一位代理人,在法官多次提醒无须细化说明的情况下仍坚持重复展开,效果孰优孰劣?

律师须明白如何为法官和庭审减负,对法官已明确表示无须展开的内容应尽量减少论述。

"四合院一房二卖"连环案在庭审前,双方已进行了四五轮庭前证据交换,开庭当天对方代理人再次发表长达 37 分钟的辩论意见。如此长篇大论,只是论述了我方与第三人如何恶意串通"一房二卖",《转让合同二》应属无效。

参与庭审的所有人都昏昏欲睡,轮到我方发表意见时,为了让法官打起精神,我特意提高音量,大声说:"对方代理人刚才洋洋洒洒地陈述了 37 分钟,法官您放心,我只陈述 10 分钟。"

之后,我缓慢地说:"我方确实存在恶意。"

此时,法官突然抬头,对方代理人喜悦之情溢于言表,以为我方将自认,而旁听席上的委托人心里一惊,所有人都突然清醒。

稍作停顿后,我继续说道:"但我方未与第三人串通,第三人是善意的,不存在恶意串通,《转让合同二》合法有效。对方代理人讲了 37 分钟看似很精彩,但所谓的串通之说,完全是主观臆断!"

可见,在法庭辩论环节发表意见应针对关键点展开,可以设置反转效果。我在表述上述观点时,先把对方捧上云端,对方代理人以为我夸奖他讲得精彩,但我紧接着说对方所有想法均是主观臆断,没有任何证据支撑,法官不应采信,"先扬后抑"的表述再次加深反转效果。

(四)"听进"而不是"听见"

法官听见律师在庭上发表的意见,不意味着"听进"。律师应融入法官的思维体系,引导法官思考,从而影响法官心证。律师长篇累牍宣读代理意见,效果可能微乎其微;相反,应尽量使用生动的口头语言表达观点,吸引法官注意。

我曾代理一起案件，对方在买方和卖方已经签署的几十份《销售合同》的尾页下方都签署了自己的名字，证明其为实际卖方。但合同中的主体和合同履行均与其无关，我方认为这是其用保管的合同变造而来。

法庭辩论中，我提出："若对方称只要在合同原件上签字，就可以证明该合同与其有关，难道我在最高人民法院判决书原件的末页签署我的名字，就可以证明该判决书是我签发的？想必法官也认为荒唐至极，所以对方该证明方法不应采信"。

我讲完后，相信所有人都记住了我的比喻，法官也听进了我的逻辑。可见，使用生动形象的语言，有助于法官记住对方举证中的逻辑问题。

法庭辩论中，突发事件、个人表达习惯、情绪高涨都会导致律师语速变快。但需要注意的是，叙述重点内容时应适当降低语速，给书记员足够的反应时间。一旦发现法官或其他庭审参与人员未重视部分内容，可以在陈述中提高音量，放慢语速来提示相关人员。

切忌"念经式"的表达节奏，若一直用同样的语速、音量讲述，无论内容多么充实、精彩，庭审参与人员都会感到疲惫。

四、做好法庭辩论后的工作

（一）庭后功课

1. 及时向客户汇报开庭情况

庭后应及时总结庭审情况，并将相关情况向客户汇报。

2. 完成庭审中法官要求的工作

如庭上法官提出的问题，律师未能全面回答，法官一般会给几天时间，要求律师提交相关证据或材料，那么律师应及时完成庭审中遗留的相关工作。

如庭上对方代理人提出观点，但缺少证据支撑，法官要求其5日内提交相关证据，我会立即做好记录，并在5日后询问法官对方是否提交，这是对法官的提示，若对方未及时提交，提醒法官不应采纳该观点。

3. 提交书面代理意见

庭审中，无论能否清楚地表达意见，都应提交书面代理意见。若已提交书面代理意见，但认为观点尚未表述清楚，可以继续提交补充代理意见。

我曾代理某案，对方代理人提交的代理意见多达十几份，虽然重复，证据也存在问题，但该行为确实对法官产生了影响。

（二）庭后加分项

为提升新手律师的庭审效果，我总结了部分重要的庭后加分项，主要有以下七方面：

（1）庭审分析报告；

（2）调解方案的准备；

（3）再次庭审准备（如需）；

（4）收集补充证据；

（5）联系法官，有效沟通；

（6）接受法官善意；

（7）调整诉讼方案，及时补正说明。

庭审结束并不意味着案件结束，可能有第二次开庭，可能会调解，可能产生新观点，可能需要补充证据用于反驳，可能需要法院调查取证等，此时，律师需要全面分析，与法官有效沟通，及时获知对方信息。

同时，律师还应配合法官进行调解。律师需要预判己方胜率，可能内心极为纠结，庭审中无法探知法官倾向，如选择调解担心己方吃亏，如拒绝调解又担心败诉，所以难以做出预判。

例如"四合院一房二卖"连环案，即使二审我方胜诉，法官提出调解，我方仍然同意让步，但对方坚决拒绝调解，继续申请再审，最后对方败诉。若对方当初接受法官善意并同意调解，则获得的赔偿金额可能远高于判决的500万元。

有些案件诉讼方向有偏差，则应及时调整；有些案件在法律竞合中选择错误，法官要求律师变更诉讼请求与案由，若变更与否都有败诉的可能性，则可能需要撤诉后另行起诉。

例如股权纠纷案件，我方出售股权，对方已支付股价，变更登记完成，合同履行完毕。两年后对方突然要求我方返还部分股权款，理由是实际支付股价款多于约定数额。

庭审过程中，对方一直未明确其诉求的法理基础为何，是合同无效，合同解除，还是不当得利。

我方请求法官要求对方明确其请求权基础，法官也向对方表示庭后必须说明法律依据。可见，庭审结束不等于将案件卸下包袱。

| 课后感悟 |

吴海清

> 律政剧中，律师在法庭上多是妙语连珠、旁征博引，让观众们直呼过瘾。但现实中并不全然如此，口无遮拦、长篇大论往往招致法官反感，尤其是法庭辩论环节。本章细致讲解了如何高质量、高效率地把控法庭辩论，将礼仪、言语、思路、工具等关键要点一一拆解，为我们提供了辩论环节言简意赅、进退两宜的优秀范例。

本节试听

500元专属课程优惠券

第二十三章
增强客户体验感

邓律金句

做事的最高境界是让对方不用动脑子

律师接案后与委托人就是利益共同体，建立有效的沟通和互信非常重要。与客户建立长期稳定的合作关系，是每一名律师都期待的。

有的律师专业能力很强，对案情能够进行细致的摸排梳理，但是与客户缺少有效沟通，工作做了不少，客户满意度却不高，后续的合作自然很难。

本章我将结合多年执业经验，探讨接案之后如何增强客户的信赖感和体验感，不仅实现一次战斗的胜利，还能与客户长期合作共赢。

一、打开局面，以专业能力获取客户信任

（一）观点不一致，应采纳专业意见

客户寻求法律服务时，尤为关注律师的专业能力。因此接待客户时，律师应开门见山讲明重点，从案情分析入手，提供多种解决方案并择优确定。

律师在展示专业度的同时，要学会换位思考，将法言法语转化为委托人可以理解的语言，不能以自己的专业优势"打压"对方，让客户感到不舒服。

曾经有个客户委托我作租赁合同纠纷的再审案件的代理人，客户租赁的大厦因为没有产权证，无法办理装修许可和营业执照。客户和原审代理律师都认为将没有产权证的大厦出租，该租赁合同无效。我作为专业律师给出的建议是合同有效，但

可以要求解除，并承担违约责任。由于该案标的很大，对客户非常重要，该公司的董事长亲自参加案件分析会议。对于合同效力，他与我观点不同。我耐心地详细说明了出租方在出租时已告知该大厦有规划许可、但没办产权证等情况，并为他讲解法律规定和类案判决，终于说服他接纳了我的观点。

遇到固执地给律师提建议的客户，我也会开玩笑地说："您花了律师费请律师，如果不听取律师的专业建议，钱就白花了。"

有的律师在与客户意见不一致时，为了迎合客户而改变专业观点，看似尊重客户，实际上是对客户的不负责任。

（二）引导当事人抱有合理的心理预期

当事人委托律师时往往抱有较高的期待，但是影响案件走向的因素较多，案件走向未必如客户所期，因此我们需要提前给客户打好"预防针"。

引导客户前，首先需要了解客户期望达到的目标，衡量双方对案件的认知是否存在差异；其次要适度调整客户的期望，切忌随意承诺；最后要及时沟通工作进度，就影响案件走向的细节信息与客户保持同步。做到了这些，有助于赢得客户的理解和认同。

切忌只告诉客户其要求不合理，却并不给出让客户信服的调整预期的理由。

二、关注细节，提供高水准服务

（一）案件梳理见态度

为成功取得案件代理权，我们在接待客户前已对案件进行初步梳理，签订代理协议后，喜悦的背后应是沉甸甸的责任。除非特别紧急的案件，我们接案后并不立刻去法院立案，而是再次认真全面梳理案件，制定全局策略后再提起诉讼。

关于明确当事人的诉讼目的。很多人认为，当事人提起诉讼的目的不就是胜诉吗？这有什么值得探讨的呢？实际上，当事人诉讼目的不尽相同，有的案件"醉翁之意不在酒"。比如有的当事人诉讼目的是打压竞争对手，使其陷入舆论旋涡。此种目的的诉讼可以定位为当事人的公关手段；有的当事人将阶段性起诉作为达到最终目的的手段，为后续纠纷做充足准备。此时律师需要充分了解当事人的终极目标，制定完整、可接受的纠纷解决方案。

关于法律关系梳理、对立案法院的选择，不同诉讼方案需要委托人支付的不同诉讼成本，均需要提前告知客户。

（二）预判诉讼潜在连锁反应

律师需要提前告知客户提起诉讼引发的副作用和连锁反应，确保客户有合理的心理预期。客户有如在夜幕下行走，道路前方有坑洞而不自知，律师则担任"引路人"角色，尽可能帮助客户避开坑洞，减少风险。

例如客户对其上游企业提起诉讼，如果该上游企业在业内影响力特别大，则启动诉讼前应深思熟虑。一旦启动诉讼程序，客户与其上游企业、上游企业子公司所有业务的合作关系都可能被叫停，甚至丧失与上游企业的关联企业合作的机会。

若客户起诉其下游企业承担违约责任，下游企业作为被诉方也可能反过来"挑刺儿"，以产品质量不合格、未及时交付货物为由进行反驳或反诉，导致双方合作关系无法持续及额外的诉讼风险。

（三）为客户提供多元化服务

要成为优秀的律师，不要满足于就案论案，也不要局限于对个案的法律分析，而要为客户提供增量服务和商业建议。例如在代理案件时发现客户的业务模式存在较大风险，应向客户提出调整交易模式的建议；如果发现客户的合同模板有问题，即便不是该客户的常年法律顾问，也要帮助其修订合同条款；如果发现确实是客户管理存在问题，也要从商务角度给出合理建议。

现在很多律师都是复合型人才，具有其他专业技能，这些律师可以利用自己的其他专业知识为客户提供多元化服务，比如掌握税务筹划技能的律师，可以告知客户不同交易模式下税收的缴纳金额差异，以此拓宽自己的服务广度。

（四）案件跟进动态服务

很多客户在委托之初感到律师很负责任，一旦案件拖入等待期，就感受不到律师的关注，经常催促律师完成各项工作。其实，在案件已进入平缓期或者停滞期时，律师更应该主动消除委托人的焦虑。

即便工作成果不明显，也要将自己在这段时间内对案件的关注传达给客户，将阶段性工作以工作呈报的方式告知客户。

好的律师服务是不让客户来催促我们。我代理的案件有的持续3到4年，我每个月都会和客户进行有效沟通，即便案件没有进展，我也会和客户及时沟通，让客户感受到我们的服务是持续负责的。我一直希望大家谨记的"邓律金句"就是"做事的最高境界，是让对方不用动脑子"。

（五）注重商务礼仪

在此前的章节中可以看出，我们从客户接待到建立委托代理关系一直强调工作的细节，包括接待的细节、代理协议的签署等。

三、纠正青年律师的常犯错误

人都会犯错，我也犯过各种各样的错误。有的是不够细心，有的是经验不足，有的则是未经他人提示错而不自知。有些错误，轻则降低客户对律师的信任度，重则导致案件败诉，客户流失。

如果能从他人的错误中吸取教训，可以少走弯路，快速成长。

本章总结了青年律师的常犯错误，有初入行常犯的低级错误，也有让人啼笑皆非的荒唐错误。"以人为镜可以明得失"，希望你能以本章所列错误为鉴，提升服务能力，赢得客户的信任。

（一）不走心类

不走心类的错误往往是由于自身未重视工作中的小事造成，虽然这类错误可能不大,但严重影响工作效率、综合评价和信赖,此类问题必须引起重视。

1. 错别字

错别字是律师在文书工作中最易犯的错误。

我的助理曾在写起诉状时将诉讼请求中的"逾期利息"写成"预期利息"而不自知,我让团队的其他成员纠错,几个人聚在一起看了 1 小时,都未能找到哪里错了。

一字之差,含义差之千里。若助理拿着这份有错别字的起诉状去立案,开庭时躲不过合议庭的眼睛,如果客户发现代理律师将诉讼请求都写错,如何相信律师的专业严谨!

错别字看似小问题,却最有损律师的工作形象。避免错别字并没有特别的技巧,只有逐字细致地检查。

我的助理在给法官邮寄材料时,写错了法官的名字,尽管法官善意提示写错了同音字,但这种低级错误体现出办案律师的粗心大意,也是对法官的不尊重,有损法官对律师的评价。

2. 复印后将原件留在复印机中

经常有人在律师事务所的工作群里问"复印机里的身份证原件是谁的?"复印时将原件遗留在复印机里,这就是粗心大意的典型表现,必须避免。

3. 开庭时忘带律师证

律师开庭时忘记携带律师证,等同于士兵上战场不带枪。为避免这种错误,我的团队选择流程化管理方式,制作开庭清单,提前准备好所有文件,杜绝此类低级且致命的错误。

4. 找不到文件

我的某位助理曾将案件的证据性文件与程序性文件分别管理,由于程序性文件平时不用,为了避免与其他文件混杂,她特意放置在办公室最高的案卷架上,事后却完全忘记了。开庭当天要出发时,她发现代理手续和律师事务所函都找不到了,所有人一起找,险些耽误开庭。

律师应当做好文件的分类管理工作,不能随手放置材料。

5. 开庭未准备纸、笔

"好记性不如烂笔头。"纸、笔是律师常用的办公用品。无论是开庭、与法官沟通、会见客户或是团队开会时,律师都应准备好纸、笔,及时记录要点,提升工作效率。

(二)经验不足类

有些律师可能因为无人提示,没有意识到问题的存在,有些则是意识到了问题存在,却因不够重视付出了惨痛代价。

1. 立案时未准备被告企业信息

许多律师在第一次立案时,准备了起诉状、证据目录及证据,却未准备被告企业信息,这种疏忽将导致立案庭无法核实管辖地,无法立案。

2. 把当事人电话写进起诉状中

在最高人民法院官网提供的起诉状模板中,有原、被告的姓名、住址、联系电话等。我的助理就将委托人的联系电话写在起诉状上,法官每次都根据起诉状上的电话直接联系委托人。这样做会有以下后果。

(1)泄露委托人隐私。

(2)委托人不满。既然聘请了律师,为什么法院每次都联系他本人,他非常不满。

(3)委托人自认。如果法官与委托人核实案情,由于委托人对法律事实的表述不当,可能做出不利于案件的陈述。

因此,如果立案庭要求必须写明联系电话,可以填写律师的电话。

3. 忘记提醒委托人缴纳费用

有些委托人可能会忘记缴纳诉讼费用而延误诉讼进程,因此律师需要多次提醒委托人缴纳诉讼费。

忘记缴费不仅延长诉讼周期,甚至在涉及保全、执行异议的案件中,还会酿成无法追回款项的大错。

如发生上述问题,委托人可能会责怪律师,甚至向律师协会投诉,索赔巨额损失。我建议各位律师要多次提醒委托人及时缴纳费用,并留下书面提醒的痕迹,这样做既是为委托人和案件着想,也是规避自己的执业风险。

4. 只准备一份授权委托书

签署代理合同后,很多律师只准备一份授权委托书,这是错误的。有时立案庭、保全组与审判庭均需各自留存授权委托书。如果届时向客户索要新的授权委托书,会因客户公司内部审批程序、邮寄周期等耽误时间,造成不便。

5. 忘记告诉当事人携带证据原件

开庭时,对方可能会要求查看我方证据原件,如我方未提前准备,开庭时未能及时出示原件,则是律师的失职。

通常情况下,证据原件应由当事人自行保管。如果当事人要求律师代为保管,应做好书面的交接确认,做好留痕。

6. 期间计算错误

期间的计算看似简单,却关系到委托人的诉讼权利。期间届满而未行使权利的,当事人的诉权消灭,可能造成委托人的权益严重受损。

我的团队曾在办理某案件时险些因期间计算错误而导致诉权丢失,我将这次事故称为"羊蝎子事件"。

事情的经过是这样的:某天下班时,我临时决定带团队成员去品尝律师事务所隔壁新开业的羊蝎子火锅。等着上菜的空当儿,我们聊起最近代理的执行异议案件,我顺口询问助理是否已将执行异议之诉的材料交至法院立案。因为按照《民事诉讼法》的规定,执行异议被驳回后,必须在15天内提起执行异议之诉。

助理自信地说:"您放心吧,所有材料都准备好了,明天邮寄出去,还有两天时间。"

我嘴上说要抓紧,心里却总感觉不踏实。于是我又核实了一遍收到裁定的日期,猛然发现当天就是起诉期限的最后一日!

当时已经是18:30了,大部分快递公司已经停止收件。"不吃了,马上回所里!"我说,"立即结账走人"。

服务员吃惊地看着一口未动的羊蝎子火锅和瞬间撤退的我们,十分不解。

差点造成乌龙事件的原因是,律师事务所收发室人员在周六值班时签收了驳回执行异议的裁定,而我的助理周一上班时收到该裁定,便以为期限从周一起算。好在最后我们找到那么晚还接收速递业务的快递公司并成功发出，不然委托人近亿元的案件将夭折于律师，后果不堪设想。

通过此次教训，我要求律所非工作日不能接收法院的法律文书。同时意识到流程化管理的重要性，在接下来的团队工作中，通过标准化的流程管理，有效避免了此类错误的发生。

7. 忘记续保，导致冻结资金转出

这是我执业初期曾犯下的错误。我在本书第十七章"避坑的流程管理"中已向大家介绍。

8. 未及时备份而丢失文件

在日常办公中，我们难免遇到电脑突然出现故障，辛苦写出来的劳动成果付诸东流的问题。为避免这种意外损失，律师需养成好习惯，在撰写文件时随时、随手存储、备份。

9. 将过程文稿发送给客户

好的法律文书需要千锤百炼。在团队内部反复修改文书时，如未及时调整文件名、删除旧版本，易将过程文稿发送给客户。

值得注意的是，律师也应当根据客户需要调整交付的文书成果。例如，客户的需求是修订合同，那么最好将修订版和清洁版一并交给客户，修订版用于展示律师的审查、修订思路和成果，清洁版则便于客户直接使用。如果客户要求的是撰写法律意见书，则以最终成稿的法律意见书呈现即可，不必发送过程文件。

（三）商务礼仪类

初入职场的"法小白"，可能会因未做好功课，欠缺社交常识等忽略了职场沟通中的社交礼仪。

这里列举"法小白"易疏忽的几种职场沟通细节问题，大家可以通过以下示例，回想自己的社交习惯是否礼貌、规范。

1. 短时间内多次拨打电话

我有过一次不愉快的经历。在我与客户沟通过程中，有人5分钟内给我拨打了13次电话。我以为是重要的紧急电话，立即挂断客户电话给对方回电。结果发现拨

打电话的人是一位青年律师，给我打电话是想毛遂自荐加入我的团队。

她的热情我能感受到，但她的做法给我留下了非常不好的印象，并训斥了她这种不礼貌行为。非紧急事项，短时间内多次给别人拨打电话，不恰当更不礼貌。

2. 加微信没有称呼和自我介绍

我经常参加电视节目，在各地授课、演讲，会有人慕名添加我的微信。其中，对于没有称呼及备注个人信息的验证，我一般会拒绝。

添加他人微信时，应第一时间礼貌问好并讲清自己的姓名、身份，这是基本的社交礼仪，也是对他人的尊重。

3. 微信敷衍回复"嗯"

微信文字沟通不如面对面沟通直接而生动。在文字沟通中，文字过于简单敷衍，难免使人认为发信息的人消极懈怠。

律师应当避免回复信息时过于简略，并要以文字形式表露出自己的积极态度、礼貌道谢。例如"好的，收到"或"收悉，辛苦了"。

4. 微信不实名

尽管微信也用于私人生活，但在职场交往中，律师的工作微信昵称是留给他人的第一印象，实名显示是律师工作的基本要求。

我收到过一个年轻人的微信好友申请，对方的微信昵称为"小祖宗"，既没有称呼，也没有自报家门，我看到的界面信息是："我是小祖宗"，这种戏谑的昵称令我极度不悦。

5. 微信沟通时发大量多段的语音信息

很多律师在叙述复杂内容时，不采用电话沟通，也不形成书面文字，而是发送大量语音。

对发送信息的人来说，用语音发送十分便利，但对于接收信息的人来说，特别是面对多条的语音方阵，逐个点开听取语音既浪费时间，又容易遗漏重要信息，即便将语音转换成文字，有的也不准确，令人抓狂。

如果需要沟通的事情确实复杂，我建议大家选择电话沟通，或先行通过语音转文字的功能，发送文字信息给对方，并检查错字，标记标点符号以及序号，方便对方快速地了解情况，把握关键信息。

6. 告知身份证号码而不告知姓名

在办理案件的工作中，经常需要告知他人身份证号码，遇到这种情况，除了发送号码外，也应当发送姓名。

我与一位律师合作办案，需要提前订机票，该律师只发了其身份证号而未告知姓名。该律师名字中有个"纲"字，我的助理订机票时错写成"钢"字，值机时因发现其姓名错误，导致他未能及时登机，耽误了行程，使客户很不满。虽说这也怪我的助理工作不细致，但该律师如果主动告知其姓名，也就不会出现此类问题了。

7. 以照片形式发送信息

我曾经向一位资深律师要收款账户，他直接丢给我一张银行卡的照片，没有文字，更没有开户行。

我还经常需要索要别人的收件地址、联系电话、发票抬头等信息，有时对方竟然直接将信息以拍照的形式发给我，还需要我对着照片手动输入数字和地址等，这是一种不为他人着想和易被忽略的不当交流方式。

遇到上述需要发送信息的情况，应该以文字形式告知对方地址、联系电话、发票抬头、银行卡号等信息，便于对方直接粘贴使用，减少出错概率。

| 青出于蓝 |

律师要想增强客户体验感，可以这样做

魏心舒 执业律师 北京市京师（上海）律师事务所

很荣幸在此分享我在执业中有关"增强客户体验感，收获客户信任"的故事和我的一些实务经验。

客户体验感不是在律师正式办案环节单独形成的。从接待客户的安排到向客户交付律师服务成果等细节，都是增强客户体验感的关键环节，却往往容易被忽略。

1. 谈案细节

为了增强客户体验感，一场好的谈案不是律师以自我为中心的单方输出，而是要从会场布置、接待细节、谈案细节等多维度去增强客户体验感。具体而言，在客户来到律

师事务所之前，预定好会议室后，我会先准备好谈案会场布置。部分律师可能认为这是律师事务所行政人员应该负责的事，交给他们办就好了，也比较节约时间，但事实可能并非如此。没有人比律师更了解自己的当事人，亲力亲为将细节做好，无形中会给客户好的体验感。

例如关于座位座次的安排。客户的座位应当是面对主办律师的，同时可指引客户坐在离门较远的位置。承办律师座椅的高低，座椅与桌子的远近距离，都需要注意细节把控。甚至可以根据不同的案件类型对应地调整座椅的角度及舒适度。

2. 交付细节

向客户交付的法律备忘录或专业的法律意见书等文件，首先文件内容应想客户所想，能够实际解决客户问题，而不是侃侃而谈只顾自己列明法律风险，却忽视了解决方案的可行性。

在我以往向客户交付的经验中，我会将需要客户填写的文件以 Word 版本发送给对方，方便客户填写；将只需要客户审阅的文件以 PDF 版本发送给对方，让客户的阅读体验更好。总而言之，以方便客户为准则，尽可能在每个细节中给客户留下好印象。

再比如，某些企业客户日常工作较为繁忙，律师交付的法律意见等文书可能看后一段时间就会忘记，甚至没来得及第一时间去看，或者看不懂律师表达的专业性问题。因此，我在向客户交付审阅过的法律文件时，会同时将法律文件的核心内容编辑成简短的文字发送给客户，用以提示备忘。这会方便客户查阅、理解。如果客户在两天内没有回复"收到"，我会再通过电话提示客户查收。

细节决定高度。以上是我就如何增强客户体验感和大家分享的几点经验，希望对大家有所启发。

增强客户体验感、获得认同感，最终目的是提升我们自身服务的市场竞争力，这就要求每个律师勤动脑，不断总结提炼，从每件小事入手，不断优化细节，追求极致，让客户觉得我们是细心、靠谱、值得信赖的合作伙伴。

课后感悟

雷远婷

客户口碑是律师最好的招牌，能不能服务好客户一定程度上决定律师能走多远，而客户体验感是评判律师服务水平的关键。如何有效增强客户体验感，海虹老师给出了细节，小至从关注客户喜好入手，照顾客户需求；大至从专业角度进行引导，换位思考，提升服务。有了接待客户的经历再回看老师的课程，真是句句实用，学到赚到。

本节试听

500元专属课程优惠券

第二十四章
"24字"逆风翻盘——实战案例剖析

本章我们只讲一个案件,这是我认为学习合同纠纷案最经典的,也是我一直在分享的案例。从最初的接案到最后的再审胜利,带领大家在案件全流程中感受诉讼代理的攻略和技能。

如果让我选出执业生涯最具代表性的案件,我会选此案。不是因为标的大小,而是该案涉及合同效力、履行、合同解释等多个法律问题,不同诉求、不同诉讼阶段、不同主体,却同时出现在同一个法庭上,甚至,有一位当事人将原告席、被告席及旁听席都坐了一遍,这么奇特的真实案例比完美设计的课件更有典型意义。

[案例24-1]

一、案情简介

(一)一个"姑娘"许了两个"婆家"

案件标的是位于北京二环内的四合院,案件主体法律关系见图24-1。

2008年,白云公司通过拍卖取得案涉四合院的处置权并准备出售,大河得知消息后找到白云公司,大河不是普通的买家,是从事四合院买卖的中介人员,买房不是为了自住,而是以继续出售为目的。

2009年3月,白云公司与大河签订《房屋买卖合同》(以下简称合同一),约定该四合院总价款2500万元,大河先行支付500万元定金,待大河支付剩余尾款后交付房屋,违约责任为"如果白云公司将四合院转让他人,赔偿500万元"。

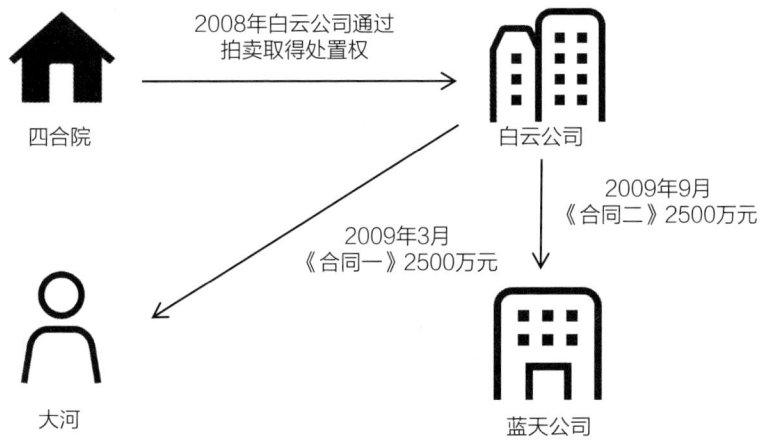

图 24-1　案例 24-1 案件主体法律关系

该合同没有约定交款期限，是因为大河需要将该四合院卖出后才能支付尾款，这是一个开口合同。

合同签订后，大河向白云公司支付了 500 万元，将案涉四合院挂在网上出售，几个月内无人问津。

就在此时，外地的蓝天公司欲在北京购置一套四合院设立办事处，白云公司想，大河一直没有卖出四合院，什么时候能收回房款不得而知，不如将四合院卖给蓝天公司，让资金快速回流。于是，白云公司将四合院又出售给了蓝天公司，但没有告知蓝天公司此前已与大河签约。

2009 年 9 月，白云公司与蓝天公司签订《房屋买卖合同》（以下简称合同二），约定四合院总价款 2500 万元，分两笔支付，签约后支付 1200 万元，付款 7 日内，白云公司需将房屋过户至蓝天公司名下，过户完毕后蓝天公司再支付尾款 1300 万元。

合同二约定了管辖：如因本合同发生纠纷，由蓝天公司所在的某法院管辖。你会想到这不是不动产纠纷吗，不动产纠纷不是专属管辖吗？此处暂不探讨，先看案情。

（二）风波乍起

蓝天公司如约向白云公司支付 1200 万元后，白云公司未能在 7 日内办理过户手续，原因有二：一是该房屋还登记在基金会名下，过户需要请示；二是该房屋的土地是划拨土地，需要补足土地出让金。

于是，蓝天公司在合同约定的管辖法院起诉白云公司，要求其将房屋过户至蓝天公司名下，并支付违约金。同时，在蓝天公司的申请下，法院查封了该房屋。蓝天公司提起的案件是连环案中的 1 号案（见图 24-2a）。

四合院刚被查封，大河就得知消息，也知晓了白云公司"一房二卖"。大河深感震惊，维权刻不容缓，于是前往房屋所在地的法院起诉白云公司，要求其履行合同一的交付义务，并根据合同约定支付 500 万元违约金。该案为 2 号案（见图 24-2b），2 号案也对四合院进行了查封。

2 号案审理期间，1 号案达成了调解，调解结果为白云公司 10 日内将房屋过户给蓝天公司，并支付 20 万元违约金。

由于房屋被法院查封，白云公司无法履行过户义务，蓝天公司支付 1300 万元后申请法院强制执行，四合院过户到了蓝天公司名下。

四合院已经过户给蓝天公司，大河在 2 号案中要求交付房屋的诉求，客观上已履行不能。主审 2 号案的法院一审判决，驳回大河要求继续履行合同一的请求，判决白云公司赔付大河 500 万元违约金。

（三）冲突升级

案件到此处，看似应结束，但真正的"大戏"才刚刚上演。

2 号案一审判决后，大河不服，上诉至中级人民法院，诉讼请求仍是要求继续履行合同一。

由于房屋已经过户给蓝天公司，自己的诉讼请求客观上已履行不能，大河为何执意要求继续履行呢？

当大河得知 1 号案已经调解过户时，他立即前往某中院起诉白云公司和蓝天公司，要求确认合同二无效，理由是白云公司与蓝天公司恶意串通，损害了大河的利益,这便是连环案中的3号案(见图24-2c)。3号案中,再次查封了已经过户到蓝天公司名下的四合院。

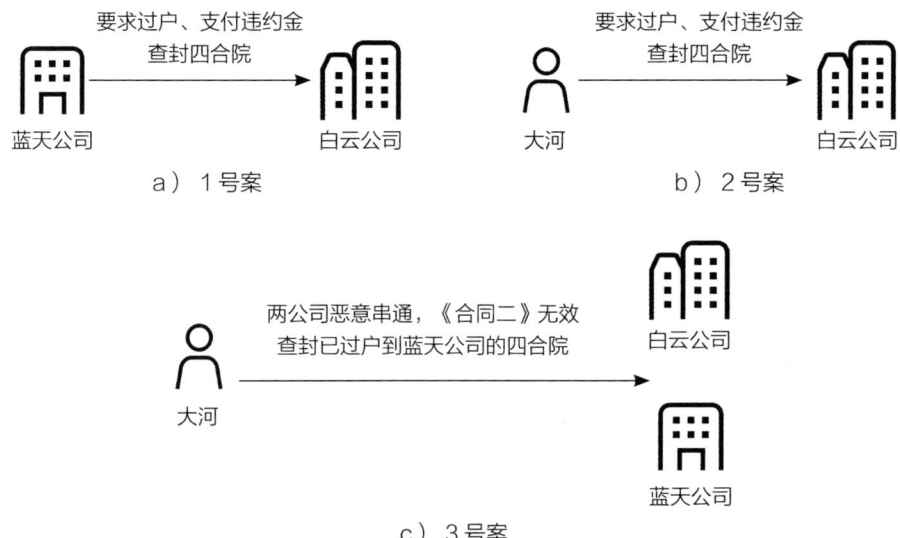

图24-2 四合院一房二卖连环案

(四)一房三案,齐聚中院

大河起诉3号案时,正值北京房价暴涨阶段,案涉四合院价格水涨船高,飙升至近1亿元,于是案件的一审管辖就是北京市某中级人民法院。

	1号案	2号案	3号案
主体	蓝天诉白云	大河诉白云	大河诉白云、蓝天
诉求	履行《合同二》	履行《合同一》	确认《合同二》无效
审级	再审	二审	一审
审理法院	北京市某中级人民法院		

2号案大河上诉至北京市某中级人民法院,3号案由北京市某中级人民法院一

审,此时,中级人民法院同时审理两个关联案件。

花开两朵各表一枝。北京市某中级人民法院审理两个案件的同时,外地某法院已经履行完毕的调解书被撤销,理由是违反专属管辖的规定。原来,大河以该调解协议侵犯其利益为由,以案外人身份要求撤销1号案的调解协议。1号案因管辖原因被撤销,指定北京市该中级人民法院审理。

被指定再审的1号案、大河上诉的2号案,大河起诉的3号案殊途同归,均由北京市某中级人民法院审理。

二、案件的代理

(一)委托目标

三个案件齐聚同一法院后,我才接触本案。想必读者很好奇,我代表的是哪一方呢?

在给实习律师授课的课堂上,我介绍完案情,学员都认为大河获胜的概率更大。多数人认为既然是用于分享的案例,一定是胜诉的案件,我肯定是大河的代理人。当我说出我的客户是白云公司时,很多人不解。

我接待白云公司时也曾不解地询问白云公司:"你是房屋的出售方,无论是卖给大河还是蓝天公司,房子都不是你的,而且售价相同,你为何委托律师打官司呢?"

白云公司说:"房屋卖给大河已有半年多,但大河仍未售出,难以回笼资金,我和蓝天公司的老板是老乡,所以希望把房屋卖给蓝天公司。"

白云公司明确提出,委托律师的目标是将房屋售予蓝天公司,同意支付给大河违约金500万元。所以在这个连环案中,我代表着看似无关紧要的白云公司,但白云公司的陈述却影响着案件结果。

(二)"邓律师是女的"

客户先找到资深的郝律师,郝律师邀请我一同办理案件。会见客户前,郝律师跟客户介绍邓律师曾是法官,专业素质、办案能力都很突出,是一位很优秀的律师。

当我走进会议室，郝律师介绍"这位是邓律师"时，当事人的那句话，让我永不会忘记。

他满脸失望地说："邓律师是女的啊！"随后又说了一句："还这么年轻。"

我立即面露不悦，回怼说："您希望委托的律师是中老年的男律师吗？女律师的专业同样过硬，而且某种程度上女律师工作更严谨细致。"

客户意识到失态，立即道歉。

与客户的首次会见在不愉快中展开。小插曲不会影响我的专业水准，我分析案情及提出的诉讼策略让客户很满意，将案件委托给我们。案件结束后，客户也和我成了很好的朋友，还帮我介绍客户。

（三）规避代理风险

对白云公司和蓝天公司是否存在恶意串通一事，我也心存疑惑，为何白云公司执意要将房屋售予蓝天公司？二者之间是否存在恶意串通的假协议？

接案之初，我询问白云公司负责人目前已收到蓝天公司多少款项。

他说："之前收到蓝天公司1200万元，方式是银行转账。后来蓝天公司又通过法院支付了1300万元。"

于是，我要求白云公司将收款账户开户之日到我接受委托当天的银行流水全部打印出来。我需要判断这两家公司之间是不是真实交易，是否存在资金回流，以及双方是否有其他款项往来。

我为何要做这些工作？首先，我不能代理虚假诉讼；其次，如果这两家公司确实是恶意串通，会导致无法实现诉讼目标，我无法接手败诉率100%的案件。

所以在本案中，我不仅查看了收款账户的银行流水账单，还要求白云公司提供其他文件，审查这两家公司的法定代表人之间是否有经济往来，是否有其他合作。经过一番全面而仔细的审查后，我发现这两家公司之间确实不存在任何业务往来，有且仅有本案房屋买卖合同关系，资金往来也十分清楚。

基于审查结果，我要求白云公司签署风险告知笔录，"若白云公司虚假陈述或提供虚假证据导致案件败诉，则白云公司应承担全部后果，并全额支付风险代理费"。

这份笔录的要求很苛刻，但若当事人不配合做笔录，就说明他们陈述的事实有问题。这种情况下，代理风险较大务必审慎考量。若当事人签了笔录，也不意味着其陈述一定全部真实，但可以证明律师已尽到谨慎注意义务，防止不必要的麻烦。本案中委托人毫不犹豫地签署了该风险告知笔录。

（四）整理诉讼思路

三个案件，虽主体不同、诉求不同，但都是为了得到同一房屋的所有权。哪个案件最关键呢？首先需要打赢3号案，如果合同二无效，另两个案件自然败诉。

分析后，我认为大河没有证据证明白云公司与蓝天公司恶意串通，因此合同二无效的可能性极低。合同一、合同二均有效，唯一的房屋归哪一方所有呢？从朴素的价值观来看，应按照合同签订顺序决定房屋所有者。很多老百姓也这样认为，应按照出售的先后顺序，房屋归大河。大河与其代理人都认为房屋应归大河所有。

但是，法律规定并不是这样，只要保住合同二的效力，我就可以抓住"案眼"，结合房屋交付等条件要求履行合同二。

（五）结果预判

我们的目标是将房屋交付给蓝天公司，白云公司同意赔付大河500万元违约金。为何两方当事人都执意争夺房产而不要违约金？原因很简单，当时的房屋市场价已远高于合同售价。谁得到房屋所有权，谁就可以净赚7000万元，500万元违约金与此相比不值一提。

结局读者都已知晓，我实现了委托目标。那么，我究竟是如何取胜的呢？取胜的关键在于抓住了"案眼"，也是因为我看到了合同中的这句"案眼"我才决定接受委托，这句"案眼"是什么呢？

三、三案并审

看到这里，希望读者回看前面三个案件的介绍，防止混淆每个案件的诉求。现在应该知道原告席、被告席和旁听席都坐一遍的是蓝天公司了吧。我作为白云公司的代理人，三案均稳坐被告席。

法官先审理了争议不大的1号案，白云公司和蓝天公司要求调解，法官以可能损害大河的利益为由暂时休庭。随后审理3号案，即合同二是否有效。

（一）恶意？串通？

大河在3号案中称白云公司和蓝天公司之间签订的合同二不符合常理，有以下几点原因：（1）10天内过户，时间太短不符合常理；（2）约定由外地法院管辖，违背专属管辖，不符合常理；（3）调解速度过快，外地法院与蓝天公司恶意串通。

针对对方提出的第三点，我在庭上提出抗议。主审法官也提醒对方合理措辞，可以主张当事人恶意串通，说法院参与恶意串通需要承担相应责任，对方后续发言中再未提及这一点。

对代理律师来说，此时必须要有弃卒保帅的勇气。如果代理律师硬着头皮坚称两家公司均为善意，没有任何恶意，可能吗？任何一个有生活常识的人，都知道"一房二卖"中的出卖方绝对不是善意的，所以律师要考虑哪些话有利，哪些事无法规避，必须承认。

于是我说："本案中，我方存在恶意！"话音刚落，四座皆惊！

这一句话，不仅让法官和对方律师瞬间抬头，就连坐在旁听席上的蓝天公司员工，心都提到了嗓子眼儿。

"但是，"我停顿一下，"第三人蓝天公司是不知情的、善意的，与白云公司并不存在串通，合同二合法有效。"听到此处，法官拿起笔，开始记录我的发言。

我的诉讼策略是，承认白云公司不守诚信，但蓝天公司是善意第三方，是无辜的买房人。

大河申请法院调取白云公司和蓝天公司的账户流水，查看这两家公司之间是否有其他往来，是否存在串通的可能。

由于我接案之初就调查了白云公司的全部银行流水，对大河的申请完全同意。法院调取的证据同我之前调查的是一样的，结论是这两家公司之间除本次房屋买卖外没有任何关联。

法院最终采信我方观点：白云公司有恶意，但不能认定蓝天公司与之串通，大河提出合同二无效的主张不成立。

（二）解读"案眼"

3号案审理结束，到了2号案的审理，即合同一应否继续履行？

前文提到，我因为合同一中的一句话方决定接受本案，这句话也是本案的"案眼"。我依据"案眼"，认为白云公司享有合同解除权。

"案眼"就是**"如果由于甲方中途将四合院转让他人，则赔偿乙方500万元"**。这"24字"是合同一第8.1条违约条款中的全部内容。甲方就是本案中的白云公司，乙方是大河。

合同中，对支付500万元违约金后是继续履行还是合同解除没有讲清楚，大河依据第8.1条提起2号案，要求白云公司赔付500万元违约金，并继续履行合同一。而从白云公司的角度来说，如果赔偿500万元，就意味着合同解除，房屋便与大河无关了，不应继续履行合同一。

各方对该约定的理解分歧直接影响到合同一是否应继续履行，这也是2号案件的核心争议焦点。

接案之初，我进行了大量的法律检索，查阅了大量学界分析和司法判例，发现对类似条款的理解，认为应判解约和认为应判违约的各占一半。本案判决解约还是违约的可能性都存在，所以必须回到合同约定的本质去分析，即条款出现歧义，要将分析重点放至合同订立目的以及交易背景上。

合同一的交易背景是，大河作为房屋中介，准备用500万元定金得到合同权利，再转卖获利。本条款的目的至关重要，虽然出现在违约条款项下，但这句话是大河要求增加到合同一中的。

由于签订合同一时，房屋还登记在基金会名下。大河意识到，合同一是开口合同，倘若自己一直未能出售该房屋，白云公司很有可能将其卖与他人，所以特别增加了500万元的赔偿条款。

既然如此，支付500万元违约金，是否就意味着白云公司享有合同解除权？对此，双方理解不同。白云公司认为支付违约金即解约。大河则认为仅是违约，因为这句话出现在合同一第8.1条违约责任项下，所以500万元是白云公司必须承担的违约责任，不能免除继续履行合同一的义务。

我需要做的是深度解读合同一第8.1条的"24字"，说服法官采信我方合同解除的观点。

（三）诉讼如棋局，不经意的棋子或成关键

合同一第8.1条的"24字"是大河主动添加的，这是关键点。为了后期能有力出击，我铺垫了一处重要的伏笔。

法庭调查时，我先询问了对方一个看似不起眼的问题：合同一由哪一方起草。

大河的代理人认为合同一的效力没问题，不假思索地在法庭上确认大河是起草主体。得到预料中的回答后，我提示书记员记录是大河起草的合同一。这个小小的铺垫，也成为说服法官采纳解约意见的关键点之一。

（四）赔偿500万元是否显失公平

大河的代理人一直强调："需要花费上亿元才能购买类似房屋，若给我方500万元，相当于我方亏损7000万元，显失公平。"

这句话乍一听很有道理，被告代理人一定要对这种逻辑提起十二分的警惕，切忌掉入对方精心设计的逻辑陷阱。

显失公平，不是指开庭时各方的权利不对等，而是指合同签订时，双方权利义务不对等。签订合同一后，大河仅支付500万元定金，如获得500万元赔偿金，相当于100%获利，何来显失公平？

读者或许会认为，房价暴涨至1亿元，大河很吃亏！显然不公平啊。所以，我又做了一件事，目的是消除合议庭同样的顾虑。

我向法官提交了《2007～2009年北京商品住宅成交价格走势图》（见图11-3）。

图11-3是我根据2007～2009年北京房市公开数据的平均价格制作的。可以看出，在2009年前两年的时间内，北京的房价一直处于震荡下跌态势，合同签订时，北京房价恰处于低谷。不要说大河和白云公司无法预知房价在2009年12月后突然暴涨，即便是专业人士也无法预测几年内北京的房价翻几番。

北京的房价走势看似与案件争议无关，实则会极大影响法官的心证。我向法官阐明，当时大河卖房很难，即便成功卖房获利也不会超过500万元。大河如获得500万元赔偿，远超其心理预期的获利金额，因此白云公司向其支付500万元合同一解除，就是大河签约时的本意。

（五）用好法律规定

争议事实查明后，要清楚法律规定对各方权利的影响。

现实生活中，"一房二卖"的情况并不罕见，因此很多法院对此类纠纷已有明确的处理意见。

《北京市高级人民法院关于审理房屋买卖合同纠纷案件适用法律若干问题的指导意见》第十三条第1款：出卖人就同一房屋分别签订数份买卖合同，在合同均为有效的前提下，买受人均要求继续履行合同的，原则上应按照以下顺序确定履行合同的买受人：

（1）已经办理房屋所有权转移登记的；

（2）均未办理房屋所有权转移登记，已经实际合法占有房屋的；

（3）均未办理房屋所有权转移登记，又未合法占有房屋，应综合考虑各买受人实际付款数额的多少及先后、是否办理了网签、合同成立的先后等因素，公平合理的予以确定。

履行顺序考虑的第一条件是所有权转移优先。本案房屋已过户至蓝天公司名下，但过户依据的调解协议已经被撤销，所以不能视为蓝天公司已合法取得案涉房屋所有权。

履行顺序中的第二项是实际占有。这一条件对蓝天公司有利，有两项证据证明：其一，蓝天公司已在房屋门前立起办事处招牌，我特意去现场核实过，并建议蓝天公司提供居委会证明和水电费收据等。其二，白云公司还提供了一条非常重要的出警记录。由于此前基金会与某施工队有纠纷，农民工便一直居住在案涉四合院内。白云公司向蓝天公司交付该四合院时，农民工拒绝搬离，白云公司曾报警，该出警记录证明早在3号案件诉讼前该四合院就交付给蓝天公司。

履行顺序的第三项规定，如均未登记、占有，应综合考虑实际付款的数额及先后,是否办理网签、合同成立的先后等。所以,先看实际付款数额的多少,再考虑签约时间先后顺序,与一般人所想的按照签约时间确定履行顺序是不同的。

大河实际支付 500 万元,蓝天公司则支付 2500 万元:第一笔 1200 万元,在强制过户时补足尾款 1300 万元。按照北京市高级人民法院的规定,蓝天公司实际付款数额更多,支付全款后已实际占有房屋,房屋应判给蓝天公司。

如果房屋判给大河,对蓝天公司是不公平的。相反,房屋判给蓝天公司,对大河是公平的,因为白云公司同意向大河支付 500 万元赔偿金,同时返还 500 万元定金,大河的利益不会受到损害。对大河来说,这是一笔投入 500 万元获利 500 万元的好买卖。

最终,3 号案我方胜诉。3 号案胜诉的同时,2 号案二审法官采信我方观点,认为合同一第 8.1 条是解约条款,白云公司赔付大河 500 万元,合同一解除,驳回大河要求白云公司履行过户义务的诉求。

1 号案开庭时,法官虽然没有允许案涉两家公司调解,但在宣判 3 号案和 2 号案结果的当天调解。虽然房屋此时已经过户到蓝天公司名下,但原来过户时依据的调解书被撤销。两家公司重新达成调解协议,白云公司将房屋过户至蓝天公司名下。

(六)调解的艺术

你们可能会以为到这里我们已大获全胜,但实际上漫长的征途才走一半,还有另一半。3 号案仅是一审阶段的胜利,大河还可以上诉。

一审宣判后,法官还在组织各方调解,蓝天公司一方面考虑时间成本,二则担心二审有变数。因为在几年的诉讼期间,房屋市值已从最初的 2500 万元涨至 1 亿元。于是,蓝天公司决定息事宁人,考虑从房价的获利中支付给大河 2000 万元作为补偿,但大河坚持要求 6000 万元,调解失败。

(七)征途的另一半

从大河在调解中的态度可以看出,大河信心满满,他坚信北京市高级人民法院能改判该案。

3号案二审时,大河找到了合同一签订时白云公司法定代表人的司机,申请他出庭做证,另外,大河又提供了白云公司前法定代表人的录音光碟。大河表示,录音和证人均能证明白云公司和蓝天公司是恶意串通。但仅靠一段音频无法核实讲话人的具体身份,按照法律规定证人应出庭。

对于大河找的出庭作证的司机,法官也有疑问:司机能证明什么?

大河回答:司机能证明他听到了前法定代表人和蓝天公司工作人员的聊天过程。但事实上,这个证人是不是前法定代表人的司机我们根本无从得知。

无论大河的证据真假,一旦提交就会影响法官的心证。所以我当即提出反对意见,本案一审阶段,从庭前会议到正式开庭历经四次,大河都没有提出要求延期举证,现二审期间提交的两项证据不符合新证据的要求,不同意大河出示上述证据,也不同意质证。

我提出该意见后,合议庭当即休庭。几分钟后恢复审理,合议庭认为我的理由成立,不同意大河出示新证据。

最终,北京市高级人民法院驳回大河的上诉,认定合同二有效。"四合院一房二卖"连环案的胜利果实终于落袋。

四、办案小结

从最初接案的被轻视到客户的高度认可,从深思熟虑制定策略到精心处理每处细节,最终全案落定,实现客户的委托目标,才是律师最有成就感的时刻。

诉讼如下棋,要下好每一步。诉讼如战场,要敢于杀伐决断,但不要做无谓牺牲。希望该案中的思维方式和代理技巧,可助力青年律师在案件代理中增长智慧,攻克难关,取得成功。

| 课后感悟 |

———南红竹

有幸深度学习邓老师代理的这个经典案件。从程序上,本章案例中的三个连环案涉及一审、二审、再审程序和专属管辖等;从实体上,有如何提高对证据的高度敏感和把控,也有对法律适用的深度解读;从开庭技巧上,诠释了如何提高话语的力量感和冲击性;从律师执业的角度上,讲解了如何取得客户信任,规避执业风险。"四合院一房二卖"连环案就像是退潮后的沙滩,只要我们肯琢磨、找寻,无论学习多少次,都会发现仍有未被发现的"宝藏"。

本节试听

500元专属课程优惠券

后序

在本书组稿过程中，我们经历了上海最严重的那次疫情封闭，也经历了疫情后"报复性"开庭。在团队小伙伴的共同努力下，书稿终于在2023年和读者们见面了，兑现了我在《商事诉讼策略技巧》和《庭审修炼全流程》两个视频课程中对朋友们的承诺。

回顾本书从孕育到出版的过程，离不开团队小伙伴王巧灵、南红竹、王雪凤的辛苦付出，也要感谢为本书"青出于蓝"和"课后感悟"板块供稿的朋友们，是他们的无私分享，让本书的读者有机会看到"法小白"从不同视角与我探讨同一话题。众多喜欢我课程的朋友们的支持，让本书的内容更丰满。

在此对"智元法律课堂"的课程支持，以及对参与课程研发的"法小白"学员张孟月律师、吴亚兰律师、张龙刚律师、徐萌律师、杨彦伟律师表示感谢。

希望本书可以成为更多法律人的工具书，给大家在诉讼代理工作中提供更多帮助。